西洋の歴史
基本用語集
［近現代編］

望田幸男編

ミネルヴァ書房

　　　　　　　　ま　え　が　き

　外国史，とりわけ西洋の歴史に関する書物を読んでいる際，よくこんなことがある。文中でこれといった説明もないままに登場してくる事件や人物などがあり，話の筋をたどるには，立ち入って知る必要もないので，そのまま読み進んでいこうとする。しかし，どうも気になって仕方がなく，その事件とか人物についてごく簡単にかつ手軽に知りたいと思うことがある。そして，こんなとき詳細な説明がなされている歴史辞典類でなく，どこにでも携行もできるハンディな「用語集」があったら……と，こんな想いを常々抱いてきた。そんな折，たまたまミネルヴァ書房から「西洋近現代史の基本用語集」を編んではくれないかという依頼が来た。こうした事情から生まれたのが本用語集である。

　それは，結局『西洋の歴史〔近現代編〕』［増補版］（ミネルヴァ書房，1998年）の姉妹編の参考書として企画されることになった。この『西洋の歴史〔近現代編〕』は十数年前に友人数名といっしょに編んだ概説書であるが，20版を重ね，4年ほど前に増補版を出したものである。今般，上述したような意味で，「西洋近現代史の基本用語集」を編むことになったのであるが，その項目選定の範囲に関していろいろと考えあぐんだすえ，以下のような段取りで作業を進めることになった。すなわち，まず『西洋の歴史〔近現代編〕』［増補版］に登場する主要な事項・人名などを抽出し，そのうえで，その他の歴史書を参照しつつ補充し，総計1000項目程度を目安に収録を行なった。このような意味において，本用語集は西洋近現代史を理解するうえでのハンディな「基本用語集」たる

ことを念願して編まれたものである。

　以上のようにして項目選定は主として編者としての望田が行なうことになったが，各項目の執筆責任はおおむね以下のような分担のもとに行なわれた。なお各項目は主として200字と300字の二つに分類されている。

　　　イギリス史関係──與田　純（高松工業高等専門学校専任講師）
　　　ドイツ史関係　──吉門昌宏（同志社大学非常勤講師）
　　　フランス史関係──加藤克夫（島根大学助教授）
　　　ロシア史関係　──橋本伸也（広島大学助教授）
　　　アメリカ史関係──小野直子（富山大学助教授）
　　　東欧史関係　　──松川克彦（京都産業大学教授）
　　　南欧史関係　　──松本典昭（阪南大学助教授）
　　　北欧史関係　　──玉木俊明（京都産業大学助教授）
　　　編集事務　　　──亀高康弘（同志社大学大学院生）

　このようにして出来上がった小用語集ではあるが，その下準備・執筆・整理・校正といった一連の作業はかなり気骨の折れる仕事であった。執筆者たちや編集事務にあたった亀高康弘氏，とりわけ作業全般の流れを統括・推進してくれた編集部の冨永雅史氏には，本当にご苦労様と申し上げ，御礼の気持ちの一端を表しておきたい。

2003年3月

　　　　　　　　　　　　　　　　　　　　　編者　望田幸男

凡　例

I　項目の配列
1．配列は項目の五十音順とした。
2．清音，濁音，半濁音の順とし，また，促音，拗音も一字とみなして音順に加えた。
3．音引・中黒・ハイフン・カッコなどの記号類は無視して配列し，記号類のあるものは，ないものの後に置いた。
4．王侯などの場合，必ずしも五十音順とせず，1世・2世……の順に配列した。

II　原綴の表記
1．項目の後に，対応する外国語原綴を必要に応じて付した。
2．ローマ字以外の文字を使用するロシア語などは，必要に応じてローマ字表記に転写した。

III　年代の表記
1．見出し人物の原綴の後に生没年を入れた。
2．生年と没年とは〈～〉でつないだ。
3．同一世紀の年代が続く場合は，上2桁を省略した。
4．不確かな年数に関して，その前後と考えられる場合には〈頃〉を，その年ではないかと思われる場合には〈？〉を付した。
5．不明の場合は，〈？〉とした。

IV　参照
1．解説文中の語句で，関連性の大きい重要項目を中心に，必要に応じて右肩に＊を付して参照を促した。
2．特に参照することが望ましい関連項目については，解説文の末尾の〈♦〉の後に続けて参照先項目名を表示した。

あ

アイスランドの独立 (1918)

アイスランドは，1380年にノルウェーと共にデンマークの支配下に入った。しかし19世紀中葉になると諮問議会アルシングを後ろ盾として，アイスランド独自の憲法を制定する運動が高まった。1874年にはアイスランドの憲法が制定され，アルシングは立法権をもつようになった。第一次世界大戦*後のウィルソンの民族自決の原則の影響で独立の気運が高まり，1918年12月1日，デンマークとの同君連合下でアイスランドの独立が認められた。

アイルランド自由国
Irish Free State

1922年に成立した大英帝国内の自治領。1918年の総選挙で圧勝したシン＝フェイン党*の独立宣言に対する妥協策として，ロイド・ジョージ*内閣は北部6州を除く南部26州に自治領の地位を提示，1921年イギリス－アイルランド条約が締結された。自由国政府と全島の完全独立を唱える条約反対派との内戦を経て，1932年反対派のデ＝ヴァレラが政権を掌握，1937年に自治領の地位を脱して国号をエールと改めた。

▶アイルランド問題

アイルランド問題
Irish Question

イギリス議会でアイルランド問題が初めて討議されたのは1844年で，以後，国制を揺るがす最大の帝国植民地問題へと発展した。18世紀末までに経済的・社会的差別は解消され，1829年カトリック教徒解放法*で政治的権利の回復も果たされたが，48年の青年アイルランド党の武装蜂起，60年代のフィニアン運動など，イギリスからの自治・独立を目指す民族運動は着実に成長。解決を目指したグラッドストン*の自治法案（1886, 93）は2度とも否決され，自由党*は分裂した。1919年独立戦争が勃発，21年自治権を与えて一応の解決をみたが，イギリス領に残った北アイルランドではその帰属をめぐって今日も紛争が続いている。

▶アイルランド自由国

アウクスブルク宗教和議
Augsburger Religionsfriede

1555年9月25日カール5世*により召集されたアウクスブルクの帝国議会で，新旧両派の対立を解消する

ため帝国諸侯・都市が結んだ帝国法。これによりルター派諸侯は宗教上の領域主権が認められ，カトリック諸侯との同権を得た。ただし，宗派の自由な選択は世俗諸侯に限られ，住民はそれに服さねばならなかった。また，ルター派以外のプロテスタントは禁止された。

♦ウェストファリア条約，宗教改革，領邦教会制

アウシュヴィッツ
Auschwitz

ポーランド名，オシフィエンツム。ナチス・ドイツによりポーランドに建設された大規模強制収容所。同地の都市名にちなむ。1940年夏，親衛隊長ヒムラーによりポーランド人政治犯の収容施設として建てられ，その後拡張工事が行われて，ヨーロッパ各地から連行されたユダヤ人や捕虜の最大の収容施設となった。ガス室，人体実験などでユダヤ人を中心に100万人以上が犠牲にされた。ナチス・ドイツによるユダヤ人絶滅計画の中心地であり，絶滅収容所の典型といわれる。

♦強制収容所（ドイツ），水晶の夜，ホロコースト

アウステルリッツの戦い
Dreikaiserschlacht bei Austerlitz

1805年12月ナポレオン軍が，ロシア皇帝アレクサンドル1世，オーストリア皇帝フランツ1世の連合軍を破った戦闘。アウステルリッツはチェコのメーレン地方にある都市。三人の皇帝が会したことから三帝会戦とも呼ばれる。トラファルガー海戦*でイギリス海軍に破れたナポレオンは矛先を大陸内部に向け，ドイツに対する主導権を握ろうとしていた。翌年のライン同盟*の結成，神聖ローマ帝国崩壊へとつながった。

アウトバーン
Autobahn

ドイツの高速道路。1913年ベルリンで最初の自動車専用道路の建設がはじまり，21年に完成。その後ケルンとボンを結ぶヨーロッパで最初の高速道路が建設された。33年，ナチ政府によりドイツの南北と東西を結ぶ高速道の建設がはじまった。このとき，公共事業としては結果的に大量の失業者を救済する役割を果たしたが，軍事的な利用が本来の建設目的であったともいわれる。戦争末期には総延長が2100kmにまで達した。

アクシオン・フランセーズ
Action Française　1898～1944

フランスの急進的右翼団体。当初反ドレフュス派の活動家による研究サークル的運動として発足したが，やがて理論的指導者シャルル・モーラス*が新王党主義と反共和主義を結びつけた「完全ナショナリズム」を掲げ，極右同盟を組織（1905）してから，フランス有数の極右団体に

成長，1920〜30年代には左翼連合や人民戦線に対抗した。44年のフランス解放後解散させられた。

アークライト
Arkwright, Richard　1732〜92

イギリスの発明家，企業家。理髪師・鬘職人として生計を立てていたが，綿織物ブームに乗じて紡績機の開発に取り組み，1769年に新型紡績機を考案，特許を取得した。動力に水力を利用したため「水力紡績機」*と呼ばれ，後には蒸気機関*が導入された。85年発明の独創性を疑われて特許を取り消されるものの，十数もの工場を運営する企業家として莫大な財をなし，86年にはナイト爵を与えられた。翌87年にはダービシャの州長官に任ぜられる。
▶ 産業革命

アダムズ
Adames, Samuel　1722〜1803

アメリカ独立革命*の指導者。砂糖法，印紙法*，タウンゼンド諸法に対する反対運動を指導し，「自由の息子たち」を結成。1765〜74年マサチューセッツ植民地議会議員，72年通信連絡委員会を組織，73年ボストン茶会事件*を陰で指導，2度の大陸会議*の代表として活躍し，独立宣言*に署名した。独立革命後は，マサチューセッツ州副知事（1789〜93）および知事（1794〜97）を務めた。

新しい自由
New Freedom

1912年のアメリカ大統領選挙中，民主党*のウィルソン*が，革新党のローズヴェルト（セオドア）*の「新国家主義」に対抗して掲げた政治理念。当時大企業が政治を左右する状況にあったが，ウィルソンは独占の打破と自由競争の回復の重要性を力説，万人に平等の経済的・政治的自由を回復することを目指した諸改革を提唱し，それを実現するための連邦政府の積極的な役割を強調した。

アパルトヘイト
Apartheid

アフリカーンス語で「隔離」を意味する，南アフリカ連邦*および南アフリカ共和国で施行された人種隔離（人種差別）政策。1948年アフリカーナー民族主義を掲げる国民党政権の誕生以降，集団地域法（人種別の居住区を指定），背徳法（人種間の性交渉を禁止），隔離施設留保法（公共施設の人種別隔離）など数々の差別法が制定され，徹底した人種隔離社会が形成された。国際的な非難と黒人解放運動の高まりを受けて，91年撤廃。

アビシニア戦争
Abyssinia

イタリアによるアビシニア（エチオピア）侵略戦争（1895）。19世紀

後半，帝国主義*列強のアフリカ分割に加わったイタリアは，東アフリカに植民地建設を企てソマリランド（1889），エリトリア（1890）を得，次にエチオピアをねらって1895年に侵略戦争を起こすも，翌年3月アドワの戦いで完敗。エチオピアは独立を保つ。エチオピア併合はのちのムッソリーニ*の課題として残される。
♦エチオピア侵攻

アフマド・オラービー
Ahmad Urabi　1839～1911

エジプトの軍人，民族運動指導者。通称オラービー・パシャ。陸軍将校時代に「ワターニユーン（愛国者たち）」という結社を組織，「エジプト人のためのエジプト」をスローガンに，西欧諸国の影響力の排除を提唱した。1881年軍事クーデターを指導して親英政権を倒し，議会開催や新憲法の制定などの改革を進める（オラービー革命）が，イギリスの軍事介入により挫折，セイロンに流刑された。

アミアンの和約
Peace of Amiens［英］　Paix d'Amiens［仏］　1802.3.25

英・仏間の平和条約。フランス側の軍事的優位を前に危機的状況に陥ったイギリスの求めに応じて，締結された。エジプトからの両国の撤退，イギリスのオランダ領セイロン，スペイン領トリニダード以外の占領地の放棄，フランスのナポリ王国からの撤退などが約された。この結果，第2回対仏大同盟*（1799.3）は解消され，ナポレオンの立場が強化されたが，平和は1年しかつづかなかった。
♦ナポレオン1世

アムステルダム
Amsterdam

現在のオランダの首都。13世紀に，アムステル川の河口に，漁民らがダムを築いて，定住するようになったのが始まり。16世紀後半以降，バルト海地方から大量の穀物が流入し，世界経済で大きな地位を占めるようになった。1585年に当時西欧最大の貿易港であったアントワープ*がスペイン軍によって占領されると，アントワープ商人の多くがアムステルダムに移住した。そのためアムステルダムはヨーロッパ国際商業の中心地となった。

アメリカ合衆国憲法
Constitution of the United States of America

1788年に発効し，現在も効力を有するアメリカの憲法。87年5月25日～9月17日にフィラデルフィアで開かれた合衆国憲法制定会議で採択され，88年に発効された。そして89年に開かれた第1回連邦議会で憲法修正案が審議可決され，91年に発効された。この憲法修正第1条から修正

第10条までは国民の基本的人権を保障するもので,「権利章典」と呼ばれている。
▶ ヴァージニア, 反連邦派（アンチ＝フェデラリスト), ヘンリ, 連邦派（フェデラリスト）

アメリカ独立革命
American Revolution
18世紀後半, イギリス領北アメリカの13植民地*が連合して本国からの独立を達成すると同時に, 共和制国家を設立するに至った一連の運動。イギリスは植民地支配の強化策を次々と打ち出して植民地の強い反対を呼び起こし, 1775年4月イギリス軍と植民地民兵とが衝突して独立戦争の火蓋が切って落とされた。交戦開始後も植民地は本国との和解の希望を捨てなかったが, ペイン*の『コモン＝センス』*に代表される独立論の高まりのなかで, 76年7月大陸会議*はついに「独立宣言」*を発し, 戦争は内乱状態から独立のための戦争へと発展することになった。83年のパリ条約*でアメリカの独立が国際的に承認された。
▶ アダムズ, ヴァージニア, コンコードの衝突, 大西洋革命論, "代表なくして課税なし", タウンゼンド, フランクリン, ヘンリ, ヨークタウンの戦い, ワシントン

アメリカ発見
1492年にコロンブス*が西航して現在のバハマ諸島に到達したことを指す。しかしコロンブスは到達した土地を死ぬまでインドの一部と信じていたので「アメリカ発見」とは考えていなかった。「アメリカ」の地名は, その土地をアジアではなく「新世界」であると主張したアメリゴ・ヴェスプッチ*の名にちなんだもの。いずれにせよ,「発見」という言葉はヨーロッパ中心の見方である。
▶ 商業革命, 大航海時代

アメリカ＝メキシコ戦争
Mexican War 1846.5.12～48.2.2
米墨戦争ともいう。アメリカとメキシコの間で争われ, 勝ったアメリカが広大な領土を獲得した戦争。直接の原因は, 1845年にメキシコの旧領テキサスが連邦に加入したこと, アメリカがカリフォルニアとメキシコの買収による併合を要求したことにある。グアダルーペ・イダルゴ条約によりアメリカはニューメキシコとカリフォルニアを獲得し, 太平洋岸に至る大陸的膨張を完成した。

アメリカ連合（連邦）
Confederate States of America
アメリカの南北戦争*の際, 連邦を脱退した南部諸州が形成した政治連合。1861年2月サウス・カロライナ, ジョージア, フロリダ, アラバマ, ミシシッピ, ルイジアナ, テキサスの7州が結成し, ジェファソ

ン・デーヴィスを大統領に選出，内閣を組織，憲法を批准した。その後ヴァージニア*，ノース・カロライナ，テネシー，アーカンソーも参加。南北戦争の敗北によって解体した。
♦リンカーン

アメリカ労働総同盟（AFL）
American Federation of Labor

アメリカにおける職業別労働組合。1886年に多数の熟練労働者の組合の連合体として結成され，賃上げ・労働時間の短縮・労働条件の改善を要求した。しかし，鉄鋼，自動車などの大量生産工業の急速な発展に伴い，労働市場に大量の未熟練・半熟練労働者がもたらされるにつれて，産業別組合主義を主張する潮流が成長し，1935年産業別労働組合会議（CIO）が分裂した。55年に両組織は合併。

アラゴン
Aragon, Louis　1897〜1982

フランスの詩人，小説家。第一次世界大戦後のシュルレアリスム運動の主要メンバーだったが，やがて現実の政治・社会変革を目指して共産党に入党，社会主義的リアリズムに転じた。第二次世界大戦中は対独レジスタンス運動に身を投じ，『フランスの起床ラッパ』などの傑作を発表して，大衆的民衆詩人として広く親しまれた。
♦超現実主義，レジスタンス

アラスカ買収
Purchase of Alaska　1867

1741年にロシアのピョートル帝に雇われたデンマーク人ベーリングがアラスカを探検したのを皮切りに，ロシア毛皮商人が徐々に入植していき，18世紀末にはロシア・アメリカ会社が毛皮貿易を独占して19世紀初めに繁栄を誇った。しかし，19世紀半ばになるとロシアは会社の財政的破綻のため，1867年にこれを720万ドルでアメリカに売却した。1912年に準州となり，59年に州に昇格した。

アルザス・ロレーヌ問題
Question d'Alsace-Lorraine

フランスとドイツとの国境地帯にあるアルザス（エルザス）地方とロレーヌ（ロートリンゲン）地方の帰属をめぐる問題。両地方は三十年戦争*以降フランス領となっていたが，普仏戦争*（1870〜71）後，大部分がドイツ領となった。フランスは同地の回復を掲げて，対独復讐熱を煽り，第一次世界大戦*後，再びフランスが領有した。第二次世界大戦中，一時ドイツ領となったものの，戦後フランスが回復。この問題は仏・独両国，さらにはヨーロッパの平和にとっての重要な問題であった。

アルジェリア戦争
Guerre d'Algérian　1954〜62

アルジェリアのフランスからの独立戦争。第二次世界大戦*中から活

発になった独立運動が，1954年アルジェリア民族解放戦線（FLN）を中心とする独立戦争に発展，フランスは武力弾圧をはかるも，現地軍の反乱もあって危機に直面。58年ドゴール*が再登場して，第五共和政*を発足させ，最終的には，国内の反対勢力を抑えて62年3月のエヴィアン協定で休戦し，7月に正式に独立を認めた。

アルバ公
Duque de Alba ［Fernando Alvarez de Toledo］ 1507～82

スペインの将軍，政治家。第3代アルバ公爵。1567年，フェリペ2世*からスペイン支配のためフランドルに派遣され，「血の評議会」を結成し，プロテスタントを苛酷に弾圧する。68年にはオラニエ公ウィレム*を破り，ブリュッセルに入る。彼の弾圧で71年に反乱が勃発し，オランダ独立戦争*へとつながる。73年にはスペインに呼び戻され，80年に再起用され，翌年ポルトガル併合の戦いで勝利を収める。副王としてリスボン*に滞在中に死去した。
♦アントワープ

アルベルティ
Alberti, Leon Battista 1404～72

イタリアの人文主義者，建築家。追放されたフィレンツェ*市民の子としてジェノヴァに生まれる。フィレンツェでブルネレスキ*と出会い，遠近法理論を初めて説明した『絵画論』（1435）をブルネレスキに献呈。他に『建築論』『家政論』などの著作多数。フィレンツェのルチェライ邸，リミニのテンピオ・マラテスティアーノなど多数の建築も設計。ルネサンス*の典型的な「万能の天才」。

アレクサンドル2世
Aleksander II 1818～81

ロシア皇帝（在位：1855～81），ニコライ1世の長子。クリミア戦争*敗北に衝撃を受けて近代化を推進，農奴制廃止や地方自治，司法，軍制等の自由主義的改革を実行。1863年のポーランド蜂起後は路線を修正，抑圧的政策を強めた。対外的にはカフカスや中央アジアを併合，バルカン半島への影響強化を目的に露土戦争*（1877～78）を行った。81年に人民の意志党員によって爆殺された。
♦ナロードニキ，農奴解放（ロシア），ロマノフ朝

『アンクル＝トムの小屋』
Uncle Tom's Cabin 1852

人道主義の立場から奴隷制を批判したアメリカの女流作家ストウ夫人*の小説。1850年の逃亡奴隷取締法に反発して雑誌に連載され，52年に単行本として出版されると一躍ベストセラーになり，世界的な名声を獲得した。舞台でも上演され，本を

読まない大勢の人々にも知られた。北部の世論を奴隷制反対の方向に動かし，南北戦争*誘因の一つになったとされる。
▶黒人奴隷制（アメリカ）

アンシャン・レジーム（旧制度）
Ancien Régime

フランス革命*によって打倒された旧体制を指すが，近年では，16世紀初頭からフランス革命までの絶対王政期の体制を指すことが多い。この時代は，封建社会から近代社会への過渡期で，第一身分*（聖職者），第二身分*（貴族），第三身分*（平民）からなる身分制社会であった。政治的には，国王によって集権的国家体制の樹立が追求されたが，実際には，国王は地縁的・職能的な法人格をもった自立的団体（＝社団）を媒介として支配していた。これを「社団国家」という。だが，時代とともに，各身分内の階層分化が進んで対立も激化し，社団的編成も動揺し，大革命によって解体された。
▶絶対主義

アン女王戦争
Queen Anne's War　1702～13

ヨーロッパのスペイン継承戦争*と並行して北アメリカ植民地で戦われたイギリスとフランスの戦争。植民地拡大を狙う両国の利害対立が原因。1713年のユトレヒト条約*で，イギリスはアカディア，ニューファンドランドおよびハドソン湾岸地域を獲得した。植民地における英仏の衝突は，その後もジョージ王戦争（1740～48），フレンチ・アンド・インディアン戦争*（1754～63）で繰り返された。

アンデルセン
Andersen, Hans Christian　1805～75

デンマークの著名な童話作家。オーデンセに生まれ，貧困な幼年時代を過ごす。1819年，俳優になろうとして首都コペンハーゲンに出たが芽が出ず，恩人の援助により28年に大学に入学した。在学中から詩作にはげみ，卒業後，国王から海外遊学金をもらった。イタリア旅行後，『即興詩人』を出版する。それ以降，続々と童話を発表し，数多くのヨーロッパ言語に翻訳され，世界的名声を得た。彼が書いた童話の総数は130に及ぶ。彼の童話文学は，ロマン主義を基調とし，情緒的，感傷的である。デンマークにおいては，近代的な写実的散文の創始者とされる。

アントワープ
Antwerpen

ベルギーの北部に位置し，スヘルデ川の河口に位置する大貿易港。16世紀中葉になると西欧最大の貿易港・商業・金融の中心地となった。イギリスから未仕上げの毛織物が送られ，ここで完成品となり，各地で

売られた。1533年には，世界初の商品取引所が完成する。しかしオランダ独立戦争*中の1585年，スペイン軍によって占領されたため，多くの商人がアムステルダム*に向かい，アントワープの機能は大きく低下した。
♦アルバ公，ブリューゲル

アンリ4世
Henri IV　1553〜1610

フランスのブルボン朝*初代国王（在位：1589〜1610）。母ナバール女王ジャンヌ・ダルブレの影響で新教徒として成長し，ユグノー戦争*では新教徒の指導者として活躍した。新旧両教徒の融和をはかるためシャルル9世の妹マルグリットと結婚し，1589年国王アンリ3世が暗殺されると，国王に即位。しかし，旧教徒側はこれを認めず，抵抗をつづけたため，93年にカトリックに改宗して旧教徒勢力をなだめ，98年に信仰の自由を認めたナントの勅令*を発布して，宗教戦争に終止符をうった。その後，平和外交を推進する一方，荒廃した国土の復興と王権の強化に努め，絶対王政*の基礎を確立した。

イヴァン4世（雷帝）
Ivan IV　1530〜84

モスクワ大公（在位：1533〜47），最初のツァーリ*（在位：1547〜84），ヴァシリー3世の息子。1540年代末から大貴族の横暴に対抗して親政を行い，中央集権的統治を企図，65年には専横体制を確立した。カザン，アストラハン両ハン国を征服，バルト海への出口を求めてリヴォニア戦争を行ったが失敗，シベリア併合も開始した。農民の自由移動を制限，農奴制確立への動きを強化した。
♦イェルマーク，農奴解放（ロシア）

イェラチッチ
Jelacic, Josip　1801〜59

クロアチア生まれの政治家，軍人。オーストリア＝ハンガリー帝国に仕える。1848年，クロアチアの総督に任命される。ウィーン会議*後の「諸国民の春」の時期，ハプスブルク家*の支配から脱しようとしてハンガリーで起こった民族独立運動を鎮圧。後にイタリアとの間で紛争の原因となるフィウメ（Fiume, クロアチアではリエカ Rijeka）を占領。1919年，ダヌンツィオ*はフィウメを奪還。現在はクロアチア領。

イェルマーク
Yermak, Timofeevich　？〜1585

コサック*のアタマン。イヴァン4世*の特許状を得てシベリア開発に着手した企業家のストローガノフ家に雇われてシベリア遠征を行い，ロシア国家によるシベリア獲得の口火を切った。シベリア・ハン国のクチュム・ハンとの戦いで死亡。その後ロシアは急速にシベリア全土を掌

中におさめた。イェルマークは民謡に多く歌われている。

イギリス王立協会
Royal Society

ベーコン*の提唱する「実験哲学」に関心をもつ科学者や哲学者らによって1660年に創設された世界最古の自然科学の学会。ニュートン*をはじめ，化学のR・ボイル，物理学のR・フックら優れた科学者を輩出し，科学の振興に大いに貢献した。「王立」を冠してはいるが，実際には会員たちの会費によって運営される民間団体であり，会員の大半は科学を道楽の一つとみなす半アマチュア的科学者ジェントルマンで占められていた。

イギリス国教会
Anglican Church; Church of England

イギリス宗教改革によって成立した国家教会。テューダー王朝*の安定のために嫡出男子を求めるヘンリ8世*が，1534年国王至上法*により国王をイギリス教会の首長と規定してローマからの独立を宣言，離婚を強行したことに始まる。教義・典礼の面ではなおカトリックにとどまっていたが，ヘンリの晩年から大陸の改革運動の影響が及ぶようになり，続くエドワード6世のプロテスタント化とメアリ1世*によるカトリック反動を経て，エリザベス1世*の時代に両者の中道の宗教として確立された。このアングロ・カトリックとも呼ばれる中道的性格ゆえに左右両翼からの批判が絶えず，特にピューリタン*の改革運動はピューリタン革命*の原動力となった。

イギリス帝国会議
Imperial Conferences

イギリスとその自治植民地の代表者の会議。1887年より断続的に開催され，1907年までの計4回は植民地会議と呼ばれる非公式な協議機関であった。07年の会議で自治植民地は自治領（Dominion）と呼ばれるようになり，会議自体も本国と自治領が対等な資格で帝国問題を協議する公式機関へと改組され，帝国会議の名称が採用された。37年の会議を最後に，44年からは連邦首脳会議となる。

▶イギリス連邦

イギリス連邦
British Commonwealth of Nations

イギリスとその旧植民地諸国で構成される緩やかな共同体。第一次世界大戦*を契機に独立志向を強めた自治領諸国の離反を防ぐため，1926年の帝国会議において，イギリスおよび自治領諸国の関係は法的に対等のパートナーと定義され，自治領が独自の自主権をもつことが認められた。この原理は31年ウェストミンス

ター憲章*として法制化され、イギリスと6つの自治領から成るイギリス連邦が成立した。49年加盟国間の平等性を強調するために「イギリス」の呼称が削除され、現在は単に連邦（Commonwealth of Nations）と呼ばれている。第二次世界大戦*後に多数のアジア・アフリカ新興国を加え、2002年現在の加盟国は54カ国、人口は約17億人に達する。
◆イギリス帝国会議

イサベル1世
Isabel I　1451〜1504

カスティーリャ女王（在位：1474〜1504）。1469年、アラゴンのフェルナンド2世と結婚。二人は「カトリック両王」と称せられ、王権とカトリックの強化に努めて近代のスペイン王国の基礎を築く。国家統一のために宗教統一を重視し、異端審問所設立、ユダヤ教徒追放、そしてイスラム最後の砦グラナダを征服して国土回復運動*を完成（1492）。同年、コロンブス*の西航を援助したことでも有名。
◆異端審問制度

イースター蜂起
Easter Rising

1916年イースター期間中に起きたアイルランド独立を求める市民の武装蜂起。アイルランド義勇兵と社会主義者コノリー率いる市民軍の約2000人が、ダブリンの各所を占拠し独立を宣言したものの、大衆の支持を得られず、5日間で鎮圧された。しかし、イギリス政府の報復処刑が反英感情に火を付け、これまでの自治権要求運動は共和主義的な分離独立運動へと急転回し、1918年総選挙でのシン＝フェイン党*の躍進をもたらした。
◆アイルランド問題

イタリア統一戦争
Guerra d'indipendenza italiana

リソルジメント*の過程で起こった2度の対オーストリア戦。ウィーン会議*の結果（1815）、オーストリアが北イタリアを支配したため解放と統一には対オーストリア戦が不可避だった。三月革命*を機にサルデーニャ王カルロ・アルベルトを中心とするイタリア諸邦がオーストリアと戦う（第一次イタリア統一戦争）（1848〜49）も、教皇ピウス9世*の離脱もあって完敗。その後、国際的支援が必要と考えたサルデーニャ王国首相カヴール*はナポレオン3世*と結んで再度オーストリアと戦い（第二次イタリア統一戦争）（1859〜60）、ナポレオン3世*の背信にもかかわらず北中部イタリアを併合し、ヴェネツィア、ナポリ王国、教皇領を除く統一を達成。
◆ヴィットーリオ・エマヌエーレ2世、ガリバルディ、青年イタリア、ローマ共和国

イタリア・トルコ戦争
Guerra di Libia

イタリアがトルコ領トリポリ・キレナイカの領有をねらって起こした帝国主義*的侵略戦争（1911〜12）。伊土戦争ともいう。ヨーロッパ列強のアフリカ分割の一つとして，英仏露などの承認ないし了解を得て行われた。イタリアは征服地を併合し，リビアと改称。イタリアにとってリビア併合は経済的意義より軍事的意義のほうが大きかった。リビア独立は1951年のこと。

異端審問制度
Inquisition

異端者を発見・処罰するための法廷。13世紀から西欧諸国に設置。イベリア半島では15世紀末のイサベル1世*や16世紀のフェリペ2世*が設置した異端審問制度が，特にカトリックによる国家統一を目的とした中央集権的な制度として知られる。イベリア半島に多くいたユダヤ教からの改宗者（コンベルソ），イスラム教からの改宗者（モリスコ），プロテスタントなどが検挙され，有罪になれば火刑に処される。1834年に廃止。

一国社会主義論
Socialism in one country

世界革命による資本主義諸国の崩壊以前にも一国だけで社会主義革命を完了し，完全な社会主義社会を建設することができるという，1920年代半ば以降ソヴェトで唱えられた主張。期待されたヨーロッパ革命が退潮する一方，ネップによる社会経済政策の転換が図られるなかで，24年にスターリン*がブハーリン*を後盾に，永続革命を主張するトロツキー*に対抗して命題化し，25年の共産党第14回党大会で決議として採択された。

◆カーメネフ，ジノーヴィエフ，新経済政策（ネップ），戦時共産主義

イプセン
Ibsen, Henrik　1828〜1906

ノルウェーの劇作家であり，近代劇の創始者。フランス二月革命に影響されて，処女作史劇『カティリーナ』（1850）を書く。大学に入学し，ベルゲンの舞台監督になるが，1862年に劇場が破産し，負債を負う。64年にはイタリアに赴き，五幕物の韻文劇を書き，祖国の文化を批判した。各地を転々とし，特に79年の『人形の家』で国際的名声を得た。世界の演劇を単に娯楽ではなく，社会問題と直接関係をもたせるようにした点が最大の功績とされる。

移民法
Immigration Acts

アメリカは建国後ほとんど無制限に移民を受け入れてきたが，19世紀以降移民に対する排斥運動が生じ，

1882年に最初の制限法である中国人排斥法が制定された。さらに1924年移民法は，1890年の国勢調査に基づいて国別割当移民数を定めた。これは19世紀末以後急増していた南東欧系移民に著しく不利に作用したほか，アジア系移民が全面的に禁止された。この国別割当制度は1965年の移民改革法によって廃止された。

印紙法
Stamp Act

1765年3月に制定された北アメリカ植民地への課税法。イギリス本国の財政窮迫に対処するために植民地に向けられた新規の税制で，公文書，証書，パンフレット，新聞，暦などの印刷物に所定額の収入印紙の貼付を義務づけた。これに対して植民地人は激しく反発して本国製品の不買運動を展開し，本国商工業者に打撃を与えた。その結果本法は翌年3月に撤回されたが，アメリカ独立革命＊へと導く一要因となった。
♦ アダムズ，"代表なくして課税なし"，ヘンリ

印象派
Impressionnisme

19世紀後半のフランスを中心とした芸術運動。この名称は，ある新聞記者が「画家・彫刻家・版画家の組合展覧会」（1874）を取材して，モネの「印象，日の出」の画題から印象派展覧会と紹介したことに由来。明るい色を併置して外光の効果を表し，宗教画，神話画，歴史画を否定して，同時代の風俗，肖像，静物，風景などを好んで画題として取り上げた。日本の浮世絵の影響も入っている。代表的画家にはマネ，モネ，ドガ，ルノワール，音楽ではドビュッシーらがいる。
♦ ゴッホ

インディアン強制移住法
Indian Removal Act of 1830

アメリカのジャクソン＊政権下で制定された連邦法。大統領に，ミシシッピ川以東に住むインディアンのため必要と考える時には，同川以西の土地を適当に分割して，現にインディアン部族が住んでいる土地と交換できる権限を与え，またアメリカが永遠にインディアンおよびその子孫に対し，交換された地域を保護することを，大統領は当該部族に保証することなどを規定した。

インディオ
Indio

コロンブス＊がアメリカ大陸に到達した時，彼はインディアスに着いたと考えてその先住民をインディオと呼んだ。以来インディオはラテン・アメリカの先住民を指す言葉となった。インディオは白人の対極をなし，その中間に各種のメスティソ（混血）が配列される。しかし，実際の混血の有無よりも，外来の文化

インド航路開拓

ポルトガル人ヴァスコ・ダ・ガマ*が開拓。ガマの一行は，1497年7月にポルトガルのリスボンを出航し，喜望峰を回って，翌98年5月にインド西南岸のカリカットに到達。香辛料を満載して翌99年9月に帰国。これにより地中海のイタリア商人やイスラム商人の仲介を経ないで，ヨーロッパから直接アジアに行く航路が開かれた。アジア産香辛料の貿易の中心は地中海からインド洋へと移行する。
♦喜望峰発見，商業革命，大航海時代，ディアス（バルトロメウ），東方貿易（レヴァント貿易）

ヴァイマル共和国（ワイマル共和国）
Weimarer Republik

第一次世界大戦後に成立したドイツで最初の共和国。1918年11月の革命では労兵レーテが主導権を握るが，19年1月国民議会と大統領制が成立。憲法の採択が行われた地名にちなみ，通例ヴァイマル共和国と呼ばれる。ヴェルサイユ条約*の受諾による多額の賠償金支払いが経済的な不安定をもたらすとともに，ナショナリズムを刺激。世界大恐慌*を契機に議会でナチ党が躍進，33年1月ヒトラー内閣が成立し，共和国は崩壊した。
♦カップ一揆，キール軍港の水兵反乱，シュトレーゼマン，相対的安定期，ドイツ革命，ドーズ案，ヒルファーディング，ヒンデンブルク，ブリューニング

ヴァザーリ
Vasari, Giorgio　1511～74

イタリアの画家，建築家，美術史家。アレッツォ出身。フィレンツェ*でメディチ家*の庇護をうけ，ウフィツィ宮（現ウフィツィ美術館）を設計する。芸術家としては二流であったが，チマブーエからミケランジェロ*にいたる画家・彫刻家・建築家数百人の伝記を記録した『芸術家列伝』（1550，68^2）の著者として高名。この大著で古代芸術の再生（ルネサンス*）の概念を導入する。
♦「モナ・リザ」

ヴァージニア
Virginia

アメリカ独立13州の一つ。1607年のジェームズタウンの建設に始まる。24年に王領植民地となり，黒人奴隷制*による煙草プランテーション*経済が栄えた。アメリカ独立革命*では指導的役割を果たし，1788年には合衆国憲法を批准して州となった。南北戦争*では，東半分が連邦を脱退してアメリカ連合*の一員となる

一方，西半分が1863年にウェスト・ヴァージニアとして分離して独立の州になり連邦側にとどまった。
♦アメリカ合衆国憲法，13植民地

ヴァスコ・ダ・ガマ
Vasco da Gama　1469頃～1524

ポルトガルの航海者。前半生のことはほとんどわからない。バルトロメウ・ディアスの喜望峰発見*，コロンブス*の西航ののち，インドへの直行を計画し，1497年にポルトガル艦隊を率いてリスボンを出港，喜望峰を経由してインド洋を横断，翌98年インドのカリカットに到着。翌年リスボン帰港。これがインド航路開拓*であり，アジアとの直接的な香料貿易の道を拓いた意義は大きい。
♦カブラル，商業革命

ヴァルミーの戦い
Bataille de Valmy

1792年9月20日，フランス東北部のマルヌ県の一農村で戦われたフランス革命*軍とプロイセン＝オーストリア連合軍との戦闘。ピルニッツ宣言*に基づいて戦争が開始された直後は連合軍による軍事的優位が続いていたが，同軍を率いていたブラウンシュバイク公が退却を始めたのを機にフランス側が攻勢に転じた。これを見た文豪ゲーテ*は「この日この地から，世界史の新しい時代が始まる」と述べたことでも知られる。

ヴァレンシュタイン
Wallenstein (Waldstein), Albrecht Wenzel Eusebius von　1583～1634

ベーメン出身の傭兵隊長。富裕な領主の家に生まれ，その財力で傭兵隊を編成，皇帝に供して皇帝軍の総指揮官となる。三十年戦争*勃発後の功績により侯爵の地位を得るが，その強大化を恐れた他の諸侯の画策で一旦その任を解かれた。しかし，スウェーデン王の軍隊を迎え撃つために再登用される。ところが，和平交渉を勝手に進めようとしたことから最後は皇帝の部下に殺害された。
♦グスタフ＝アドルフ

ヴァレンヌ逃亡事件
Événement de la fuite du roi à Varennes　1791.6.20～21

フランス革命*初期，国王ルイ16世とその家族が国外逃亡を企てて失敗した事件。ルイ16世は，外国軍の支援を受けて革命に敵対しようとして，チュイルリ宮殿をひそかに脱出し国外に逃亡しようとしたが，北部国境近くのヴァレンヌで発見，逮捕されてパリに連れ戻された。この結果，国民の国王に対する信頼は失われ，共和派が台頭する契機となった。

ヴァンゼー会議
Wansee-Konferenz

1942年1月20日，ベルリン郊外のヴァンゼー湖畔で開かれたユダヤ人問題をめぐるナチ党幹部による会議。

ゲーリング*が主導した。水晶の夜*以降，収容所にはすでに多くのユダヤ人が集められ，それをどのように扱うかが問題になっていた。その計画書では，東方への移住とそこでの労働従事が予定されたが，実際には「最終解決」の名の下，アウシュヴィッツ*収容所に典型的なユダヤ人大量虐殺が行われることになった。
♦強制収容所（ドイツ），ホロコースト

ヴァンデの農民反乱
Guerre de Vendée　1793〜95

フランス革命*期にヴァンデ県を中心に起こった西部の大規模な農民反乱。革命に不満を抱くようになった農民が，30万人徴兵令（1793.3）を契機に蜂起し，これに革命に敵対する貴族や聖職者が加わって反革命的性格を強めていった。この反乱は，対外戦争の危機や物価高騰に伴う民衆の不満の増大とあいまって，恐怖政治の確立を促進することになった。

ヴァンデミエール蜂起
Insurrection de vendémiaire
1795.10.5

フランス革命*期の王党派の蜂起。テルミドール反動*（1794.7）後，多数派を形成したブルジョワ共和派は，1795年憲法を制定して総裁政府*体制を確立した。だが，共和派は10月の選挙で王党派が進出することを怖れて，新議員の3分の2を国民公会議員から選出することを定めた。王党派はこれに反発して蜂起したが，軍隊によって鎮圧された。

ヴァントーズ法
Décrets de ventôse　1794.2〜3

フランス革命*期にモンターニュ派*が実施しようとした社会立法。領主権の廃止や国有財産の売却の恩恵を十分に受けられなかった貧しい農民の要求を受けて，国民公会は反革命容疑者の財産を没収して貧民に無償で分配することを定めたが，結局実施されなかった。

ヴィクトリア女王
Victoria　1819〜1901

イギリス・ハノーヴァ王朝の女王（在位：1837〜1901）。1837年叔父ウィリアム4世の後を継ぎ，弱冠18歳で即位。40年に従弟のアルバート公と結婚して4男5女をもうけたが，その円満な家庭生活は当時の理想の家庭像として中流階級の敬愛を集めた。61年夫と死別すると，公務から退いて10年間もの隠遁生活を送ったため，一時は共和主義運動が高まったが，インド女帝即位式典（1877），即位50周年式典（1887），即位60周年式典（1897）と一連の壮大な王室儀礼を成功させ，大英帝国の偉大さの象徴として国民の愛情と尊敬の対象となった。その64年間の治世は大英帝国の絶頂期に相当し，「ヴィク

トリア時代」と呼ばれる。

ヴィシー政府
Gouvernement de Vichy　1940～44

　第二次大戦中，フランス南部に成立した政府。1940年6月の敗戦後，フランスは北部のドイツ占領地区と南部の自由地区に二分され，自由地区にはヴィシー政府が成立した。ヴィシー期は「労働・家族・祖国」を掲げ，反共和主義的な「国民革命」が推進されたペタン元帥を中心とする権威主義的な前期と，ラヴァルを中心にして対独協力がより積極的に推進された疑似ファシズム的な後期に区分される。ヴィシー体制は対独協力を強いられた体制であった。
◆レジスタンス

ウィッテ
Witte, Sergei Yulyevich　1849～1915

　帝政末期ロシアの政治家。運輸相，蔵相，首相（在任：1905～06）等を歴任。蔵相として酒類専売制，金本位制による通貨改革，シベリア鉄道*建設，外資導入などを行って急速な工業化政策を推進したが失脚。日露戦争で全権代表としてポーツマス条約に署名，第一次ロシア革命期に首相に就任し，農地改革・憲政実施を唱えて十月詔書を起草した。
◆ロシア革命，ロシア第一次革命

ヴィットーリオ・エマヌエーレ2世
Vittorio Emanuele II　1820～78

　サルデーニャ王（在位：1849～61），初代イタリア王（在位：61～78）。父カルロ・アルベルトの退位によってサルデーニャ王に即位。カヴール*を首相に任命して近代化につとめ，リソルジメント*を推進。クリミア戦争*に参戦して英仏の好意を得，ナポレオン3世*と結んでオーストリアとのイタリア統一戦争*（1859）に勝利。このときサヴォイ・ニースをフランスに割譲するも，ロンバルディーア，トスカーナなど北中部イタリアを併合。南部はガリバルディ*が献上してイタリア王国が成立（1861），初代国王となる。ヴェネツィア（1866），ローマ（1870）も併合して統一を完成。「祖国の父」と呼ばれる。

ウィリアム3世
William III　1650～1702

　イギリス・ステュアート王朝*の国王（在位：1689～1702）。オランダ名門貴族に生まれ，1672年弱冠22歳でオランダ総督となる。88年議会の招請に応じてイギリスへ進攻，名誉革命*を成功させ，妻メアリ（ジェームズ2世*の娘）と共同即位した。ルイ14世*の膨脹主義に対抗してヨーロッパの勢力均衡に努め，89年対仏同盟を結成，90年ボイン川の戦いではルイの支援を受けた廃王ジ

ェームズ2世の軍を撃破した。

ウィルソン
Wilson, Thomas Woodrow 1856～1924

アメリカ合衆国第28代大統領（在任：1913～21）。1910年ニュージャージー州知事に当選，12年民主党の大統領候補に選ばれ，「新しい自由」*を政綱に掲げて大統領選挙に勝利。14年に第一次世界大戦*が勃発すると中立から次第に参戦へと傾き，17年4月参戦。戦後は世界秩序の再建に高い理想を示して指導力を発揮，18年1月に国際連盟*の樹立と民族の自決などをうたった十四カ条の平和原則*を発表した。国際連盟設立の構想は彼の努力によって19年ヴェルサイユ条約*に盛り込まれて実現し，同年ノーベル平和賞を受賞。19年過労のために脳動脈血栓に倒れ，21年大統領任期満了とともに政界から引退した。

ヴィルヘルム1世
Wilhelm I 1797～1888

プロイセン王（在位：1861～88），ドイツ帝国初代皇帝（在位：1871～88）。1857年先代プロイセン王の摂政となり，自由主義的な「新時代」*を導く。しかし59年，軍制改革をめぐり邦議会と衝突，プロイセン憲法紛争*を引き起こした。61年国王に即位，62年ビスマルク*を首相に登用しドイツ統一を推し進めた。普仏戦争*中の71年1月ヴェルサイユ宮殿*鏡の間で戴冠式が行われ，皇帝となる。

♦ ドイツ帝国，ホーエンツォレルン家

ヴィルヘルム2世
Wilhelm II 1859～1941

ドイツ皇帝かつプロイセン王（在位：1888～1918）。ヴィルヘルム1世*の孫。即位後，社会政策・外交問題をめぐりビスマルク*と衝突。90年以降親政を行い，ロシアとの再保障条約を更新せず，大艦隊建設・3B政策*を推進するなどドイツの帝国主義*時代を代表し，「新航路」と呼ばれる「世界政策」*を推し進めた。しかし，モロッコ危機・バルカン問題などで失政を重ねて英仏と対立，1909年のデーリー・テレグラフ事件により政治的影響力が後退した。第一次世界大戦*中は，政治的にも軍事的にも指導力を発揮することがほとんどなく，18年10月末キール軍港で水兵の反乱が起こるとオランダに亡命した。

♦ 三国同盟（独・墺・伊），城内平和，チェンバレン（ジョセフ），ドイツ帝国，モロッコ紛争

ウィーン会議
Wiener Kongreß

ナポレオンの失脚後，1814年9月から15年6月にかけてヨーロッパの秩序回復を目的としてウィーンで開

かれた国際会議。オーストリア外相メッテルニヒ*が主導し，プロイセン，ロシア，イギリスの4大国が中心となった。フランス革命前の諸王家の復位（正統主義*）とヨーロッパ諸国の勢力均衡が原則とされた。これによって創出された国際秩序をウィーン体制と呼び，そのもとでは自由主義・民族主義（国民主義）が抑圧された。
▶ カールスバート決議，カルボナリ（炭焼党），四国（五国）同盟，神聖同盟，ピエモンテ立憲運動，ベルギーの独立，ヨーロッパの協調，リソルジメント

ヴィンディシュグレーツ
Windischgrätz, Alfred Fürst zu 1787～1862

オーストリアの軍人。解放戦争に従軍後，1840年ボヘミア方面司令官となり，三月革命*時の48年6月にプラハ蜂起を弾圧，10月には参謀総長としてウィーンの革命勢力を粉砕した。49年1月ブダペストを占領してハンガリー反乱を鎮圧しようとしたが，義兄弟の首相と意見を異にし，結局同年4月に罷免された。後に政治家に転身した。

ウェストファリア条約
Westfälischer Friede

1648年10月に結ばれた三十年戦争*の講和条約。宗教上，アウクスブルク宗教和議*を再確認し，カルヴァン派を承認。帝国体制上，諸侯と帝国都市に対する領土の独立主権と外交権を承認。領土関係ではスイスとオランダの独立の承認，フランスのアルザス地方の獲得，スウェーデンの西ポンメルンとブレーメン司教領などの獲得などが取り決められた。これによりドイツの権力分立状態が決定的となった。
▶ オランダ独立戦争，バルト海帝国，領邦国家

ウェストミンスター憲章
Statute of Westminster

1926年のイギリス帝国会議*で採択された自治領の地位に関する定義（バルフォア定義）を確認した，イギリス連邦*の根本を規定する法。1931年成立。イギリスと6自治領（カナダ，オーストラリア，ニュージーランド，南アフリカ連邦*，ニューファンドランド，アイルランド自由国*）は「地位において平等であり，国王に対する共通の忠誠心によって結ばれる」と規定し，イギリス連邦の誕生を宣言した。

ヴェスプッチ
Vespucci, Amerigo 1454～1512

イタリアの探検家。フィレンツェ*出身。スペインでコロンブス*を知る。1499年から数回中南米を探検。書簡体の小冊子「新世界」のなかでアメリカがアジアとは別の新大陸であると主張する。その説に基づ

き，ドイツの地理学者ヴァルトゼーミュラーが新大陸をアメリゴにちなんで「アメリカ」と命名（1507）。セビリアで死去。ただし彼の中南米探検を疑問視する研究もある。
◆アメリカ発見

ウェーバー
Weber, Max　1864〜1920

ドイツの社会学者，社会経済史家。ハイデルベルク大学などで教授を歴任。研究の中心は宗教・経済・社会の関係を把握することであり（宗教社会学），西欧の資本主義・官僚制度の発展をプロテスタンティズムの倫理とその合理化過程から解明しようとした。社会科学の方法論という点では，政治・実践的な価値判断と社会学的認識（価値自由）を弁別し，理念型と呼ばれる概念を導入して後の社会学の発展に多大の影響を与えた。第一次世界大戦*後はドイツ民主党に参加，政治にも積極的な関心を示した。代表作『プロテスタンティズムの倫理と資本主義の精神』(1905)，『職業としての学問』(1919) など。

ヴェルサイユ宮殿
Palais de Versailles

パリ南西部のヴェルサイユにあるバロック式*宮殿。ルイ13世が建設に着手して，ルイ14世*時代の1682年に完成し，宮廷はパリから移転された。バロック式の豪華な建築と室内装飾，広大な庭園で知られ，フランス絶対王政のシンボルとなった。フランス革命の舞台の一部となったほか，ドイツ統一宣言（1871），ヴェルサイユ条約*調印（1919）の場ともなった。

ヴェルサイユ行進（十月事件）
Journée des 5 et 6 d'octobre 1789
1789.10.5〜6

フランス革命*初期，パン不足と価格の高騰に直面した数万人のパリの民衆が，数千人の女性を先頭に，ヴェルサイユに押しかけ，国王一家をパリに連行した事件。この結果，国王が渋っていた封建制廃止の法令や人権宣言の批准を裁可させたばかりか，宮廷と議会をパリに移転させて急進的なパリ民衆の監視下におくなど，革命の進展に影響を与えた。

ヴェルサイユ条約
Treaty of Versailles

第一次世界大戦*後，連合国とドイツの間に結ばれた講和条約。1919年1月18日からのパリ平和会議で草案が成立し，同年6月28日ヴェルサイユ宮殿*で調印された。これによりドイツは全植民地を放棄し，アルザス・ロレーヌのフランスへの返還などにより本国領土の7分の1，人口の10分の1を失った。軍事的には徴兵制の廃止，陸海軍兵力の制限などが課され，ライン左岸地域が15年間は連合国軍隊により占領されるこ

とになった。また，戦争責任がドイツにあるとされ，21年に総額1320億金マルクに上る賠償金支払いが決められた。過酷な条約内容とこれにより成立したヴェルサイユ体制にドイツ世論が反発し，戦後のヴァイマル共和国*は動揺が続いた。
▶再軍備宣言（ドイツ），十四カ条の平和原則，復活祭危機（デンマーク），ラインラント進駐，ルール占領（出兵），ロカルノ条約

ヴェルダン要塞
Forts de Verdun

第一次世界大戦*中の激戦地の一つ。ヴェルダンはフランス北東部のムーズ河岸にある小都市。独仏国境からシャンパーニュ地方を経てパリに至る要路にあたるため，ドイツ軍の攻撃対象となり，激しい攻防戦を展開。特に1916年2月〜1917年12月の戦いでは，ペタンらが指揮するフランス軍がドイツ軍の攻勢をしのいで反撃に転じたが，その戦いのすさまじさは「ヴェルダンの地獄」といわれ，両軍あわせて数十万人が戦死した。

ウォーターゲート事件
Watergate Affair

アメリカ大統領選挙戦中の1972年6月17日，ニクソン再選委員会（共和党）の組織した一味が，ワシントンDCのウォーターゲート・ビルにある民主党*選挙対策本部に侵入して盗聴器を仕掛けようとしたが，その作業中に発見されて未遂に終わった事件。これが契機となって2年余にわたってアメリカ政界を大混乱に巻き込み，ついに74年8月9日，議会による事実上の弾劾直前にニクソン大統領は辞任した。

ヴォルテール
Voltaire　1694〜1778

フランスの文学者，啓蒙思想*家。本名アルー François-Marie Arouet。合理主義的視点から旧体制下の国家・社会，とりわけキリスト教と狂信を激しく批判して，カトリックの狂信的迫害を象徴するカラス事件（1761〜65）に介入するなど，宗教的寛容や自由と進歩を擁護した。その影響は，全ヨーロッパに及び，1750年にプロイセン王フリードリヒ2世*に招かれて文芸の師として仕えたほか，ロシアのエカチェリーナ2世*と交流するなど，啓蒙専制君主にも大きな影響を与えた。主著，『哲学書簡』，『ルイ14世の世紀』，『習俗論』。

ウォルポール
Walpole, Robert　1676〜1745

イギリス・ホイッグ党*の政治家。1721年第一大蔵卿に就任（在任：1721〜42），閣議に欠席しがちであった王に代わって閣議の議長を務めた。政党制が未熟な当時にあって，贈収賄により支持基盤を固める一方，

平和外交を基本政策に据えて戦費の軽減に努め、トーリ派を懐柔した。この巧みな議会操作術によって「ロビノクラシー」(ロバートの治世の意) と呼ばれる長期政権を維持、その実績により初代首相と称される。
♦"王は君臨すれども統治せず"

英印円卓会議
Round Table Conferences

将来のインドの地位について協議するため、1930、31、32年の計3回にわたって開催された会議。29年ガンジー率いる国民会議派が完全独立決議を採択、不服従運動が大規模に展開されたため、これを懐柔すべくロンドンにインド人各派代表を招いたが、各派の意見衝突や国民会議派のボイコットにより成果なく終わった。1935年イギリスは妥協策として新インド統治法*を制定し、各州の責任自治制度を施行した。

英仏協商
Anglo-French Entente

1904年に締結されたイギリス・フランス間の和親協商。両国は植民地分割競争のライバルであり、19世紀末までイギリスの同盟国候補としてはドイツが有力であった。しかし、ドイツの世界政策*に対する警戒心を背景に両国は急速に関係改善へと向かい、エジプトにおけるイギリスの、モロッコにおけるフランスの優越権を相互承認した本協商が成立した。1907年の英露協商*とともに三国協商*へと発展。
♦"光栄ある孤立"

英仏植民地戦争

1689年のウィリアム王戦争から、1815年のナポレオン戦争終結までの、イギリスとフランスの植民地争奪戦争の総称。「第二次英仏百年戦争」とも呼ばれる。スペイン継承戦争*やオーストリア継承戦争*など、ヨーロッパ列強の抗争と連動して、北アメリカ、カリブ海、インドで激突、いずれもイギリスの勝利に終わった。この結果、世界商業におけるイギリスの覇権は決定的となり、イギリス植民地帝国の基礎が固められた。
♦パリ条約 (1763)

英仏通商条約
Anglo-French Treaty of Commerce

イギリス・フランス間の貿易を自由化した通商条約。1786年と1860年の2度締結。前者 (イーデン条約) は、綿織物などイギリス製品の大量流入を招いてフランス経済に壊滅的な打撃を与え、このことが革命の遠因となった。しかし、帝政と復古王政*の保護貿易策のもとでフランス工業は順調に回復・発展し、貿易自由化の要求が高まったため、後者 (コブデン・シュヴァリエ条約) が締結された。

英・ポーランド相互援助条約
Anglo-Polish Agreement of Mutual Assistance

イギリスとポーランド間で，1939年8月25日に締結された条約。ドイツとの軍事衝突が避けられないことを覚悟したイギリスは，自国の再軍備を急ぐとともに，軍備が整うまでの間は戦争の勃発を一日でも遅らせることを外交目標とした。そのためにドイツの東に隣接するポーランドを味方につけてドイツを牽制しようとして締結したのがこの条約であった。同時にイギリスには，同国との接近に勢いを得たポーランドがドイツの挑発に乗って紛争を起こす可能性を回避する必要性が生じた。ポーランドを利用してドイツを抑え，ポーランドはイギリス自身がコントロールしていくことによって戦争の勃発を遅らせることが，この条約の目的であった。条約はポーランドへのドイツ軍侵入を想定して「援助」を約束しているが，イギリスにはポーランドを軍事的に支援する意図はまったくなかった。

英蘭戦争
Anglo-Dutch War

17世紀に，英蘭で3度にわたり行われた戦争。17世紀ヨーロッパ最大の商業国家オランダの貿易排除を狙ったイギリスは，1651年航海条例*を発布した。それを直接の原因として，第一次（1652～54），第二次（1665～67），第三次（1672～74）と，計3回の英蘭戦争が起こった。イギリス優勢のうちに推移し，大陸のオランダ領の多くがイギリス領となった。英蘭戦争は，オランダが没落し，イギリスが発展する契機となった。

英露協商
Anglo-Russian Entente

1907年8月に英露間で締結された協約。ペルシア，アフガニスタン，チベットにおける両国の利害調整と勢力圏確定が目的。これにより，それ以前から結ばれていた露仏同盟*，英仏協商*とともに対独包囲体制である三国協商*が確立，さらに同年の日露協商締結で日英対露仏の緊張も解消して，第一次世界大戦*協商国の枠組みが作られた。17年のロシア革命*まで効力を有した。

エカチェリーナ2世
Catherine II　1729～96

ロシアの女帝（在位：1762～96）。ドイツのアンハルト゠ツェルプスト家の公女。ロシア皇太子ピョートル（3世）に嫁し，1762年にクーデターで夫を退けて即位。啓蒙専制君主として国家再編を試みるが，むしろ貴族特権を強化した貴族帝国を確立。2度の露土戦争*で黒海周辺でのロシアの地位を確定，ポーランド分割*による領土拡大もはかった。在位中にプガチョーフの反乱*が起こ

った。
♦ロマノフ朝

エチオピア侵攻
Ethiopia

イタリアによるエチオピア侵略戦争（1935～36）。第二次アビシニア（エチオピア）戦争ともいう。ムッソリーニ*は世界大恐慌*による国民の不満をそらすため，35年エチオピアに大軍を上陸させ，翌年首都アディス・アベバを占領してエチオピアを併合。イタリア王がエチオピア皇帝を兼ねる。国際連盟*は経済制裁を実施できず無力をさらす。国際的に孤立したイタリアはドイツに急接近する。
♦アビシニア戦争

エムス電報事件
Emser Depesche

ビスマルク*がプロイセン王ヴィルヘルム1世*からの電報を改竄して公表した事件。1870年7月13日エムス温泉に滞在中の国王とフランス大使が会談，大使がホーエンツォレルン家*系出身者のスペイン王位継承断念の確約を取り付けようとしたことをビスマルクが電報で知り，いかにも大使が非礼に振舞ったかのように修正して公表。両国民の敵対感情を意図的に煽ることで，フランスがプロイセンに宣戦布告するきっかけとなった。
♦普仏戦争

エラスムス
Erasmus, Desiderius　1466頃～1536

オランダの代表的人文主義者。ロッテルダムに生まれ，アウグスチノ修道参事会に入り，後にパリに留学する（1495～99）。さらにイギリスに渡り，オックスフォードで，モア*，リナカーらと親交を深める。その後イタリアに渡り，諸都市を歴訪した。再び1509年にはイギリスに戻り，ケンブリッジ大学で哲学とギリシア語を教えた。その後15年に大陸に戻り，21年からバーゼルに住み着いた。彼は当初，宗教改革*には好意的な態度を示したが，終始中庸の態度をとり，自由意志に関する論争で決定的にルター*と対立した。終生ローマ教会を離れず，ローマ教会内部の改革に努めた。しかしそのため，新旧両派から攻撃を受けた。ギリシア語新約聖書を出版した業績も大きい。
♦『愚神礼賛』，人文主義（ヒューマニズム）

エリザベス1世
Elizabeth I　1533～1603

イギリス・テューダー王朝*の女王（在位：1558～1603）。ヘンリ8世*と第二妃アン・ブーリンの子。宗教的には中道政策をとり，カトリックとプロテスタントを折衷した国教会制度を確立，宗教的分裂に終止符を打った。セシル*らジェント

リ*層を重用して行政機構の整備を進める一方,経済不況の解決策として対外進出事業を奨励,1588年スペイン無敵艦隊*を撃破して大西洋の制海権を握り,帝国形成の礎を築いた。
♦イギリス国教会

エリツィン
Yeltsin, Boris Nikolayevich 1931〜

ロシア連邦初代大統領(在任:1991〜99)。建築技師として働いた後,ソ連共産党党官僚に。1986年,党政治局員候補に就任したが,翌10月の中央委員会総会でペレストロイカ*推進,保守派批判を主張して更迭。89年に民主化運動に乗じてソ連邦人民代議員に選出され,90年離党。同年,ロシア共和国最高会議議長に就任,翌夏の保守派クーデター阻止の先頭に立つ。独立国家共同体を結成してソ連邦解体*に導くとともに,ロシア連邦大統領として民主化と市場経済化を目指した改革を推進したが,改革は順調に進まず,権威的体質や政商との癒着への批判も強まった。
♦ゴルバチョフ

エルフルト綱領
Erfurter Programm

1891年にドイツ社民民主党*がエルフルト党大会で採択した党綱領。理論綱領をK・カウツキーが,実践綱領をE・ベルンシュタインが起草した。理論部分はマルクス主義思想が色濃く反映し,労働者大衆の窮乏化,革命の必然性が説かれ,他方,具体的な実践として,労働者の政治的・経済的地位の向上が選挙権の行使・議会活動により可能であると説かれた。この理論と実践論の食い違いから,修正主義論争*が展開された。

エルベの誓い

第二次世界大戦*でドイツが降伏する直前の1945年4月25日,エルベ河畔のトルガウでアメリカ軍とソ連軍が出会ったこと。トルガウはライプツィッヒの北東約50kmに位置する。1944年末,英米仏連合軍はドイツ帝国の西方国境線沿いに兵力を集め,翌3月ライン川を渡り東方へと進軍した。一方,東方ではソ連軍がすでにナイセ川を越え,エルベ川に達していた。ソ連軍のベルリン総攻撃が始まり,同年5月7/8日ドイツ軍が降伏した。

エンゲルス
Engels, Friedrich 1820〜95

ドイツの社会主義思想家。ラインラントの工場主の息子として生まれる。兵役でベルリンに滞在中,ヘーゲル左派の思想に感化され,後に商人としてマンチェスター*に渡り,そこで労働者問題に直面した。R・オーウェン*の支持者たちと親交を

結ぶなかで次第に社会革命家への道を歩み，1843年パリでマルクス*と知り合い終生の親交を結んだ。この時期の調査・研究から『イギリスにおける労働者階級の状態』（1845）が出版され，マルクス主義の基本文献となった。以後『共産党宣言』*などマルクスと共同執筆した文書を多く残している。ロンドンに亡命したマルクスを経済的に支援し，マルクス主義思想の普及に多大の貢献をなした。

エンリケ航海王子
Henrique o Navegador 1394～1460

ポルトガル王ジョアン1世の子。1415年，アフリカ北岸のセウタ攻略を機に，ポルトガル最南端のサグレスに大航海センターを設立し，未知の大陸であったアフリカ西岸の航海と探検を支援。その探検隊はボジャドール岬（1434），ヴェルデ岬（1445）まで到達。王子自身はキリスト騎士団長でもありイスラム教徒の征討が主目的であったが，その後の大航海時代*の幕開けを準備した最大の功労者として「航海王子」の異名をとる。
♦喜望峰発見

オイゲン
Eugen, Franz [Prinz von Savoyen-Carignan] 1663～1736

オーストリアの軍人，政治家。同時代を代表する軍人。パリに生まれ育ち軍人を志したが，ルイ14世に登用されず，オーストリアのレオポルト1世に仕えた。1683年からオスマン帝国と戦い戦果を挙げてハプスブルク家支配を確固なものとし，97年34歳で全オーストリア軍の総司令官となって広く名前を知られた。スペイン継承戦争*ではオランダ・イギリスとの同盟形成と戦争終結に貢献した。

オーウェン
Owen, Robert 1771～1858

イギリスの空想的社会主義*者。馬具商の家に生まれ，学歴は小学校のみであったが，若くしてマンチェスター*最大の紡績工場の経営者となる。1798年スコットランドのニューラナーク紡績工場を買収し，社会環境の改善による人格形成という独自の理念に基づき，労働条件の改善，住宅整備，学校教育などの人道主義的な工場経営を導入，また1819年の工場法制定では指導的役割を果たした。25年渡米し，ニューハーモニー村での共産主義社会の建設を試みるが失敗，帰国後は生活協同組合の育成や労働組合運動の支援に努めた。その思想と社会的実験の数々は，オーウェン主義者と呼ばれる継承者を輩出し，後の大衆運動に多彩な影響を与えている。主著に『新社会観』『ラナーク州への報告』などがある。
♦エンゲルス

王権神授説
Theory of Divine Right of Kings [英] Théorie du droit divin du roi [仏]

王の権力は神から直接授かったものであり、王権は神以外のなにものからも制限を受けるものではないという説。こうした考えは古代からあったが、17～18世紀のヨーロッパでは、封建諸侯に対する王権の優位を正当化し、人民の抵抗権を否定するとともに、ローマ教皇や神聖ローマ皇帝などの介入を阻止する絶対王政のイデオロギーとして機能した。イギリスのジェームズ1世*、フィルマー*、フランスのボシュエ、ボーダンらによって説かれた。
♦絶対主義

王政廃止（イタリア）

第二次世界大戦*の直後、キリスト教民主党のデ・ガスペリ内閣（1945～53）のもと、46年6月2日に実施された国民投票の結果、共和制支持1271万票（54.3%）、王政支持1071万票（45.7%）で、共和制支持が辛勝して王政が廃止される。こうしてイタリア王は、ヴィットーリオ・エマヌエーレ2世*（在位：1861～78）、ウンベルト1世（在位：1878～1900）、ヴィットーリオ・エマヌエーレ3世（在位：1900～46）、ウンベルト2世（在位：1946）の4代で終わる。

王政復古
Restration 1660

イギリス・ピューリタン革命*が終了し、王政が復活したこと。護国卿政治の崩壊により混乱した政局を安定させるため、マンク将軍がオランダ亡命中のチャールズ2世*に帰国を打診、1660年議会はチャールズが発したブレダ宣言（大赦、信教の自由などを約束）を受諾し、王政の復活を決議した。国王と上下両議会で構成されるイギリスの伝統的国制への復帰であり、革命前の国王専制への復帰を意味するものではない。

"王は君臨すれども統治せず"
The sovereign reigns, but does not rule

イギリス立憲政治における国王の立場を象徴する言葉。王は直接統治することなく、民意によって選ばれた首相に統治を委ね、その統治についての報告を受け、首相の政策を奨励・警告する。1714年に即位したハノーヴァ王朝のジョージ1世が、イギリスの政情に疎いうえに英語を解せず、閣議に出席しなかったことが起源とされ、これ以後首相が王に代わって国政指導の責任を負うようになった。
♦ウォルポール

オーストリア継承戦争
Österreichischer Erbfolgekrieg

ハプスブルク家領の継承権をめぐ

って1740～48年に戦われた国際戦争。皇帝カール6世の死後、プロイセンがシュレージエンに軍隊を進めたことが発端となり、フランス、スペイン、バイエルンがその継承権を問題にしたことから国際戦争へと発展した。これに対してマリア・テレジア*が粘り強く抗戦し、和平に至った。オーストリアはシュレージエンを失ったものの、ほとんどの領土を確保して体面を維持した。
▶七年戦争

オーストリア国家条約
Österreichscher Staatsvertrag

1955年5月、オーストリアとアメリカ、イギリス、フランス、ソ連が結んだ講和条約。第二次世界大戦*後、この4カ国はオーストリアを分割占領していたが、同国が永世中立国となることを条件に占領軍の撤退に同意した。条約では軍備制限、ドイツとの合併禁止、38年1月時点での国境線が確認され、10月にはオーストリアが永世中立を宣言、12月に主権が回復した。

オーストリア＝ハンガリー二重帝国
Doppelmonarchie Österreich-Ungarn 1867～1918

オーストリア皇帝がハンガリー王位を兼ねた帝国。フランツ＝ヨーゼフ1世*が、普墺戦争*に敗れたオーストリアの国家体制再建のため、マジャール人にハンガリー王国の建国を認めたことによる。外交・国防・財政を共通にするほかは、それぞれに独自の政府と議会を持った。領内のスラヴ諸民族の不満がくすぶり、国内統治は常に不安定であった。第一次世界大戦*で崩壊した。

オーストリア併合
Anschluß von Österreich

1938年3月、ヒトラー*によりオーストリアがドイツに併合されたこと。ヴェルサイユ条約*、サン＝ジェルマン条約により両国の合邦は禁止されていたが、31年には両国の関税同盟が画策されるなどこれを求める運動が存在していた。しかしドイツにヒトラー政権が誕生すると、逆に保守勢力は併合に反対して独立の態度を強めた。これに対してヒトラーは、オーストリア・ナチ政府が成立するとドイツ軍隊を進駐させて併合を承認させた。

▶シュターレンベルク、祖国戦線（オーストリア）、大ドイツ主義、ドルフース、ミュンヘン会談

オスマン帝国
Ottoman Empire

13世紀末、オスマン（1世）によって、小アジアに建国される。アルメニアから来たこの部族は、セルジューク朝の衰退を機に独立、勢力拡大。ムラート1世の治世にはバルカンからハンガリーまでを征服。ティ

ムールの攻撃をうけて一時衰えたが、メフメト2世は1453年コンスタンティノープル占領、ビザンツ帝国を滅ぼした。さらにイランからエジプトに侵入。スレイマン1世の時代には、ウィーンを包囲するにいたる大帝国となった。19世紀には西欧列強に圧迫され、「瀕死の病人」と呼ばれる。1908年青年トルコ*党の革命が起こり、立憲政採用。第一次世界大戦では同盟国側。敗戦の結果領土はアナトリアとイスタンブール付近に縮小される。22年ケマルアタチュルクがスルタン制廃止。帝国は消滅。トルコ共和国となる。

オスロ協定
Oslo Protocol

第一次世界大戦*を経験したスカンディナヴィア諸国は、小国による集団安全保障の必要性を認識するようになった。そこでスウェーデン・デンマーク・ノルウェーの北欧諸国に加えて、オランダ・ベルギー・ルクセンブルクが、1930年12月、ノルウェーの首都オスロで会合し、協調を約束し、翌年にはフィンランドもこれに参加した。32年2月には、これらの7国はオスロ協定を締結し、関税率を低減し、通商上一致した行動をとることを約束した。

オタワ会議
Ottawa Conference

1932年カナダのオタワで開催されたイギリス帝国経済会議。イギリス本国と自治領諸国、インドの代表が集まり、世界大恐慌*への対処策を協議した。帝国内諸国の商品には輸入関税免除ないし低関税とする帝国特恵関税制度を導入するとともに、帝国外に対しては高い関税障壁を築き、イギリス帝国経済ブロックを形成した。この結果、帝国内貿易は活性化したが、イギリス本国にとっては期待されたほどの成果はあがらなかった。
▶ブロック経済

オポルテュニスム
Opportunisme

1880年代のフランスで政権の中心にあったガンベッタら穏健共和派の政治路線。議会共和政の確立と安定を目指して、7月14日の祝祭日化、初等教育の無償・義務・世俗化など一連の共和主義的改革や積極的な経済政策を推進したほか、植民地政策を積極的に展開した。だが、社会政策の徹底や対独復讐など、世論を分裂させる恐れのある問題は慎重に回避したため、急進共和派からオポルテュニスム（日和見主義）と非難された。
▶フェリー、第三共和政（フランス）

オラニエ公ウィレム
Willem van Oranje　1533～84

ドイツのナッサウ伯家に生まれる。

オラニエ＝ナッサウ公家の創始者。神聖ローマ皇帝のカール5世に仕え，皇帝軍の司令官になる。しかし次第に，フェリペ2世*のカトリックによるプロテスタント弾圧政策に反対するようになる。そしてネーデルラント独立運動の指導者となった。北部7州が79年に結んだユトレヒト同盟*においては総督に推された。彼の活躍で北部7州の独立運動が進んでいたが，84年，カトリックの刺客によりデルフトで暗殺された。

♦アルバ公，オランダ独立戦争，ゴイセン

オランダ独立戦争
Dutch War of Independence

八十年戦争ともいう。スペイン王のフェリペ2世*（在位：1556～98）がネーデルラントの住民に対し重税を課し，特にプロテスタントを弾圧したことへの反対運動として始まった。1567年にはフェリペ2世*が派遣したアルバ公*（1507～82）の弾圧を受けると，翌68年にオラニエ公ウィレム*を指導者として本格的な独立運動が開始された。79年には南部がスペインと和解すると，北部7州だけがユトレヒト同盟*を結んで，最後まで抗戦することを主張した。1609～21年の12年休戦条約でスペインから独立国として認められたが，国際的な承認はまだであった。21年から再び独立運動を開始し，三十年戦争を終結させた1648年ウェストフ

ァリア条約*でようやく，国際的に独立が認められた。

♦アントワープ，ゴイセン

オリバレス
Olivares, Conde-Duque de　1587～1645

スペイン王フェリペ4世の寵臣。聖職者を志してサラマンカ大学に学んだが，政治の世界に入り，フェリペ4世即位（1621）と同時に政治の実権を握る。対外的にはカトリックを擁護して三十年戦争*に介入するなど積極策をとる。対内的には斜陽のスペイン帝国にあって強力な中央集権化政策を断行したため，かえってカタルーニャ，ポルトガルなどの反乱（1640）をまねいた。

オルレアン家
Orléans

フランスの親王家。1344年にフィリップ6世が王子フィリップにオルレアン公領を授けたのを皮切りに，4つの家系が成立。なかでも，ルイ14世*の弟フィリップに始まるオルレアン家は，ルイ15世の摂政（在任：1715～23）となったフィリップ2世，革命期に開明貴族として活躍し，ルイ16世の処刑に賛成したフィリップ・エガリテ（平等公），1830年の七月革命*の結果国王となったルイ・フィリップ*（在位：1830～48）などを輩出した。

♦七月王政

『女の一生』
Une vie

フランスの自然主義文学を代表する小説家モーパッサン（1850～93）の代表的作品（1883）。19世紀前半を舞台にした没落貴族の娘ジャンヌ一家を描いた歴史小説。無垢で世間知らずなジャンヌをとおして，人間社会の醜さを告発した。主人公ジャンヌのモデルはモーパッサンの母親ともいわれる。

か

改革宴会
Banqnuets

七月王政*末期のフランスで展開された反政府派の集会。選挙改革と議会改革を要求する反政府派が，直接世論に訴えようとしたが，公開集会を開くことが禁じられていたので，宴会で乾杯するときを利用して演説し，宣伝活動を行ったのでこう呼ばれる。1847年7月に最初の宴会がパリで開催され，急速に地方にも広がった。当初は名士層の運動であったが，急進共和派や社会主義者が加わるようになって急進化し，48年2月22日パリで予定されていた宴会を政府が禁止したのを契機に，二月革命*が勃発した。

外交革命
Diplomatic Revolution

通例，18世紀中頃に生じた国際同盟関係の歴史的転換を指す。1754年以降英仏間での植民地での紛争が激しくなると，イギリスは敵対関係にあったプロイセンと同盟を結び，他方プロイセンと敵対していたオーストリア（ハプスブルク家*）のマリア・テレジア*は，長年敵対していたブルボン家のフランスと手を結んだ。この二組の同盟はそれまでの国際関係を変更しただけでなく，この後の国際関係を規定するものとなった。
♦七年戦争

『海洋自由論』
Mare liberum

オランダ人であり，「国際法の父」と呼ばれるグロティウス（1583～1645）の書物であり，1609年に出版された。もともとは，グロティウスがオランダ東インド会社に勤務していた時に書かれた，『戦利品の法』というタイトルの書物の第12章であった。当時のオランダは，ヨーロッパ随一の海運国家であった。そのため『海洋自由論』は，オランダの海上進出が反映されており，貿易・航海の国際的自由が主張されている。

カイロ会談
Cairo Conference　1943.11.22～26

第二次世界大戦*中カイロで開かれたローズヴェルト（フランクリン）*，チャーチル*，蔣介石の米英中三国首脳会談。対日戦遂行の協力と戦後処理が主要議題で，1943年12

月1日に発表されたカイロ宣言では，太平洋上の日本領諸島の剥奪，日本が中国から奪った全領土の返還，朝鮮の独立，連合国が日本の無条件降伏まで一致して戦うことが表明された。このカイロ宣言は後のポツダム宣言*の基礎となった。

ガーヴェイ
Garvey, Marcus 1887～1940

黒人解放運動家。1914年ジャマイカに世界黒人地位改善協会を創設，17年には同協会をニューヨークに移転した。18年には機関誌『ニグロ・ワールド』，22年には日刊紙『ニグロ・タイムズ』を創刊。郵便法違反の罪で告発され，25年投獄，27年に国外追放となった。その後ロンドン，パリに世界黒人地位改善協会支部を設け，黒人の意識革命に大きく貢献した。

カヴール
Cavour, Camillo Benso di 1810～61

イタリアの政治家。サルデーニャ王国首相（在任：1852～61），イタリア王国初代首相（在任：1861）。トリノの名門貴族出身。イギリスに留学し議会政治に触れる。『リソルジメント』*誌をバルボ*らと発刊（1847）し立憲主義を唱道。王国議会に選出（1848）され，ダゼリオ内閣で農商相，海相，蔵相を歴任。52年，首相に就任し，近代化に努めるとともに外交面で活躍。クリミア戦争*に参戦して国際的地位を高め，ナポレオン3世*とプロンビエール密約（1858）を結んで，サヴォイ・ニースを割譲するかわりにイタリア統一戦争*の協力を得る。61年，イタリア王国が成立すると初代首相となるも，完全統一の直前に死去。
◆ヴィットーリオ・エマヌエーレ2世，ガリバルディ，青年イタリア，千人隊

カウン
Cam, Diogo 1440頃～？

ポルトガルの航海者。1480年代に活躍したことだけが知られている。ポルトガル王ジョアン2世に命じられてアフリカ西海岸の探検に出発（1482）し，アンゴラ沿岸を南下してサンタ・マリア岬まで達する。第二次航海では，ヨーロッパ人として初めてコンゴ王国の南，南緯22度地点まで到達（1485）。彼の探検は，ディアス（バルトロメウ）*の喜望峰発見*（1488）を準備する歴史的役割を担った。

価格革命
Price Revolution

大航海時代*の商業革命*の結果，特に16世紀後半に新大陸からヨーロッパに大量の銀が流入したこととともに，著しい人口増大により，急激な物価上昇が起こったこと。ボリビアのポトシ銀山発見（1545）などで，

1590年代には新大陸からの銀の輸入量は年間27万kgに達し、それまでのヨーロッパ最大の銀生産地南ドイツを圧倒。物価高騰は民衆の困窮化をまねく一方で、資本の蓄積を可能にし、資本主義の発展を促したとされる。

革新主義
Progressivism

20世紀初頭のアメリカで展開された広範な政治的・経済的・社会的改革運動。19世紀後半からのアメリカの急速な変化が多くの旧来の政治・社会機構を混乱させ、この運動を引き起こした。改革の内容は腐敗政治の打倒、直接民主制の諸手続きの採用、福祉の拡大、教育や労働条件の改善、独占資本の規制、禁酒、女性参政権など非常に多岐にわたった。改革運動は、連邦・州・市および民間の様々なレベルで展開され、一定の成果をおさめた。

革命暦
Calendrier révolutionnaire

1793年11月にフランスで採用された暦法。共和暦ともいう。国民公会は、キリスト教と結びついたグレゴリウス暦を廃止し、1792年9月22日を元日とし、1年12カ月を平等に30日、残りの5〜6日を祝祭日とし、デカディ（10日目）を休日とする新しい暦法を採用した。これは「時間」における過去との断絶を意味したが、一般民衆にはあまり普及せず、1805年を最後に廃止された。

囲い込み（エンクロージャー）
Enclosure

耕地と耕地の境界が不明確で相互に入りくんでいた開放耕地に、垣根などをめぐらせて境界を明確化し、完全な私有地とすること。16世紀初頭の毛織物の輸出ブームによって第一次囲い込み運動が進行、農民を暴力的に追放しつつ、耕地が牧羊地へと転換された。18世紀にはノーフォーク農法と呼ばれる新農法の普及とともに穀物・肉の増産のための第二次囲い込み運動が展開され、開放耕地はほぼ消滅した。ここに地主—農業経営者—農業労働者からなる資本主義的な農場経営が成立し、生産力を飛躍的に向上させるとともに、激しい人口増加と農村人口の都市流出を引き起こした。

ガシュタイン協定
Gasteiner Konvention

ドイツ・デンマーク戦争は、ドイツ側の勝利となり、1864年の10月に、ウィーン講和条約で終結した。これ以降、シュレースヴィヒ・ホルシュタイン両公国はプロイセン・オーストリアの共同管理下におかれた。しかし65年のガシュタイン協定で、シュレースヴィヒはプロイセンの、ホルシュタインはオーストリアの行政下におかれることになった。しかし

この状態は1年後には，普墺戦争＊の引きがねとなった。普墺戦争の結果，両公国ともプロイセンに併合され，その地方州シュレースヴィヒ・ホルシュタインとなった。
♦シュレースヴィヒ＝ホルシュタイン問題

カストロ
Castro, Fidel Ruz　1926～

キューバの革命家，政治家。バティスタ独裁政権を打倒するために1953年7月26日モンカダ兵営を襲撃し，ここから革命家としての経歴が始まった。襲撃は失敗し，逮捕されて裁判にかけられた。恩赦で釈放された後メキシコに渡り「7月26日運動」を結成。56年末に再びキューバに侵攻し，2年間にわたるゲリラ戦の後，59年1月バティスタ政権を打倒して社会主義革命を成功させた。
♦キューバ革命

活版印刷

1450年頃グーテンベルク＊が発明した，完全に同一で交換可能な活字合金を使った印刷術。多様な字体で鏡像文字のハンコを作り，これで銅板を打ち，次いでこれによりできた鋳型に鉛を流し込み，これを冷やして鏡像文字を得，これらを合わせて版型とした。これに黒インキを塗り，同時に工夫された加圧機を用いてその都度必要な枚数を印刷することができた。続いて挿絵，飾り文字，装飾の方法が工夫された。

カップ一揆
Kapp-Putsch　1920.3.13～17

極右勢力によるヴァイマル共和国＊打倒のクーデター。右翼政治家W・カップと帝政派将軍W・v・リュトヴィッツが義勇兵を率いてベルリンを占領，共和国政府はドレスデンに退避し，カップが首相についた。しかし軍上層部はこれを支持せず，また労働組合がゼネストでこれに対抗，それを国民多数が支持したことで首謀者は海外逃亡し，一揆は失敗に終わった。しかし，この後も極右は勢力を維持，共和国の不安定要因となった。
♦ミュンヘン一揆，ルーデンドルフ

カートライト
Cartwright, Edmund　1743～1823

イギリスの発明家。兄は政治改革論者のジョン・カートライト。40歳まで牧師として働いていたが，アークライト＊の紡績工場を見学した際に，水力紡績機＊を織布に応用することを思いつく。1785年力織機＊を考案して特許を取得，91年には400台の力織機を備えた大工場をマンチェスター＊に建設したが，完成の1カ月後に失業を恐れる織布工たちに工場を焼かれ，議会からの報奨金で余生を送った。
♦産業革命

カトリック教徒解放法
Catholic Emancipation Act

カトリック教徒の官職就任を認め,宗教上の差別を撤廃したイギリスの法律。イギリスでは18世紀末からカトリック解放の動きが生じ,社会経済的な制限は徐々に緩和されたが,官職に就く道はなお閉ざされていた。しかし,1828年下院議員に当選したカトリック協会の指導者オコンネルが議席に着くことを阻まれ,これに対する抗議行動がアイルランド各地で発生,内乱へ発展することを恐れた政府は29年本法を成立させた。
▶アイルランド問題, 審査法, ピール

カーネギー
Carnegie, Andrew 1835~1919

アメリカの産業企業家,慈善事業家。スコットランドに生まれ,1848年一家と共に渡米。70年代以降製鋼所の建設に着手して次々に他企業を買収統合し,1900年までにアメリカの鉄鋼生産を支配するようになった。しかしまもなく,ウォール街の金融集団との鉄鋼製品市場をめぐる確執で苦境に立ち,01年モーガン商会に企業を売却して実業界から引退し,慈善事業や文化事業に専念した。

カブラル
Cabral, Pedro Álvares 1467/68~1520

ポルトガルの航海者。1499年にヴァスコ・ダ・ガマ*がインドから帰国すると,ただちにインド向けの艦隊の司令官に任命され,翌1500年に13隻の艦隊を率いてリスボンを出港。しかし大西洋を南下中,暴風にあい偶然現在のブラジル北東岸ポルト・セグロに漂着。彼はこの地をトリデシリャス条約に基づきポルトガル領と宣言。ブラジルの地名は彼の持ち帰った染料木の名に由来する。

カーメネフ
Kamenev, Lev Borisovich 1883~1936

ソ連の革命家,政治家。大学在学中にロシア社会民主労働党*入党。二月革命後ペトログラードの党を指導,十月革命武装蜂起に反対した。全露中央執行委員会議長等を歴任。スターリン*に与してトロツキー*と対立,後,ジノーヴィエフ*らとスターリンの一国社会主義論*を批判。1927年党を除名され(翌年復党),35~36年に反ソ謀議嫌疑で逮捕・処刑された。87年名誉回復。
▶粛清(ソ連), ロシア革命

『ガリヴァー旅行記』
Gulliver's Travels

アイルランド・ダブリンの聖パトリック教会の司祭長であったJ・スウィフトが1726年に著した作品。小人の国リリパットや巨人の国ブロブディンナグといった架空の国々での,船医ガリヴァーの数奇な体験が旅行

記風につづられている。子供用に改作されて広く読まれているが、原作は当時のイギリス世相全般を鋭く批判した諷刺作品であり、また人間のもつ暗黒部分を浮き彫りにした人間告発の書である。

ガリバルディ

Garibaldi, Giuseppe　1807~82

イタリア統一運動の指導者。ニース出身。青年イタリア*に参加（1833）し、蜂起に失敗して南米に亡命（1836~48）。48年帰国し、対オーストリア戦争（1848）、ローマ共和国*防衛（1849）に活躍したが、再び南米に亡命。54年帰国後、イタリア統一戦争*に参加（1859）し勝利に貢献。出身地ニースのフランス割譲でカヴール*と対立。このときシチリアの蜂起を聞き、単独で義勇軍「千人隊」*を率いてジェノヴァから海路シチリアのマルサラに上陸、またたくまにシチリア・ナポリを征服。ヴィットーリオ・エマヌエーレ2世*とナポリ近郊テアーノで会見、征服地を国王に献上する（1860）。無私・無欲の愛国的英雄として人気が高い。

◆リソルジメント

ガリレイ

Galilei, Galileo　1564~1642

イタリアの物理学者、天文学者。ピサ出身。20代でピサ大学、パドヴァ大学の教授となる。落体の法則、慣性の法則、望遠鏡で木星の衛星を発見するなど、数々の実験と観測に基づく発見をする。当時まだ権威をもっていたアリストテレスの宇宙論を否定し、コペルニクス*の地動説*を擁護。聖書の記述に反する著作『天文対話』（1632）は宗教界に波紋を投げかけ、ローマで自説撤回を余儀なくされる。著作の発禁処分、自身の軟禁と失明といった不遇にもかかわらず研究を続け、『新科学対話』（1638）を完成。自然という本は数学の言葉で書かれていると断言するように、近代の科学的世界観を確立した功績は大きい。

カルヴァン

Calvin, Jean（本名：Jean Cauvin）1509~64

スイスで活動した宗教改革者。フランス生まれ。ルター*と並ぶ宗教改革*の大指導者。大学では当初神学、法学を学び、人文主義的研究を経て、1533年頃から宗教改革を支持。その後パリを追われてバーゼルへ移動し、そこで『キリスト教要綱』を著して広く認められた。ジュネーヴに宗教改革者として迎えられた後、一旦その地を追われ、41年再びジュネーヴに招かれ55年まで同市の宗教改革を指導した。その教義はルターの福音主義に依拠しつつ、神の絶対的意志を強調、信徒に厳しい道徳的規律を要求し、近代的な労働観念を生んだとされる。教義はフランス、

オランダ，イギリスから北米へと広がった。
◆セルヴェトゥス，ツヴィングリ，ピューリタン（清教徒），予定説

カール5世
Karl V　1500〜58

ハプスブルク家*出身の神聖ローマ皇帝（在位：1519〜56）。1516年母方の血筋からスペイン王（カルロス1世）となり，19年選挙により皇帝となる。教皇により帝冠を授かった最後の皇帝で，ヨーロッパ全土にまたがる大帝国を築いた。ルター*の教義を禁止し，プロテスタント諸侯に抑圧的な態度を取ったが，結局アウクスブルク宗教和議*でルター派を公認した。退位後，ハプスブルク家はスペイン系とオーストリア系に別れた。
◆コルテス，神聖ローマ帝国，ピサロ，フェリペ2世，マゼラン，メルカトル，ローマの略奪（サッコ・ディ・ローマ）

カール6世
Karl VI　1685〜1740

ハプスブルク家*出身の神聖ローマ皇帝（在位：1711〜40）。1700年スペイン王位を継承すると，ルイ14世の策動によりスペイン継承戦争*が勃発。その結果，スペイン王位は断念したものの，ベルギー，ロンバルディアなどを獲得，オーストリアの大国としての地位を保った。13年，プラグマティッシェ・ザンクツィオンを布告し，ハプスブルク家統治諸領の一体性の確保，娘マリア・テレジア*によるその相続に尽力した。

カールスバート決議
Karlsbader Beschulüsse

1819年メッテルニヒ*の主導により自由主義・国民主義の抑圧を目的とした決議。カールスバートでのドイツ各邦国代表会議で賛同を得て，その後ドイツ連邦*議会で議決された。発端は反動的詩人コツェブーの殺害にあり，大学での反政府運動への抑圧が目指された。これにより活動家の追放を可能にする法律が成立し，大学への監視，ブルシェンシャフト*の禁止，出版統制が行われた。48年の三月革命*により無効化された。
◆ウィーン会議

カルノー
Carnot, Lazare Nicolas Marguerite　1753〜1823

フランスの軍人，政治家。軍人だったが，フランス革命*勃発後，立法議会，国民公会議員に選出され，1793年には公安委員会*委員にも指名された。その間，徴兵制に基づく近代的国民軍を組織するなど，軍事問題の専門家として手腕を発揮した。その後，ロベスピエール*派と対立してテルミドール反動*に加わり，総裁政府*の総裁を務めたほか，

1800年にはナポレオンによって陸軍大臣に指名されている。

カルボナリ（炭焼党）
Carboneria

ナポレオン*体制下の1806年頃，南イタリアで結成された秘密結社。専制打倒，民族独立が目標。ウィーン体制下で北中部イタリアにも浸透して立憲運動を展開。20年のナポリ立憲革命，21年のピエモンテ立憲運動*，七月革命*の影響をうけた31年の中部諸都市の蜂起などを起こすも，ことごとくオーストリア軍の武力干渉により失敗。リソルジメント*第一段階は終わり，マッツィーニ*の青年イタリア*（1831）に道を譲る。

▶ ウィーン会議

歓喜力行団
Kraft durch Freude

ナチス・ドイツにおける国家主導の余暇利用組織。1933年ナチ党が政権を握ると，既存の社会主義系・キリスト教系労働組合が禁止・解体され，ドイツ労働戦線が形成された。ナチ政府は国民の余暇活動を通じて国家への統合を図るため，この労働戦線のもとにその活動組織をおいた。文化・政治教育，スポーツ，祖国自衛団，労働環境改善活動，旅行・休暇といった5つの活動領域と，その部局が設けられた。

▶ 第三帝国

カンザス＝ネブラスカ法
Kansas-Nebraska Act　1854

カンザスおよびネブラスカ両准州が連邦に編入される際，イリノイ州選出の民主党上院議員ダグラス*によって立案された法案。これは，将来自由州となるか奴隷州になるかは住民の決定にゆだねるとする「住民主権」論をとり，北緯36度30分以北では奴隷制を認めないと定めたミズーリ協定*を否定し，北西部への奴隷制の拡大を可能にするものであり，共和党*成立の契機となった。

▶ 黒人奴隷制（アメリカ），リンカーン

カント
Kant, Immanuel　1724〜1804

ドイツの哲学者。ドイツ北東のケーニヒスベルクで革職人の子として生まれ，敬虔主義に厚い家庭環境から自身の日常生活も厳格なものであった。当初物理学を学んだが，次第に哲学へと転じ，1770年その地で大学教授となる。認識能力を批判的に分析して先験的観念論を打ち立て，ドイツ観念論*の祖となった。さらにその哲学原理を用いて人間の自由，道徳，美学を論じ，後の哲学上の発展に多大の影響を与えた。晩年，18世紀後半の国際秩序の危機に対して哲学的考察を試み，国際平和を提唱するなど後の平和思想の先駆けにもなった。主著に『純粋理性批判』*（1781），『永久平和のために』

(1795),『道徳形而上学』(1797) など。
♦啓蒙思想

カンポ・フォルミオ条約
Paix de Campo Formio 1797. 10.17

ナポレオンの第一次イタリア遠征の結果,フランスとオーストリアとの間に結ばれた和約。オーストリアは,フランスによるベルギーの併合とイタリアにおける姉妹共和国を認め,かわりに,ヴェネツィア領を併合することが認められた。この結果,第1回対仏大同盟*(1793~97)は解体した。

ギゾー
Guizot, François Pierre Guillaume 1787~1874

フランスの政治家,歴史家。パリ大学近代史講座の教授を務めるなど歴史家として名をなしていたが,七月王政*下で,文部大臣としてギゾー法(1833)を制定して初等教育の普及に努め,1840年からは事実上の首相として国政を担うことになった。対外的には平和路線,内政においては立憲政治を推進したが,銀行家や大資本家などの利害擁護にとどまった。48年2月,パリで計画されていた改革宴会*(選挙法改革運動)を禁止し,二月革命*の誘因をつくった。

北大西洋条約機構 (NATO)
North Atlantic Treaty Organization

北大西洋条約に基づく地域的軍事機構。第二次世界大戦*後冷戦が激化するなかで,アメリカ,カナダ,イギリス,フランス,ベルギー,オランダ,ルクセンブルク,デンマーク,ノルウェー,イタリア,ポルトガル,アイスランドの間で同盟の交渉が進み,1949年北大西洋条約調印。その後ギリシア,トルコ,西ドイツ,スペイン,ハンガリー,チェコ,ポーランドが加入。
♦冷たい戦争(冷戦)

北ドイツ連邦
Norddeutscher Bund 1867~71

普墺戦争*の結果ドイツ連邦*が解消された後,プロイセンの主導で結成されたドイツ諸邦による国家連合。マイン川以北の22邦国(3自由市を含む)により構成された。1867年憲法が制定され,各邦代表からなる連邦参議院と普通選挙による連邦議会をもち,連邦首長にはプロイセン王が就いた。小ドイツ主義*的なドイツ統一の基礎となるもので,普仏戦争後,これに南独諸邦が加入しドイツ帝国*が創建された。

喜望峰発見
Cape of Good Hope

1488年,ポルトガル人バルトロメウ・ディアス*が発見。ポルトガル

はエンリケ航海王子*らの支援でアフリカ西海岸を南下する探検航海を行っていたが，ディアスがついにアフリカ最南端に到達。ディアスはそこで暴風にあって引き返し，「嵐の岬」と命名。しかしポルトガル王ジョアン2世が，ヴァスコ・ダ・ガマ*のインド航路開拓*を機に「喜望峰」と改名。アフリカを迂回してアジアに直行する可能性を開いた点に歴史的意義がある。
▶カウン

キャンベル゠バナマン
Campbell-Bannerman, Henry
1836～1908

イギリス・自由党*の政治家。首相（在任：1905～08）。1899年党首となり，アイルランド自治問題や南アフリカ戦争*をめぐって分裂していた党の結束を固めた。1905年首相に就任，関税改革問題が焦点となった翌年の総選挙で，自由貿易の堅持を掲げて大勝した。以後，公約であった社会改革に取り組み，労働争議法や学校給食法などを成立させ，老齢年金の導入に着手したが，08年病のため辞任した。

球戯場（テニス・コート）の誓い
Serment du jeu de paume 1789. 6.20

フランス革命*中の重要な事件の一つ。1789年5月5日に召集された三部会*は，採決法をめぐって特権身分と第三身分*が対立して紛糾し，第三身分が6月17日に国民議会を宣言すると国王は議場を閉鎖した。この措置に反発した第三身分は，球戯場に集まって，憲法が制定されるまで議会を解散しないことを誓った。この後，特権身分の議員の多くも国民議会に合流したため，国王も国民議会を正式に認めることになった。

95カ条の提題
95 Thesen

1517年10月31日，ルター*がヴィッテンベルク城教会の門扉に掲げたローマ教会批判文書。論題あるいは意見書とも訳される。人間の救済は改悛と福音の信仰にのみあるとし，当時盛んであった贖宥状*販売を批判して神学論争を巻き起こした。宗教改革*の始まりを告げる象徴的事件とされる。ラテン語で書かれていたものが後にドイツ語に訳されて広まり，教会内部の論争が政治的・社会的事件へと発展した。

急進社会党
Parti radical et socialiste

フランスの共和主義政党。1901年に急進主義諸グループを結集して結成されたフランス最初の近代的国民政党だが，議員政党的性格が強い。地方の小ブルジョワジーを主な支持基盤として，フランス革命*の伝統を継承し，世俗化など共和政の枠内での漸進的改革を説いた。20世紀前

半には，大部分の政権の中心を占め，左翼連合政府（1924〜26）や人民戦線政府（1936〜38）にも参加した。

救貧法
Poor Law

貧民の救済策として制定されたイギリスの法律。1601年の救貧法は，教区ごとに徴収した救貧税を財源に貧民を救貧院に収容し，労働可能者は院内の労働場で強制的に就労させる院内救済制度を定めた。18世紀末には対仏戦争による穀物価格の高騰に苦しむ低所得者に生活扶助費を支給する院外救済が普及したが，1834年の救貧法改正はこれを廃止して救済を救貧院内に限定するとともに，怠惰に対する懲罰として院内の生活水準を大幅に切り下げた。

キューバ革命
Revolución Cubana

キューバで起こった，ラテン・アメリカにおける最初の社会主義革命。1953年カストロ*が率いるモンカダ兵営襲撃に始まり，56年のキューバ侵攻，ゲリラ戦を経て，59年1月1日独裁者バティスタを政権の座から追放した。カストロが59年5月に第一次農地改革法を制定してキューバ社会の構造改革に着手するやアメリカとの関係が悪化し，61年1月のアメリカとの国交断絶を経て，61年4月に社会主義革命を宣言した。

キューバ危機
Cuban Crisis　1962.10

ソ連がキューバに攻撃用のミサイルを設置したため生じた事件。キューバにソ連製ミサイルが設置されているのを発見したアメリカのケネディ政府は，その撤去を要求してキューバを海上封鎖し，米ソは衝突寸前までいって世界を核戦争の恐怖に陥れた。しかしアメリカがキューバへ侵攻しないことを条件に，ソ連がミサイルを撤去することに同意したため，開戦の危機は回避された。
♦冷たい戦争（冷戦）

教育法（イギリス）
Elementary Education Act　1870

初等教育の義務化に向けた，イギリス公教育制度の出発点をなす法律。第二次選挙法改正*による都市労働者への選挙権の拡大を契機に，これまで民間の自助努力に委ねてきた初等教育の整備・拡充を目指す。具体的には，既存の民間諸団体が運営する学校を存続させる一方で，学校が不足している地域には学務委員会を設け，この委員会が地方税を徴収して学校を設立・維持することを義務づけた。

『共産党宣言』
Kommunistisches Manifest

マルクス*とエンゲルス*が共産主義者同盟の委託を受けて1847年に共同で起草し，48年に出版された政

治的綱領文書。マルクス理論が要約された最初の文書といわれる。人間の歴史は階級闘争の歴史であるとする命題(唯物史観*)から出発し,共産主義運動の目的が私的所有の廃棄と無階級社会の建設にあることが主張された。「万国のプロレタリアよ,団結せよ」の訴えはあまりにも有名。

強制収容所(ドイツ)
Konzentrationslager

第三帝国政府が1934年,当初政治的反対者を拘禁するために設けた施設。35年頃からユダヤ人,ジプシー,精神病者も送り込まれた。多くの収容者が強制労働への従事,不衛生な環境により命を落とした。ダッハウ,ブッヘンヴァルトなどの大収容所が建設され,44年には占領地域のものも含めて20を数えた。ユダヤ人大量殺戮の場となったアウシュヴィッツ*などは特に絶滅収容所といわれる。

♦ヴァンゼー会議,水晶の夜,ホロコースト

恐怖政治
Terreur 1793.6〜94.7

フランス革命*の危機を前にして成立した革命的独裁体制。対外戦争における戦局の悪化,内乱の激化や治安の悪化といった革命の危機を前に,モンターニュ派*は1793年6月2日パリ民衆の力を借りて国民公会からジロンド派*の指導者を追放,公安委員会*を中心とする革命的独裁体制を確立した。独裁政権は反革命容疑者を断頭台*に送って恐怖政治を行うとともに,亡命貴族の財産の没収や最高価格法の制定など,国民総動員政策を推進。その一方で,民衆運動の統制や抑圧を強めた。だが,事態が好転すると内部の分派抗争が激化,ロベスピエール*派の独裁に転じたが,テルミドール反動*でそれも終わった。

共和党
Republican Party

アメリカにおける二大政党の一つ。奴隷制反対勢力が,1854年のカンザス=ネブラスカ法*による西方領土への奴隷制拡大の脅威に直面して結成したが,系譜をたどればホイッグ党を経て憲法制定期の連邦派*に遡る。南北戦争*における北軍の勝利によって多数党としての地位を確立した。世界大恐慌*の時有効な施策をたてることができず,民主党*に対して劣勢を余儀なくされたが,1960年代末以降社会の保守化傾向に乗り退勢を挽回した。

♦黒人奴隷制(アメリカ)

ギリシア独立戦争
Greek Independence War 1821〜29

オスマン帝国*支配下にあったギリシアの独立戦争。ビザンツ帝国の

滅亡後，ギリシアはトルコによって支配。19世紀，民族主義の高まりのなかで独立運動が起こった。その主体は，秘密結社ヘタイリア・フィリケ。バイロンはじめヨーロッパのロマン主義的自由主義者，知識人が独立運動支援。1821年トルコの内乱に乗じて蜂起。22年独立宣言。ウィーン体制下，神聖同盟は独立反対。蜂起軍は苦戦したが，イギリス，フランス，ロシアが独立支援にまわり28年独立達成。29年，ロンドン会議で正式に承認。

『キリスト者の自由』
Von der Freiheit eines Christenmenschen

1520年に刊行されたルター*の主要著作の一つ。罪を犯した人間が，慈悲深い神を見出す可能性を説く義認論を展開した。罪人は，贖宥状*によって証された功績ではなく，神の正義を信じるかぎりでその恩寵に与りうることを説いた。ドイツ語版とラテン語版があり，後者は教皇レオ10世に献呈されたが，この後ルターはますます教皇を反キリスト的であるとみるようになり，対立を深めた。

キール軍港の水兵反乱
Matrosenaufstand

第一次世界大戦*の末期，1918年10月末から11月上旬にかけてキール軍港を中心に起こった水兵たちの反乱。すでに敗戦が濃厚であったにもかかわらず艦隊に出撃命令が下され，これを水兵たちが拒否，各軍港での反乱へと拡大した。11月，キール港などで水兵が権力を掌握すると，ドイツ諸都市で労働者と兵士が労兵協議会（レーテ）を組織し，ドイツ革命*に発展，帝政の崩壊へとつながった。

キール条約
Kiel　1814

ナポレオン戦争が勃発すると，スウェーデンでは，ナポレオンの将軍ベルナドットが，国王カール13世の後継者に選ばれた。ベルナドットはデンマークの南部に進入し，デンマークにキール条約を強制することになった。この条約により，デンマークはノルウェーをスウェーデンに，ヘリゴランド島をイギリスに割譲させられた。そしてデンマークは，グリーンランド，アイスランド，シュレースヴィヒ＝ホルシュタインを支配下におき，維持することになった。
▶シュレースヴィヒ＝ホルシュタイン問題

キーロフ
Kirov, Sergey Mironovich　1886～1934

ソ連の革命家，政治家。1904年ロシア社会民主労働党*入党。シベリア，カフカースで革命運動に参加，内戦で勲功をあげた。スターリン*

派の支柱のひとりで、26年にはジノーヴィエフ*派の拠点レニングラードに乗り込み、スターリン派への糾合に成功した。34年にテロリストにより殺害、真相は不明。キーロフ暗殺を契機に大粛清に突進した。
◆粛清（ソ連）、ソヴェト内戦

禁酒法
Prohibition Law　1919～33

アメリカにおける酒類の製造、販売、運送を禁じた法律。アメリカにおいて禁酒運動は20世紀に入ると急速に高まり、1917年初頭には26の禁酒州を数えた。17年禁酒を規定した憲法修正第18条が議会を通り、19年確定公布された。しかし同法成立後、密造、密売が横行したため、30年代に入ると同法廃棄の声が高まり、33年議会はこれを廃棄する憲法修正第21条を可決し、禁酒法の時代は終わった。

グイッチャルディーニ
Guicciardini, Francesco　1483～1540

イタリアの政治家、歴史家。フィレンツェ*貴族出身。スペイン大使、モデナの代官、ロマーニャ総督、メディチ家*の顧問などを歴任。晩年は歴史家に転じ、1494年のイタリア戦争の始まりから1534年の教皇クレメンス7世の死までを扱った大著『イタリア史』（1561）で、イタリアの悲劇の原因を冷徹な歴史眼で分析。マキァヴェッリ*との往復書簡もある。

空想的社会主義
Utopian Socialism [英] Socialisme Utopique [仏] Utopische Sozialismus [独]

19世紀初頭イギリスのオーウェン*、フランスのサン・シモン*、フーリエ*らが唱えた初期社会主義を指す。彼らはフランス革命*が掲げた自由・平等の理念と、産業革命*の展開に伴って明らかとなった資本主義の矛盾とのギャップを前にして、私有財産を攻撃したり、理想的な共同社会構想を提起した。だが、その実現はもっぱら人道主義的博愛主義に求められた。この呼称は、エンゲルス*が『空想より科学への社会主義の発展』（1880）で、資本主義社会の矛盾の原因を私有財産制度に、矛盾を打開する物理的力を労働者階級に見出したマルクス*や自分の説を科学的社会主義、それ以前の社会主義を空想的社会主義と呼んだことに由来している。

クー゠クラックス゠クラン（KKK）
Ku Klux Klan

アメリカの人種差別主義的秘密組織。南北戦争*後結成され、黒人に対して不法な暴力をふるった。その後衰退したが、第一次世界大戦後の社会不安の波にのって第二次クラン

が急成長し、黒人だけでなく、カトリック系移民、ユダヤ人なども攻撃した。大恐慌期以降急速に減少したが、第二次世界大戦後、公民権運動が進展するなかで第三次クランが復活し、活発な活動を展開した。

『愚神礼賛』
Encomium Moriae

オランダの人文主義*者エラスムス*(1466頃～1536)が1509年に著し、11年に出版したラテン語の風刺文学。王侯貴族、教皇、哲学者、神学者などの権威者たちが、痴愚に従属していることを描写し、この世における愚者こそが、神の前では英知を持つ人であることを示した。宗教改革前夜に出版され、各国語に翻訳され、爆発的売れ行きを示した。その批判精神は鋭く、カトリック教会や神学者から異端視され、しばしば発禁処分を受けた。

グスタフ＝アドルフ
Gustav Adolf 1594～1632

スウェーデン国王グスタフ2世(在位：1611～32)。宰相オクシェンシェルナの補佐を受け、スウェーデンの領土拡張に着手。即位直後デンマークと戦い、スウェーデン南部を奪回し、ポーランド王と戦い、1629年には現在のエストニアとラトヴィア近辺をスウェーデン領にする。30年にはプロテスタント擁護を名目に三十年戦争*に参戦し、北ドイツ地方を制圧した。32年のリュッツェンの戦いで皇帝軍のヴァレンシュタイン*を破るも戦死した。
♦バルト海帝国

クック
Coke, Sir Edward 1552～1634

イギリスの法学者。法学院に学び、民訴裁判所と王座裁判所の両コモン・ロー*法廷の首席裁判官を歴任、コモン・ローの熱狂的な信奉者となる。国王大権に対するコモン・ローの優位を主張してジェームズ1世*と対立、1616年王座裁判所から追われた。21年からは下院議員としてコモン・ローの擁護に努め、権利の請願*の起草にもたずさわった。主著『イギリス法提要』(1628～44)は今なお権威ある法学書である。

グーツヘルシャフト➤農場領主制

グーテンベルク
Gutenberg, Johannes (本名 Johann Gensfleisch zur Laden zum G.) 1400?～68

活版印刷*術の発明者といわれるが、不明な点も多い。ドイツのマインツで都市貴族の家に生まれた。金属加工技術を身につけ、1430年頃シュトラスブルクへ移動。やがて仲間とともに印刷術の新たな工夫に取り組み、その後マインツへ戻り、50年頃にはほぼ完成をみた。多くの借財を抱えて生活は貧窮であったが、聖

書の印刷などヨーロッパの文字文化の発展に大きく貢献した。

クラウス

Kraus, Christian Jakob 1753～1807

ドイツの哲学者。外科医の子として生まれ，1770年以降ケーニヒスベルク大学のカント*の下で哲学を学んだ。その後ベルリン，ゲッティンゲン，ハレと大学を移り，81年ケーニヒスベルク大学の実践哲学と官房学の教授となる。その教義は言語理論やイギリス流の実践哲学を取り入れ，次第にカントから離れた。行政学や経済論へと関心を移し，自由主義経済を支持してスミス（アダム）*をドイツに紹介した。

クラウゼヴィッツ

Clausewitz, Karl von 1780～1831

プロイセンの軍人，軍事理論家。対ナポレオン戦争後，シャルンホルスト，グナイゼナウの軍制改革派の集まりに参加し，これを助けた。1812～14年ロシア軍に勤務して対仏戦争に協力，その後プロイセン軍に戻り，ワーテルローの戦いでは軍団長を務めた。18年将軍となると同時に陸軍大学の校長となり，およそ12年をかけて『戦争論』を著した。同書は自身の軍事経験に基づくものであるが，近代戦争の特質を理論的に把握し，その戦略を体系的に論じることで近代戦争理論の基本文献となった。「戦争とは他の手段をもってする政治の継続である」と述べ，その政治性が明らかにされた。出版は死後，未亡人の手による。

グラッドストン

Gladstone, William Ewart 1809～98

イギリス・自由党*の大政治家。首相（在任：1868～74，80～85，86，92～94）。第一次内閣は自由主義の黄金時代で，教育・司法・軍事・官僚制度の改革を実現。反帝国主義を掲げた第二次内閣では，ディズレーリ*とは対照的な理想主義外交を展開するが，アフマド・オラービー*の反乱など植民地ナショナリズムに直面して破綻。政治生命をかけたアイルランド自治法案は2度とも否決され，自由党の分裂を招いた。
♦アイルランド問題

グラムシ

Gramusci, Antonio 1891～1937

イタリア共産党の指導者，思想家。サルデーニャ島出身。トリノ大学で学友だったトリアッティらとともにイタリア共産党を創設（1921）し，機関誌『ウニタ』を創刊（1924）。党中央委員・党書記長として反ファシズム運動を展開するも，ファシスト政権に逮捕され（1926），死期間近に釈される（1937）。戦後，政治・歴史・芸術などに関する膨大な

『獄中ノート』が刊行され，マルクス*主義思想の古典として高く評価される。
♦ファシズモ

『クラレンドン法典』
Clarendon Code

1661～65年イギリスで制定されたピューリタン*弾圧立法の総称。①非国教徒が自治体の役職に就くことを禁止した「自治体法」(1661)，②国教会祈禱書による礼拝を強制した「礼拝統一法」(1662)，③非国教徒の宗教的集会を禁止した「秘密礼拝集会禁止法」(1664)，④非国教派の聖職者が都市から5マイル以内に近づくことを禁止した「5マイル法」(1665) の4法からなる。89年寛容法により事実上廃止された。
♦審査法

クリオーリョ
Criollo

南北アメリカのスペイン植民地で生まれた白人。ペニンスラールと呼ばれたスペイン出身の白人と共に法的にはスペイン人とみなされたが，植民地官僚機構においても教会組織においても，現実にはペニンスラールと明確に区別され差別的な地位に置かれていた。しかし植民地時代の末期には，地方官僚，下級聖職者，商人階層として植民地社会で重要な位置を占めるに至り，独立革命においては中心的な役割を担った。

クーリッジ
Coolidge, John Calvin 1872～1933

アメリカ合衆国第30代大統領（在任：1923～29）。弁護士を経て政界に入り，マサチューセッツ州上院議員，副知事，知事を歴任した。1920年の選挙で共和党副大統領に選出され，23年ハーディング大統領の死により大統領に昇任し翌年再選された。保守的で実業界中心の立場に立ったが，この時期アメリカ経済が未曾有の繁栄を謳歌していたため，繁栄の大統領として国民の間で人気があった。

クリミア戦争
Crimean War 1853～56

中近東・バルカン支配権をめぐるロシアとオスマン帝国の戦争。オスマン帝国がイギリス，フランス，サルデーニャと同盟し，4カ国とロシアとの戦争となった。主戦場はクリミア半島と黒海だが，戦火はドナウからバルト海沿岸地域，極東に及んだ。当初，戦況はロシア優位で推移したが各国参戦後は逆転，セヴァストーポリ要塞*陥落でロシア敗北が決した。ロシアの後進性が敗因で，農奴解放など大改革の契機となった。
♦アレクサンドル2世，ヴィットーリオ・エマヌエーレ2世，カヴール，トルストイ，農奴解放（ロシア），露土戦争

グリルパルツァー
Grillparzer, Franz　1791～1872

オーストリアの劇作家。ウィーン生まれ。ウィーン大学で法学を学ぶかたわら劇作を始め，次第にゲーテ，シラーの古典主義に傾倒，その継承者と目されるようになった。人間性の内面を掘り下げながら，民族的問題にも関心を示し，1871年のドイツ統一がオーストリアを排除して実現したことを嘆いた。悲劇，歴史劇といったジャンルに多数の作品を残した。代表作，『サッフォー』『海の波 恋の波』など。

◆大ドイツ主義

クルップ
Krupp

ドイツの重工業コンツェルン。鉄鋼を中心に造船，機械業へと生産を拡大し，後に大軍事企業となった。1811年フリードリヒ・クルップがエッセンに鋳鋼所を設立，次代に軍需産業に進出して第一次世界大戦*前に一大コンツェルンとなった。戦後に兵器工場が解体されたものの，製鋼所自体は存続しナチスによる再軍備に協力して再び兵器生産を再開。第二次世界大戦*後，連合国により解体されたが，民需生産を拡大して大鉄鋼会社として再生した。現在はテュッセンクルップ株式会社となっている。

◆再軍備宣言（ドイツ），フーゲンベルク

グレイ
Grey, Charles　1764～1845

イギリスの政治家。ホイッグ党*の代表的な自由主義的議員で，1792年に人民の友協会を組織，議会改革の必要性を訴えた。首相（在任：1830～34）就任後は，工場法の制定，東インド会社*の貿易独占権廃止，奴隷制の廃止などを実現し，自由主義諸改革の先鞭をつけた。長年の課題であった議会改革は，上院の執拗な抵抗により難航したが，賛成派貴族の大量叙任という強硬手段に訴え，1832年選挙法改正法を成立させた。

◆選挙法改正（イギリス）

グレコ
Greco, El　1541～1614

スペインで活躍した画家。クレタ島出身のため「エル・グレコ（ギリシア人）」の通称で知られる。1566年頃ヴェネツィア，70年頃ローマに滞在し，ティツィアーノ，ティントレット，ミケランジェロ*らの影響をうける。76年頃，スペインのトレドに移って定住。反（対抗）宗教改革*期のマニエリスムに特有の神秘的・幻想的な画風に特徴がある。代表作は「オルガス伯の埋葬」「トレド風景」。

クレマンソー
Clémenceau, Georges　1841～1929

フランスの政治家。急進共和派に

属し、第三共和政*初期には、民主的共和政の実現を主張してオポルテュニスト体制を激しく批判、ブーランジェ事件*やドレフュス事件*では共和政と人権の擁護に活躍した。だが、第一次内閣（1906～09）では、高揚しつつあった労働運動を社会秩序の維持を掲げて徹底的に弾圧し、第一次世界大戦*中の第二次内閣（1917～20）時には、厭戦気分の広がりを前にして、国民を鼓舞して戦争を指導したことで知られる。

クローチェ

Croce, Benedetto 1866～1952

イタリアの哲学者、歴史家、政治家。ナポリ出身。ローマ大学卒。終身上院議員に選ばれ（1910）、文相（1920～21）も務めたが、ファシスト政権成立後は公職を退き、自由主義の立場から反ファシズムを貫き、その後は王政に反対して自由党を指導（1943～47）。彼の創刊した『批評』誌上で活発な発言を行う一方、『歴史叙述の理論と歴史』『精神哲学』4部作など多数の歴史書・哲学書を著した。

◆ファシズモ

クロムウェル

Cromwell, Oliver 1599～1658

イギリスの政治家。ジェントリ*出身で、熱心なピューリタン*。1628年より下院議員となり、短期・長期両議会にも選出された。42年内乱が勃発すると鉄騎隊を率いて議会派の劣勢を挽回し、45年には新型軍*を編成してネイズビの戦いに勝利、軍指導者として勇名を馳せた。49年平等派*兵士の反乱を鎮圧する一方、反議会派の拠点アイルランドとスコットランドに遠征して制圧、両国をイギリスへ統合した。51年航海条例*を定めて、第一次オランダ・イギリス戦争を起こした。53年クーデターにより議会を解散して実権を掌握し、同年末、自らを終身の護国卿とする護国卿政権を成立させたが、その支持基盤は狭く、左右の反抗を封じ込めるために軍事独裁色を強めた。58年病没。

◆ピューリタン革命

クン

Kun, Bela 1886～1939

ハンガリーの共産主義者。第一次世界大戦*中にはオーストリア軍に従軍、ロシア戦線へ。1916年ロシア軍の捕虜となり、ボリシェヴィキ*に接近。戦後帰国して、18年にハンガリー共産党設立。19年3月混乱に乗じて政権奪取。ハンガリー・ソヴェト共和国樹立。首相となる。同年6月社会主義憲法発布。レーニン*を師と仰ぐ。師弟ともに国民の意向とは無関係に権力維持に執着したが、その「師」とは異なりクンは政権の維持に失敗。20年ウィーンを経由してモスクワに逃亡。37年に粛清される。ハンガリーは東欧では、第二次

世界大戦*に先立って共産主義者の支配を経験した国であった。56年のハンガリー革命*の際，人々によって示された反共産主義感情も理解できよう。

"君主は国家第一の僕"

啓蒙専制君主の態度を典型的に言い表した，プロイセン国王フリードリヒ2世*の言葉。『反マキァヴェッリ論』(1740)に記された。18世紀後半，絶対主義的専制君主が啓蒙主義を取り入れ，合理的に国家と社会の改革を行い，上からの近代化を果たそうとした態度を指す。宗教的寛容・農奴解放などの改革，経済活動の促進，文芸の振興をはかった。他にオーストリアのヨーゼフ2世*，ロシアのエカチェリーナ2世*が典型。

『君主論』
Il principe

マキァヴェッリ*の政治論文。全26章。1513年に執筆，32年に死後出版。メディチ家*に献呈されたが読まれた形跡はない。君主はライオンの力とキツネの狡知に学ぶべきで，善悪を超越し，力による国家統一を果たすべきであると主張。これが当時，目的のためには手段を選ばない権謀術数として悪評を招くが，現在では，宗教や道徳から解放された政治の力学を説いたものとして近代政治学の出発点と評される。

ケイ
Kay, John　1704～64

イギリスの発明家。父から毛織物業を引き継ぎ，織機の飛杼を発明，1733年に特許を取得した。横糸を通すための杼が，引き綱を引くとバネの弾力で縦糸の間を左右に走るよう工夫されており，織布速度を倍加させた画期的な発明である。しかし，織物業者たちは特許使用料の支払いをしぶり，またこの機械によって職を奪われることを恐れた織布工らの迫害を受けてフランスへ逃亡，貧困のうちに没した。

♦産業革命

経験論
empiricism

狭義的にはベーコン*に始まりロック*，ヒュームと続く17～18世紀のイギリス古典経験論を指す。認識，知識の起源を経験に求める立場であり，この点で人間の理性を重視する大陸合理論*と対比される。経験論の祖と呼ばれるベーコンは，権威や風聞による偏見（イドラ）を排し，実験・観察を通じて得られた具体的な事実から一般的な法則を導き出すことを提唱し，近代科学の方法論を準備した。ロックは，デカルト*的な生得観念を否定して人間の心を白紙（タブラ゠ラサ）とみなし，経験を通じて観念が刻印されると提唱，認識論の基礎を築いた。この立場はヒュームによってさらに徹底され，

『経済表』
Tableau économique

ケネー*が経済循環を図式化して著した著作（1757）。ケネーは、社会階級を地主階級（国王・貴族・聖職者を含む）、生産階級（農民）、不生産階級（商人・職人）に区分し、生産階級が国民の富を生産し、総生産のなかから生産階級が投下した部分を除く「純生産」部分を地主に引き渡す、不生産階級は他の二階級の支出によって生活しているのであって、新しい富をまったく生産しない、と説いた。
♦重農主義

啓蒙思想
Enlightenment [英] Lumières [仏] Aufklärung [独]

17世紀後半から18世紀のイギリス、フランス、ドイツなどにみられた経験論的合理主義思想。ホッブズ*、ロック*らのイギリス経験論*における自然法思想や社会契約説*、ニュートン*に代表される近代自然科学の発展、デカルト*以来の理性論から展開した唯物論が相まって18世紀のフランスで現状批判の思想として大きく発展した。理性主義の観点から、いっさいの迷信、伝統、非合理的権威、社会の不平等を批判してフランス革命*の思想的背景をなした。代表的人物、ヴォルテール*、モンテスキュー*、ルソー*、ディドロ*、ダランベールなど。ドイツでは、実践よりも哲学・宗教運動として展開された。カント*、レッシングらが代表的。
♦合理論、『百科全書』

ゲッベルス
Goebbels, Joseph 1897〜1945

ドイツの政治家、ナチ党幹部。大学では哲学、文学を学び、1922年ナチ党に入党、左派グループに属した。26年党のベルリン・ブランデンブルク大管区指導者となる。29年に宣伝局長となり、ヒトラー*内閣では国民啓蒙宣伝相、文化庁長官を務めた。大衆へのナチ・イデオロギー、ヒトラー神話の浸透を図りつつ、反ユダヤ主義を煽り、報道を統制した。ヒトラーにより後継首相に指名されたが、ヒトラーの自殺後、殉死した。
♦水晶の夜、第三帝国

ゲーテ
Goethe, Johann Wolfgang von 1749〜1832

ドイツの近代を代表する文学者。多数の詩、小説、戯曲を残した。父は皇帝顧問官。フランクフルトに生まれ、ライプツィッヒで法学を修めた後、ヘルダーの影響を受けて啓蒙主義思想、古代学に親しむ。弁護士を務めつつ、同時に小説『若きヴェルテルの悩み』*（1774）を著して

疾風怒濤*時代を画した。1775年以降ヴァイマル公国で政務を担当。その間自然科学への興味が高まり、作風も感情表現を重んじたものから形式を尊ぶものへと変化、同時代のシラーと親交を結んで古典主義文学をもたらし、近代的市民精神を描き出した。代表作『ヴィルヘルム・マイスターの遍歴時代』（1821～29），『ファウスト』（1831）。

ゲード
Guesde, Jules　1845～1922

フランスの政治家。本名ジュール・バジル Jules Bazil。パリ・コミューン*を支持する新聞記事を書いたために訴追されて国外に脱出。亡命中にマルクス主義に転じ，1876年に帰国して社会主義新聞『エガリテ（平等）』を発刊，93年にはラファルグとともにフランス労働党を結成した。同党はゲード派とも呼ばれ，改良派と一線を画して非妥協的路線を貫いたが，1905年にジョレス*らとともに統一社会党を結成した。

ケネー
Quesnay, François　1694～1774

フランスの経済学者。外科医として名声を得，1749年にルイ15世の愛妃ポンパドゥール夫人の侍医となった頃から経済学の研究を志して，『経済表』*（1758）を著した。ケネーは富の源泉を農業生産に求め，重商主義的規制に反対して自由放任を説き，重農主義*の基礎を築いた。また，『経済表』は経済循環図式，再生産表式，産業連関表の原型として高く評価されている。

ケープ植民地
Cape Colony

アフリカ南端のイギリス植民地。1652年オランダ東インド会社*の補給基地としてケープタウンが建設され，オランダ人農民の入植が進んだ。1806年イギリスが占領，14年正式にイギリス領となる。以後，イギリス式の諸制度の導入や，英語の公用語採用などイギリス化が進み，これを嫌った多数のオランダ系移民の子孫（ブーア人*）は内陸部へ移動した。1910年南アフリカ連邦*の成立とともに，その1州となる。

ケプラー
Kepler, Johannes　1571～1630

ドイツの天文学者，数学者。テュービンゲンで神学を学ぶ。コペルニクス*の天文学に関心を持つ。1594～1600年，グラーツで天文学と数学教師。1600年プラハに移住。帝国数学官に任命される。1612～26年，リンツで数学教授。惑星が太陽を焦点の一つとして楕円軌道を描きつつ太陽の回りを公転する（第一法則）。惑星の動径ベクトルは一定時間内に同じ面積を描きながら動く（第二法則）。惑星の公転周期と太陽からの平均距離の関係（第三の法則）発見。

近代天文学の誕生を促す。
♦ 地動説

ゲーリング
Göring, Hermann 1893～1946

ドイツの軍人，政治家，ナチ党幹部。第一次世界大戦＊時は空軍将校。1922年ナチ党に入党，ミュンヘン一揆＊の失敗から亡命し，27年帰国。その後国会議員になり，32年国会議長に就任。ヒトラー＊政権成立後プロイセン首相となってゲシュタポ（国家秘密警察）を創設した。空軍相を務め，経済四カ年計画全権となり，軍備拡張を強行した。その役割は大きかったが，ヒトラーの不信を招いて党を追われた。ニュルンベルク裁判での死刑判決後に自殺。
♦ ヴァンゼー会議，第三帝国

ゲルツェン
Herzen, Aleksandr Ivanovich 1812～70

ロシアの革命家，作家，哲学者。学生時代からフランス社会主義思想に傾倒してサークルを組織，1834年に逮捕されて流刑。その間イスカンデルの名で著作を発表，西欧派＊左派とみなされた。47年に西欧亡命。48年革命の敗北を見て西欧型発展に失望，ミール（農村共同体）＊に依拠し資本主義を飛び越え社会主義に達するというロシア社会主義の理論を編み出し，チェルヌィシェフスキー＊らとともにナロードニキ＊の思想的基礎を据えた。53年にはロンドンで印刷所設立，新聞『鐘』を発行してロシア専制を糾弾，土地付き農民解放を要求，さらに63年ポーランド蜂起を支援した。パリで客死。
♦ 1848年革命，農奴解放（ロシア）

権利の章典
Bill of Rights

イギリス・名誉革命＊後の1689年，権利の宣言＊に若干の修正・変更を施して発布されたイギリスの法律。正式名称は「臣民の権利と自由を宣言し，王位継承を定める法律」。イギリス人の「古来の権利と自由」を根拠に国王に対する制約事項を定め，議会主権の原則を確認するとともに，カトリックを王位継承者から排除することを決定した。本法により49年間の政治的・宗教的動乱に終止符が打たれ，立憲君主制が確立された。

権利の請願
Petition of Right

国王大権を乱用し，課税や人権侵害を行うイギリス国王チャールズ1世＊に対して，1628年クック＊を中心に議会が起草した請願。13世紀のマグナ・カルタ以来，コモン・ロー＊によって保証されてきた「イギリス人の自由」を根拠に，議会の承認を得ない課税，不法な逮捕・投獄，軍法による民間人の処分などを禁止するよう求めた。国庫の窮乏に苦しむ国王はいったん遵守を約束したも

のの，翌年議会を解散し，11年間に及ぶ専制政治を開始した。

権利の宣言
Declaration of Rights

イギリス・名誉革命*の成功後，1689年仮議会が起草し，オラニエ公ウィレムと妻メアリに提出した文書。前王ジェームズ2世*を「プロテスタント宗教とわが国の法律，権利を破滅させようとした」と非難し，請願権，議会内の言論の自由，議会の頻繁な開催など，王が尊重すべきイギリス人の権利を13項目にわたって列挙するとともに，前王の統治権放棄による王位の空白を宣言したもの。同年末に権利の章典*として立法化された。
♦ウィリアム3世

ゴイセン
Geusen

オランダのカルヴァン*派のことで，元来は「乞食」という意味。スペインの圧政に対抗するためネーデルラントの下級貴族が1566年同盟を結成し，そのためかえってスペインの宗教迫害を引き起こし，多くの新教徒が亡命を余儀なくされた。しかし亡命したカルヴァン派貴族を中心とした軍事集団がオラニエ公の特許状をもってスペイン船を拿捕し，カトリック教会を襲った。彼らはまたホラントやゼーラントの都市を攻撃し，オランダの独立運動を助けた。

♦オラニエ公ウィレム，オランダ独立戦争

公安委員会
Comité de salut public

フランス革命*中の1793年4月に国民公会が設置した機関。ジロンド派追放後の93年7月にロベスピエール*が委員になってからは，保安委員会に治安警察権をゆだねる以外，革命政府のいっさいの権限を掌握して恐怖政治*を推進した。しかし恐怖政治の末期には，保安委員会との対立やロベスピールの独裁をめぐる委員間の対立が表面化し，テルミドール反動*以後その権限は縮小され，国民公会の解散とともに廃止された（1795.10）。

"光栄ある孤立"
Splendid Isolation

19世紀を通じてイギリス外交政策の基本方針であった孤立政策を表現した言葉。狭義的にはソールズベリ*内閣（1895～1902）の外交政策を指す。大陸で三国同盟*と露仏同盟*の二大陣営が対峙していた時期に，海軍力で優位に立つイギリスはそのどちらにも与せず，帝国建設に集中した。しかし，ドイツの海軍力増強とロシアの極東進出を前にして孤立政策の継続は困難となり，日英同盟*（1902），英仏協商*（1904），英露協商*（1907）が締結された。
♦三国協商

航海条例（航海法）
Navigation Acts

17～18世紀にかけてイギリスで制定された海運・貿易に関する規制法。1651年の共和国時代のものが代表的で，イギリスおよび植民地に輸入されるヨーロッパ以外の地の商品はイギリス船によって輸送されること，ヨーロッパの商品はイギリス船かその商品の生産国，または最初の積出国の船で輸送されることなどを定め，オランダの中継貿易の排除を図った。60年と63年に再公布され，1849年に撤廃されるまでイギリス重商主義政策の根幹となった。
♦英蘭戦争，重商主義

高等法院
Parlement

フランス王国の最高司法機関。13世紀末から14世紀にかけて宮廷会議の一つから発展し，1789年には13の高等法院があった。司法権だけでなく，勅令の登録権（勅令はここに登録されてはじめて有効とされた。登録が拒否された場合，国王の親臨会議が開かれれば効力をもった）と建白権（勅令を審議し，意見を述べる権利）など立法機能ももっていた。このため，法服貴族（官職を購入して貴族となったブルジョワ）が支配した高等法院は，しばしば王権に対する反抗の中心となり，フランス革命*の導火線となった。

公民権法
Civil Rights Act

アメリカで，黒人その他のマイノリティ集団に，市民として社会や政治に平等に参加する権利を保障するために，幾度か制定された法律。最も包括的かつ効果的なのは，公民権運動の成果として1964年に成立したものである。これは，公共施設，雇用，有権者登録において，人種，皮膚の色，宗教，性，あるいは出身国を理由とする差別を禁止した。

功利主義
utilitarianism

18世紀末から19世紀前半のイギリスで発展した政治・倫理思想。道徳的，政治的行為において，それが人びとの幸福にもたらす効用を判断・評価の基準とするよう提唱した。ホッブズ*やヒュームを思想的起源とするが，ベンサム*，ミル*父子によって体系化され，19世紀中葉の自由主義改革の原動力となった。自由放任主義を支持するなど，ブルジョワ階級の立場を代弁する性格が強いが，ミル（ジョン・ステュアート）によって社会主義への接近が図られ，国家干渉の必要性が唱えられた。
♦"最大多数の最大幸福"

合理論
rationalism［英］ rationalisme［仏］ Rationalismus［独］

認識の基礎を人間の理性に置き，

感覚や感情を排して，合理性を貫こうとする思考方法。古くはギリシア時代にさかのぼることができるが，自然的理性の神的理性からの独立として確立する近代合理主義は，フランスのデカルト*（1596～1650）に始まり，ブルジョワの台頭や自然科学の発達と結びついて広まっていった。

◆経験論，啓蒙思想

五月危機（五月革命）
Mai 68　1968.5

フランスの政治的社会的危機。ヴェトナム戦争や大学の管理強化への反発を背景とした学生の反政府運動が，ソルボンヌでの学生と警察の大規模な衝突を契機に広範な労働者も加わった国民的運動に発展した。ドゴール*政権は危機に直面したが，労働総同盟指導部の妥協や6月の国民議会選挙でのドゴール派の圧勝で収拾された。この運動は近代社会への異議申し立てでもあり，ポスト・モダン思想やエコロジー運動など新しい社会運動発展の契機ともなった。

五カ年計画（ソ連）
Five-years plans

「ソ連邦経済社会発展五カ年計画」が正式名称，指令的集権的計画経済を推進する国家計画。ソ連では1920年半ばから計画化を模索，ゴスプラン，最高国民経済会議を中心に準備が進められた。スターリン*の主導権確立を背景に，29年に第一次五カ年計画が策定され，全国の急速な工業化や農業集団化*が目指された。しかし，現実の経済発展は計画とはずれていた。五カ年計画は，29年から90年にかけて計12回制定。

◆コルホーズ，新経済政策（ネップ）

国王至上法（首長法）
Act of Supremacy

ヘンリ8世*の離婚問題を解決するために召集された宗教改革議会が，1534年に公布した法律。ローマ教皇の至上権を否定し，イギリス国王を「イギリス教会の唯一の地上における最高の首長」と規定した。53年カトリックへの復帰を目指すメアリ1世*によって廃止されたが，59年エリザベス1世*が国王の称号を教会の「首長」ではなく「統治者」と改めたうえでこれを再公布，イギリス国教会*を確立させた。

国際通貨基金（IMF）
International Monetary Fund

1944年7月に調印されたブレトン・ウッズ協定に基づいて設立された国際協力機関。加盟各国から金と自国通貨を提供させ，通貨に関する国際的協力と世界貿易の増加によって，雇用の維持，所得の安定，為替の安定，加盟国の国際収支の不均衡是正などを図ろうとするもの。国際復興開発銀行（世界銀行）が長期金

融機関であるのに対し，IMFは短期の国際金融機関である。

国際連合（国連）
The United Nations

　国際連盟*の後を受けて，第二次世界大戦*後国際連合憲章に基づき設立された国際組織。1945年のサンフランシスコ会議*で国際連合憲章が全会一致で成立した。主な目的は，戦争の防止，基本的人権の尊重，正義と国際法の権威の維持，社会的進歩と生活の向上を図ることである。各加盟国の主権は，安全保障理事会の常任理事国制度の存在を例外として，すべて平等である。
♦ヤルタ会談

国際連盟
League of Nations　1920.1.10〜46.4.18

　第一次世界大戦*後アメリカ大統領ウィルソン*の提唱により国際平和維持を主目的として創設された機構。しかしアメリカは不参加で，1930年代に入り大国間の対立が激化すると連盟の平和維持機能は麻痺していった。33年に日本とドイツ，37年にイタリアが脱退し，39年にソ連が除名された。そのため連盟は弱体化して有名無実の存在となり，46年4月18日の総会で解散が決議された。
♦エチオピア侵攻，国際連合（国連），孤立主義，十四カ条の平和原則，ソ連の国際連盟加入，フィウメ併合

国際連盟脱退（ドイツ）

　ナチ政権成立後の1933年10月，かねてよりヴェルサイユ体制打破を掲げていたヒトラー*が，日本の国際連盟脱退に続いてドイツの脱退を表明した。第一次世界大戦*後，国際的に孤立していたドイツは26年に国際連盟への加盟が承認された。しかし，対外目標が東欧への「生存圏」の確立にあったナチス・ドイツにとって国際連盟*下の協調体制は，その妨げになるものであった。この後ドイツは，積極的な対外政策を推し進めることになる。
♦再軍備宣言（ドイツ）

黒人奴隷制（アメリカ）
Negro Slavery

　イギリス領アメリカ植民地では，17世紀後半に煙草生産が発展すると黒人奴隷制が次第に法制化されたが，植民地時代末期には煙草生産の不振から一時衰退した。しかし19世紀半ばに低南部諸州で綿花生産が行われるようになると，黒人奴隷制は大規模に再生・発展した。南北戦争*中の1863年1月1日にリンカーン*が奴隷解放宣言*を発し，65年の憲法修正第13条の発効により奴隷制度は撤廃された。
♦ヴァージニア，カンザス＝ネブラスカ法，共和党，ジャクソン，ストウ夫人，ダグラス，ドレッド・

スコット判決, ブラウン, プランテーション（大農園）（アメリカ）, ミズーリ協定

国土回復運動（レコンキスタ）
Reconquista

イベリア半島におけるキリスト教徒によるイスラム教徒駆逐運動。「レコンキスタ」とはスペイン語で「再征服」の意。8世紀初頭から15世紀末まで約800年続く。戦闘は北部から南部に進み, トレド（1085）, サラゴサ（1118）, リスボン（1147）などを奪回後, イスラム最後の砦グラナダ（1492）を奪回して完了。戦闘的なカトリック教会の体質は, 大航海時代*にうけつがれる。

♦イサベル1世

国民社会主義ドイツ労働者党
Nationalsozialistische Deutsche Arbeiterpartei（NSDAP, ナチ党）

1919年1月ドイツ労働者党として発足, 20年2月同党名に改称。「国家社会主義ドイツ労働者党」とも訳される。21年7月ヒトラー*が党首となって急進右翼的な傾向を強め, 23年11月ミュンヘン一揆*を起こすが失敗。25年2月に再建され, 合法的な大衆活動を展開, 世界大恐慌*を機に議会で躍進を遂げた。33年1月末ヒトラーが首相となり, 第三帝国*下では国家機関的な役割を果たした。

♦ファシズモ

穀物法
Corn Law

イギリスで自国の農業の保護を目的に制定された, 穀物の輸入を規制する法律。この種のものは17世紀中葉から存在するが, 通常は1815年に制定されたものを指す。ナポレオン戦争終結に伴い, 大陸の安価な穀物が大量流入することを防ぐため, 国内の穀物価格が一定水準以下（外国産小麦ならば国内価格1クォーター当たり80シリング, 植民地産小麦は67シリング）のときに穀物輸入を禁止した。地主階級優遇政策の象徴として新興ブルジョワ層の猛反発を受け, 1846年に廃止。しかし, 予想された外国産穀物の大量流入は起こらず, また生産性向上のための改良投資が進められた結果, 1840年代から70年代にかけてイギリス農業は「黄金時代」と呼ばれる空前の繁栄期を迎えた。

♦反穀物法同盟, ピール

国立作業場
Ateliers nationaux

二月革命*（1848）直後のフランスで設置された作業場。労働者の社会主義的組織化を構想したルイ・ブラン*の「社会作業場」と名称は似ているが, 失業者を土木工事に従事させる失業救済事業的性格をもっていた。労働者は一日2フランの賃金を支給され, 登録者数は6月には10万人を超えた。多額の費用を要した

ので，憲法制定国民議会は6月21日に廃止を決定，六月蜂起*の引き金となった。

五国同盟
Quintuple Alliance

1818年，四国同盟（イギリス，ロシア，オーストリア，プロイセン）にフランスが加わって成立した同盟。ナポレオン戦争後の1815年，フランスの監視を主な目的として四国同盟が成立したが，ヨーロッパの安定のため，18年にフランスの参加を認めて五国同盟に発展した。以後，五大国の勢力均衡によるヨーロッパの協調を保障し，自由主義運動を抑えウィーン体制を維持する支柱となったが，20年代はじめになると協調体制にも乱れが生じ，事実上瓦解した。

コサック
Cossacks

元来トルコ語で「自由人」を指し，ロシア・ウクライナ南部（ドニェプル，ドン，ヴォルガ，ウラル，テレク）に形成された逃亡農民らの騎馬武装の自治的共同体。コサック下層民は18世紀までプガチョーフやラージンらの率いる農民戦争の主たる原動力であった。ツァーリ政府は国境防衛や戦時のコサック利用を目指し，彼らを服属させて軍事身分とした。20世紀初頭には11のコサック軍団があり，ツァーリズムの支柱となった。
♦イェルマーク，プガチョーフの反乱，ラージンの反乱

コシチューシコ
Kościuszko, Tadeusz Andrzej Bonawentura 1746〜1817

ポーランドの軍人。分割列強との戦いを指揮した国民的英雄。リトアニアの小貴族の家に生まれ，ワルシャワ陸軍士官学校を卒業後，フランス留学。1776〜84年のアメリカの独立戦争にはワシントンの副官。戦後将軍となる。ポーランド第一次分割には軍事的抵抗指導。敗北後フランスに亡命。94年の第二次分割に際して，ロシア軍の攻撃からワルシャワを防衛。負傷して捕虜となり，96年まで収監。釈放後はアメリカを経由してフランス，次いでスイスに亡命。スイスで死亡。

コシュート
Kossuth, Lajos 1802〜94

ハンガリーの政治家，弁護士。出版活動を通じて，言論の自由，民族主義運動推進。検閲反対闘争運動を起こし，1837〜41年投獄。41年国民党機関紙『ペスティ・ヒルラップ』編集者。自由主義を主張。47年下院議員。48年ハンガリー独立を目指し，国民防衛委員会指導。49年4月，オーストリアより独立を宣言して臨時政府を統率したが，イェラチッチ*軍に破れ，トルコに亡命。イギリス・アメリカ・イタリアを遍歴，トリノで死亡。

国家社会主義運動（オランダ）
Nationaal Socialistische Beweging

オランダでヒトラー*に共鳴して、1931年、ムッセルトらを指導者として、ナチス政党である国家社会主義運動（NSB）が結成された。とはいえ国家社会主義運動はオランダではあまり人気がなかった。最大の得票率を獲得した1935年の総選挙でさえ、それは8％でしかなく、39年には4％にまで落ち込んだ。1940～45年にナチス・ドイツがオランダを占領していた間、NSBはそれに対して協力をさせられた。指導者のうち数名は、戦後の裁判で死刑となった。

ゴッホ
Gogh, Vincent van　1853～90

オランダの画家。ただし、後半生はフランスで送った。無給の伝道師としてベルギー南部のボリナージュに赴くが、常軌を逸脱した行動が原因で1880年に解雇される。翌年、初めて絵筆をとり始める。1886～88年のパリの生活で印象主義の影響を受けたり、日本の浮世絵にふれるなかで、それまでの暗く鈍重な色彩から明るい画筆に変わる。次いで南仏のアルルでゴーガンと共同生活をし、「ひまわり」、「カラスのいる麦畑」などの作品を残すも狂人となり、ピストル自殺する。

♦印象派

古典主義
classicism

古代ギリシア・ローマの芸術・文化を模範とし、その様式美を追求しようとした芸術全般にわたる運動・思潮。18世紀後半から1830年頃にかけて興隆を見た。17世紀以降の伊・英・仏の建築・彫刻から始まり、ドイツへと広まった。これに先立つバロックやロココ様式が装飾に意を注いだのに対し、厳格な様式・単純なフォルム・形式美を追求し、均整・調和が重んじられた。自由や主観を排する点でロマン主義*と対立。文学では17世紀フランスのラシーヌやモリエール、ドイツではゲーテ*、シラーが代表的。建築ではベルリンのブランデンブルク門が有名。音楽ではハイドン、モーツァルトが代表。

ゴビノー
Gobineau, Joseph-Arthur, comte de　1816～82

フランスの作家、外交官。パリで文筆活動を行っていたが、1849年に外務大臣トクヴィルの知遇を得、外交官としてヨーロッパ各地、ブラジル、ペルシアなどに赴任したほか、各地を歴訪。こうした広い知見に基づいて『人種不平等論』（1853～55）を著し、人種の不平等やアーリア人種の優越性を説いた。この主張は、ドイツで大きな反響を呼ぶなど、後の人種論、反ユダヤ主義に大きな影響を与えた。

♦チェンバレン（ジョセフ）

コペルニクス
Copernicus, Nicholaus 1473〜1543

ポーランドのトルン市生まれの天文学者，経済学者，医者。クラクフで勉強の後，イタリアのボローニャで天文学。パドヴァで法学と医学を学ぶ。天動説に関心をもち，『天体の回転について』を著す。ブルノ，ケプラー*，ガリレイ*などに影響を与える。ルター，カルヴァンからは強い反対をうける。カトリック教会は，1616年，公式にその説に反対。ヴァチカンが地動説*を認めるのは，ヨハネ・パウロ2世になってから。

コミンテルン（第三インターナショナル）
Comintern

十月革命に成功したボリシェヴィキ*が1919年に結成した共産党の国際組織，各国共産党はコミンテルン支部となった。世界革命を目指し，各国共産党指導と革命運動支援を目的としたが，ソ連の安全保障・対外政策の道具に変質。33年のナチスによる政権奪取後は反ファシズム統一戦線，人民戦線路線を採用。43年，連合国との戦争協力上の障害となることから解散した。

♦コミンフォルム（共産党・労働者党情報局），人民戦線（スペイン），人民戦線（フランス），レーニン

コミンフォルム（共産党・労働者党情報局）
Cominform

冷戦の高まりのなか，マーシャル＝プラン*などアメリカ・西欧諸国で強まった共産主義封じ込め政策への対抗を目的に，1947年に創設されたヨーロッパの共産党・労働者党の国際連絡組織。コミンテルンとは異なり，各党間の情報交換と調整をめざしたが，実際はソ連共産党に従属して各国共産党に介入し，48年には自主路線をとったユーゴスラヴィア共産党を除名。フルシチョフによるスターリン批判*と平和共存路線を受けて，56年解散した。

♦コミンテルン（第三インターナショナル），冷たい戦争（冷戦）

コメコン（東ヨーロッパ経済相互援助会議）
Council for Mutual Economic Assistance（COMECON）

1949年1月に成立した共産圏諸国の経済協力機構。マーシャル＝プラン*に対抗。ソ連が中心。ポーランド，東ドイツ，ハンガリー，ブルガリア，ルーマニア，チェコスロヴァキア，アルバニア。中国，北朝鮮，北ヴェトナムの三カ国はオブザーバー。62年モンゴルが加盟。同年末アルバニアが脱退。72年にはキューバ，78年にはヴェトナムが加盟。独自の共同銀行，決済手段を持つ。ソ連がその衛星諸国に経済政策を押しつけ

加盟国を利用しようとしたもの。共産主義諸国の崩壊とともに91年6月で解散。

『コモン＝センス』
Common Sense　1776

イギリス生まれの思想家ペイン*の著。アメリカ植民地人が独立に踏み切ることをためらっていた時に、今や本国から分離して独立するべきであると平易な文章で訴え、独立戦争遂行への世論を盛り上げた。ペインは本書において、独立によってこそ真に自由で民主的な国家をつくることができると主張、さらに当時の植民地経済を分析して独立後も十分に自立できることを人々に示した。
◆アメリカ独立革命

コモン・ロー
Common Law

イギリス固有の法体系で、教会法、ローマ法とならぶ3大法体系の一つ。中世、特に12世紀以降、国王裁判所の判例として歴史的に形成されたもので、雑多な地方的慣習法を統一した、王国全体に適用される共通の（コモン）法。一般的慣習法、普通法などと訳出する場合もある。17世紀の王権と議会の対立においては、王権神授説*に立ち国王大権の優位を唱える国王に対し、国王にも議会にも優越し、イギリス人の「古来の権利と自由」を保障するイギリスの基本法として、議会の抵抗の拠り所となった。今日でも不文憲法主義をとるイギリスにおいて、権利の章典*などの議会制定法とともに、実質的な意味での憲法を構成している。

コラディーニ
Corradini, Enrico　1865～1931

イタリアの政治家、評論家。極右翼の雑誌『イデア＝ナツィオナーレ』を創刊（1910）して国粋主義を鼓吹し、のちのファシズム体制を思想面で準備する。小説や戯曲のほか、『イタリアのナショナリズム』(1914)、『ファシズモ、イタリアの生命』(1925)などの著書がある。ファシスト政権が成立すると、上院議員(1923)、国務相(1928)となり、ムッソリーニ*を補佐。
◆ファシズモ

孤立主義
Isolationism

アメリカがヨーロッパに対してとった外交政策。1823年のモンロー宣言*では、南北アメリカとヨーロッパとの間の相互不介入が主張され、19世紀末までこうした相互不介入が対外政策の基調となった。第一次世界大戦*には参戦したが、終戦後は国際連盟*への加入も拒否するなど孤立主義の風潮が再び強まった。第二次世界大戦*を契機に孤立主義は衰退し、冷戦の時代には世界的な規模で反共軍事同盟網が形成された。
◆冷たい戦争（冷戦）

コルテス

Cortés, Hernán 1485〜1547

スペインの征服者。1504年新大陸に渡り，11年キューバ征服に参加。19年メキシコ遠征に向かい，アステカ王国の首都テノチティトラン（現メキシコ・シティー）に至り，21年首都を攻略してアステカ王国を滅ぼす。スペイン王カルロス1世により総督に任じられたが，統治権をめぐり王室と対立。インディオ*を虐殺・搾取する一方でカトリックへの改宗にも熱心であった。

▶カール5世，ピサロ，メキシコ征服

ゴールド＝ラッシュ

Gold Rush

金の発見地，採掘地に向かって大勢の人々が急激に集中する現象。史上最も著名なゴールド＝ラッシュは，1848年に始まるアメリカのカリフォルニアのそれである。金発見のニュースはまたたくまに全世界に広まり，全米および世界各地から，金鉱探したちや，彼らに必要な物資・サービスを提供する商人たちなどがカリフォルニアに押し寄せた。このような現象は金鉱が発見されるたびに各地で発生した。

ゴルバチョフ

Gorbachev, Mikhail Sergeyevich 1931〜

ソ連の政治家。大学卒業後，ソ連共産党の党官僚の道をあゆみ，ブレジネフ以降の長い停滞の時代の後，1985年に共産党書記長に抜擢（在任：1985〜91）。チェルノブイリ原発事故などを契機に体制内の抜本的改革運動たるペレストロイカ*を推進，90年には新設のソ連邦大統領に就任（在任：1990〜91）して党と国家との分離をはかった。しかし，改革派と保守派との対立やバルト三国*などの民族運動激化による連邦分離志向の強まりのなかで改革路線は後退，91年夏には保守派クーデターとその失敗により権威が失墜。年末に大統領辞任，ソ連邦解体*に至った。

▶エリツィン，冷たい戦争（冷戦），マルタ会談

コルベール

Colbert, Jean-Baptiste 1619〜83

フランスの政治家。織物商人の家に生まれ，宰相マザランに認められて宮廷に入り，1665年以降は財務長官などの要職について，事実上の宰相として親政時代のルイ14世*に仕えた。財政再建や行政制度を整備して中央集権化に努める一方，特権マニュファクチュア*の設立や保護関税政策などによる国内産業の保護育成，西インド会社，東インド会社などの特許貿易会社の創設，造船業の奨励による海運力増強などの貿易振興策，植民地獲得政策など，重商主義*政策を積極的に推進した。この

ため，フランスの重商主義はコルベール主義ともいわれている。

コルホーズ
Kolkhoz

ソフホーズ*とならぶソ連の農業労働組織の形態のひとつ，農業改善のための農民の自主的共同経営組織とされた。革命後早くから社会主義的農業集団化が目指されたが，第一次五カ年計画遂行のなかで急速かつ乱暴な集団化がはかられ，1932年にはほぼ完了した。コルホーズは実際は国家による穀物の安定的調達装置と化し，農村の疲弊をもたらして農業生産は低下した。第二次世界大戦後は合併による大規模化が推進された。
♦五カ年計画（ソ連），農業集団化（ソ連）

コロンブス
Columbus, Christopher Cristoforo, Colombo Cristóbal, Colón 1451～1506

イタリアの航海者。「新大陸」の発見者。ジェノヴァ出身。貿易商として航海の経験を積むうちに西回りでアジアに行く計画をたてる。マルコ・ポーロの『世界の記述（東方見聞録）』*が彼の夢をかきたて，知人トスカネリの地球球体説がその夢に現実味を与えた。1483年，ポルトガル王に西航の計画を提案したが拒否されたため，86年，スペインのイサベル1世*に提案し，92年のグラナダ陥落後ようやく女王の援助を得て計画が実現に至る。92年8月3日，3隻の船でパロス出港，10月12日，バハマ諸島のサン・サルバドール島に到着。生涯に合計4回の航海を重ねたが，死ぬまで到達地をアジアの一部と信じていた。
♦アメリカ発見，インディオ，ヴァスコ・ダ・ガマ，ヴェスプッチ，商業革命，地理上の発見

コンゴ自由国（ベルギー領）
Kongo

19世紀のアフリカ分割の時代に入ると，ベルギー国王レオポルド2世（在位：1865～1909）は，1878年にコンゴ国際協会を設立し，スタンリーのコンゴ探検を援助した。83年にはコンゴ川流域を同協会の保護下においた。85年のベルリン会議（コンゴ会議）*ではベルギーはコンゴに対する支配権とコンゴ川の自由航行が認められた。レオポルド2世*はさらに同年にコンゴ自由国を私有地として建国し，1908年には，ベルギー領コンゴとなり，正式にベルギーの植民地になった。

コンコードの衝突
Battle of Concord 1775.4.19

アメリカ独立革命*の火蓋を切った，ボストン郊外コンコードにおける戦闘。マサチューセッツ軍事総督ゲージ将軍がコンコードにある植民

地軍の武器庫を押収するため,約700名の正規軍を派遣した。ポール・リヴィアらの伝令で急を知った愛国派の義勇兵はこれを迎え討ち,ノース・ブリッジでは正規軍を敗走させた。この日の勝利によって,植民地軍はボストン包囲を開始した。

コンスタンツ公会議

Konstanzer Konzil 1414～18

南独のコンスタンツで開かれた中世最大の宗教会議。ドイツ皇帝ジギスムントの提唱により開催。その目的は,14世紀以来ローマとアヴィニョンに教皇庁が分裂していたこと(大分裂)を解消することにあった。鼎立していた3教皇を廃し,マルティヌス5世が統一教皇として選出された。また,ウィクリフ,フス*,ヒエロニムスの教義は異端・禁止とされ,後二者には死刑判決が下された。

コンブ

Combes, Émile 1835～1921

フランスの政治家。神学者だったが,85年に上院議員となり,急進派の議員として活躍。上院副議長や,公教育相を歴任したあと,ワルデック゠ルソー*に代わって首相(在任:1902～05)となり,無認可修道会の解散,修道会教育禁止法の制定(1904),政教分離法*の提案など,厳しい反教権主義政策を推進し,世俗的国民国家の完成につくしたことで知られる。

さ

サイクス＝ピコ協定
Sykes-Picot Agreement

イギリスとフランスとの間で結ばれたトルコ領分割に関する密約。三国協商*側は早くから領土分配の利害調整を進め，1915年3月ロシアにダーダネルス海峡地帯を割譲することを約したコンスタンティノープル協定，翌年5月中近東での英仏の勢力圏を定めた本協定が結ばれた。マクマホン宣言*と矛盾するため，17年ロシア革命*政府によって暴露された際，アラブ人の憤激をかった。

再軍備宣言（ドイツ）

1935年3月，ヒトラー*が一般兵役義務の導入を表明，ここからナチス・ドイツが陸海空軍からなる国防軍の迅速な強化を始めたことを指す。ヴェルサイユ条約*によってドイツの国防軍は10万人の陸軍のみと決められていたが，ドイツはこれに違反，翌年には2年制の兵役義務が実施され，非武装地帯のラインラントに進駐した。これにより第一次世界大戦*後に成立したヴェルサイユ体制・平和秩序が大きく破られることになった。

♦クルップ，国際連盟脱退（ドイツ），ストレーザ戦線，テュッセン，ラインラント進駐

「最後の晩餐」
L'ultima cena

レオナルド・ダ・ヴィンチ*の代表作。ミラノ君主ルドヴィコ・スフォルツァの依頼で，1495～97年頃，サンタ・マリア・デッレ・グラツィエ修道院食堂に描かれる。キリストが「汝らのひとり，我を売らん」と言った瞬間の使徒たちの心の動揺が劇的に表現される。制作当時から褪色・剝落が始まり，数度の不適切な修復，第二次世界大戦*時の被爆，と度重なる損傷をこうむる。盛期ルネサンス*の最高傑作の一つ。

再洗礼派
Anabaptists [英]　Wiedertäufer または Täufer [独]

宗教改革において周辺的運動を形成したプロテスタント系の一教派。1524年頃チューリッヒから起こり，スイス，ドイツの各地へと広がった。子供の洗礼を疑問視し，大人になってからの洗礼を主張した。財産共同体の設立要求，既存の国家・教会の否定が農民戦争で農民の要求と結び

つき，弾圧の対象となった。34年頃ミュンスターで恐怖支配を招来し，その後，勢力を失った。
♦ ドイツ農民戦争

"最大多数の最大幸福"
the greatest happiness of the greatest number

ベンサム*が掲げた功利主義*のスローガン。ベンサムによれば，社会とは自己の快楽を追求する個人の集合体である。したがって，個々人の快楽の総計が最大となる「最大多数の最大幸福」が社会の最適の状態であり，あらゆる政治的行為はその実現に努めなければならないと唱えた。多数者の幸福だけが重視され，少数者のそれが犠牲にされるという誤解を防ぐため，後に「最大幸福の原理」という言葉に短縮された。

サヴォナローラ
Savonarola, Girolamo 1452～98

イタリアの宗教改革者。フェッラーラ出身のドミニコ会修道士。1491年，フィレンツェ*のサン・マルコ修道院長になり，腐敗した風俗やロレンツォ・デ・メディチの支配や教皇アレクサンデル6世の堕落を厳しく批判する。94年のフランス軍のイタリア侵攻を機にメディチ家*を追放し，フィレンツェに厳格な神権政治をしくも，教皇から破門されたのを機に民衆から見放され，98年に火刑に処される。ピーコ・デッラ・ミランドラ*のような思想家やボッティチェッリ*のような画家にも影響を与え，宗教改革*の先駆者の一人にも数えられる。
♦ マキァヴェッリ

サッコ-バンゼッティ事件
Sacco-Vanzetti Case 1920

アメリカの殺人事件裁判。ボストン郊外の靴工場の事務所で給与係が殺されて現金が奪われる事件が起こり，イタリア移民で靴工のニコラ・サッコと魚行商人のバルトロメオ・バンゼッティが逮捕された。反証と救援の声を無視して有罪とされ死刑が執行された。彼らは共に無政府主義者，徴兵拒否者であり，当時の反共思潮と移民排斥感情のなかで生まれた冤罪事件として有名である。

サライェヴォ事件
Sarajevo

1914年6月28日，ボスニア・ヘルツェゴヴィナの首都サライェヴォで，軍の式典に臨席したオーストリア皇太子フランツ・フェルディナント*太公夫妻が暗殺された事件。暗殺者はセルビア人グループ。皇位継承者を暗殺されたオーストリアは，7月23日，セルビアに最後通牒。セルビアの留保回答によって，7月28日に宣戦布告。オーストリアを支持するのはドイツ。セルビア側にはロシアとその協商国イギリス，フランスが立つ。第一次世界大戦*の直接の導

サルターティ
Salutati, Lino Coluccio　1331～1406

イタリアの人文主義者。ルッカ近郊の出身。1375年にフィレンツェ*共和国書記官長となる。ペトラルカ*と親交をもったが，ペトラルカのような観念的な詩人であることにあきたらず，キケロの発掘と顕彰を通して文学活動と実践的な政治活動との合致を目指す。800冊を超える蔵書を友人に開放し，フィレンツェにおけるキケロ的共和主義的な人文主義*の発展に貢献した。

三角貿易
Triangular Trade

17～18世紀にイギリス商人たちによって営まれた，イギリス・西アフリカ・西インド諸島を結ぶ大西洋貿易。イギリスで喫茶の風習が定着し，砂糖需要が増大したことにより成立。イギリスから火器やガラス細工，金属製品を西アフリカへ運び黒人奴隷と交換，その奴隷を西インド諸島へ運んで売却し，砂糖やラム酒，原綿を入手してイギリスへ帰国する。この貿易で得られた莫大な利潤が，産業革命*の資金源となった。イギリス領カリブ海植民地へ輸送された奴隷の数は300万人以上にのぼる。
♦奴隷貿易

三月革命
Märzrevolution

フランス二月革命の影響を受け，1848年3月以降ドイツ・オーストリアで起こった市民的蜂起・革命の総称。多くの邦国で市民的・自由主義的政府が成立した。これによりウィーン体制が崩壊，メッテルニヒ*はイギリスに亡命した。同年5月フランクフルト国民議会*が開催され，ドイツの統一・憲法制定が議決された。しかし市民層の力が弱く，同年秋にはベルリン・ウィーンで反革命がなり，自由主義的政治は実現されなかった。
♦イタリア統一戦争，ウィーン会議，ヴィンディシュグレーツ，1848年革命，ドイツ連邦

産業革命
Industrial Revolution

機械，動力を導入した工場制の成立による生産力の革新と，それに伴う社会・経済上の変化。1770年代から1830年代にかけてイギリスで起こり，19世紀末までに欧米主要国が追従した。イギリスが「最初の工業国家」となった要件としては，18世紀の農業革命により人口が著しく増加し，豊富な労働力と国内市場を確保していたこと，フランスとの植民地争奪戦に勝利し広大な植民地帝国を形成していたことなどが考えられる。ただし，近年の実証的研究によって，革命という語から連想されるような

産業・社会構造の激変が生じたわけではなく、一部の地域に限定された緩やかな変化であったことが指摘されており、最近では単に「工業化」と呼ばれることも多い。
♦三角貿易, マンチェスター

産業資本家
industrial capitalist [英] industrieller Kapitalist [独] capitaliste industriel [仏]

貨幣や機械，原材料などの生産手段を所有し，賃金労働者を雇用して商品生産を行う人々。19世紀の工業化時代の担い手であり，伝統的な地主階級にかわって，政治・経済・社会の各領域で支配的地位を獲得した。ただし，イギリスでは彼らの地主ジェントルマン化が進み，20世紀初頭に至るまでジェントルマン支配が貫徹されたと考えられている。
♦ジェントリ

三国協商
Triple Entente

露仏同盟*（1891），英仏協商*（1904），英露協商*（1907）によって形成された対ドイツ包囲体制。ドイツの帝国主義政策に対抗して三国の既得権を守ろうとするもので，三国同盟*と対立し，1914年第一次世界大戦*へと突入する。18年，ロシア革命*により成立したソヴェト政権がドイツと単独講和したため解消。日本は07年に日露協約と日仏協約を締結，11年日英同盟*を改訂継続して，三国協商側にくみした。

三国同盟（独・墺・伊）
Dreibund 1882～1915

ドイツ・オーストリア・イタリアの間で結ばれた秘密軍事同盟。1879年に結ばれていたドイツ・オーストリアの秘密軍事協定に，フランスと敵対的となったイタリアが接近して結ばれた。これによりドイツを中心とした三国同盟と，イギリス・フランス・ロシアのブロック（後の三国協商*）の色分けが鮮明となった。第一次世界大戦*が勃発するとイタリアが三国協商側に立ったために解消された。
♦ヴィルヘルム2世，汎ゲルマン主義，"未回収のイタリア"，露仏同盟

三時代区分法
ヨーロッパの歴史を古代・中世・近代と三時代に区分する歴史観。現在ではヨーロッパ以外にも適用されることが多い。三時代区分法の起源はルネサンス*期イタリアにある。人文主義者たちは，自分たちの時代をギリシア・ローマの古典文化が復活した時代ととらえていた。それは古代と自分たちの時代のあいだに「中間の時代」を発見することでもあった。17世紀後半にドイツ人ケラリウスが三時代区分法を完成し普及させた。

♦人文主義（ヒューマニズム）

サン・シモン
Saint-Simon, Claude Henri de Rouvroy, comte de　1760〜1825

フランスの社会思想家。名門貴族の出身だが，アメリカ独立戦争では独立側に立って参戦した自由主義者。ナポレオン戦争末期にヨーロッパ統合構想を提起したほか，未来社会として生産者（経営者と労働者）の連合による搾取なき産業社会を提唱し，その道徳的基礎としてキリスト教にかわる新しい宗教の必要を説いた。「空想的社会主義者」であり，実証主義，テクノクラシー，ヨーロッパ統合思想の先駆者でもある。主著は『産業者教理問答』（1821），『新キリスト教』（1825）。
♦空想的社会主義

三十年戦争
Dreißigjähriger Krieg　1618〜48

ドイツ全土を舞台に繰り広げられた国際戦争。宗教戦争として始まった。発端はベーメンのプロテスタントの反乱。1625年デンマーク王が新教諸侯との同盟により介入したが，ヴァレンシュタイン*率いる皇帝軍により撃退される。30年スウェーデン王が介入して新教側の勢力を回復するが，フランスが参入することで，規模が拡大した。48年ウェストファリア条約*が結ばれて終結。ドイツは国力が疲弊し，分邦的傾向が強まった。
♦オリバレス，グスタフ＝アドルフ，『戦争と平和の法』，ベーメン（ボヘミア）反乱

サン＝スーシ宮殿
Schloß Sanssouci

フリードリヒ2世（大王）*がベルリン郊外のポツダムに建てた夏の離宮。サン＝スーシはフランス語で「憂いのない」の意。建築家クノーベスドルフの設計に大王自身が加わり，1745〜47年に築造された。王宮という当初の設計から離れて，わずかに12の部屋しか持たないなど私邸としての性格が強くなった。内装はロココ式*で優美な造りとなっている。王はここに滞在することも多く，学者，芸術家などを招いて学芸を深めた。

サン＝ステファノ条約
Treaty of San Stefano

1878年サン＝ステファノで締結されたロシア・トルコ間の講和条約，77〜78年の露土戦争*を終結させた。これによりブルガリア，ボスニア・ヘルツェゴヴィナが自治権を獲得し，セルビア，モンテネグロ，ルーマニアが完全独立，ロシアは賠償金と若干の領土を得た。バルカン半島におけるロシアの影響の強まりを恐れたイギリス，オーストリアが介入，78年のベルリン会議で修正がはかられた。

♦ ベルリン会議（1878），ボスニア・ヘルツェゴヴィナ併合

サンディカリズム
syndicalisme

広義には組合の形態をとった社会運動，狭義には19世紀末～20世紀初めの革命的サンディカリズムを指す。フランス語の組合 syndicat が語源。社会主義者が議会主義化するとそれを批判して，労働組合を基盤としたゼネストなどの直接行動による資本主義体制の解体と，組合を生産と分配の基礎とする社会の確立を説く思想と運動が発展した。1906年の労働総同盟のアミアン憲章はその宣言である。しかし，産業・社会構造の転換とともに次第に衰退していった。

三帝同盟（独・墺・露）
Dreikaiserbund

普仏戦争後の1873年，ドイツ・オーストリア・ロシアの三君間に成立した非公式な同盟関係。三君主の結束を図るというだけでなく，フランスの孤立化を目指すビスマルク*の意向とも結びついた。その後バルカンにおけるロシア・オーストリアの利害衝突から，81年に三帝協商として結び直されるが，86年にバルカン問題が先鋭化して解消された。翌年ドイツはロシアと再保障条約を結んだ。

♦ ベルリン会議（1878）

サン＝バルテルミの虐殺
Massacre de la Saint-Barthélemy
1572. 8. 24

フランスでユグノー戦争*の最中のサン＝バルテルミの祭日に起こった新教徒虐殺事件。新教徒の台頭を怖れた王太后カトリーヌ・ド・メディシスと旧教徒の指導者ギーズ公が，新教徒のブルボン家のアンリ（のちのアンリ4世*）の婚儀に参列するためにパリに集まっていた新教徒をはじめ，全国で数万人の新教徒を虐殺した。

3B政策

19世紀末から第一次世界大戦に至るドイツ帝国主義時代の近東政策の別名。ベルリン・ビザンティウム（イスタンブール）・バグダードの頭文字に由来。その中心は，バグダード鉄道*の建設にあった。ベルリン会議後，バルカン半島から小アジア半島に関心が向けられ，ドイツ資本が進出。トルコのスルタンからバグダードに至る鉄道施設権を得ることで始まった。ヴィルヘルム2世*がトルコとの結びつきを強め，イギリスの3C政策と衝突，ロシアとも緊張を強めた。

♦ 世界政策，汎ゲルマン主義，ベルリン会議（1878）

サン・ピエトロ大聖堂
Basilica di San Pietro

ローマ・カトリック教会の総本山。

コンスタンティヌス帝によって献堂された旧聖堂の跡地に，1506年，教皇ユリウス2世の依頼でブラマンテ*が新聖堂着工。ブラマンテの死後はラファエロ*，ミケランジェロ*らが後継し，90年頃，ミケランジェロ案に従った大ドームが完成。聖堂内にはミケランジェロの「ピエタ」，地下には聖ペテロの墓がある。建築費捻出のための贖宥状*販売が宗教改革*の引き金となる。

三部会
États généraux

フランスの身分制議会。聖職者，貴族，第三身分*（平民）の各代表によって構成され，審議が身分ごとの各部会単位で行われたのでこう呼ばれる。1302年に成立し，国王の課税への協賛権をもち，王政への陳情が認められていたが，ときには王権を制約することもあった。このため絶対王政*確立期の1615年以降開催されなくなっていたが，貴族の要求で1789年5月5日にヴェルサイユに召集され，採決方法をめぐって紛糾，結局，三部会は憲法制定国民議会として近代的議会に変質した。
♦フランス革命

残部議会
Rump Parliament

イギリス・ピューリタン革命*における長期議会*の一部で，1648年12月のプライド追放以降の議会を指す。臀部議会とも。第二次内乱の終結後，国王との和平交渉を進める長老派*に対し，国王の責任追及を求める独立派*の軍首脳部はプライド大佐を議会へ派遣，約140名の長老派議員を武力で議会から追放した。この結果，議会は60名ほどの独立派議員だけで構成されることになり，Rump（残りくず）とあだ名された。

サンフランシスコ会議
San Francisco Conference　1945.4.25〜6.26

第二次世界大戦*末期にサンフランシスコで開催された連合国の会議。ポーランドを除く50カ国が参加し，1944年のダンバートン・オークス会議で決定された国際連合*設立の原案に，45年2月のヤルタ会談*での「安全保障理事会で大国に拒否権を与える」という決定を追加し，国際連合憲章として採択した。参加国は会議後3カ月以内にすべて批准を行い，国際連合が設立された。

シエイエス
Sieyès, Emmanuel-Joseph　1748〜1836

フランスの政治家。通称アベ・シエイエス。聖職者だが，1789年初頭に『第三身分とは何か』*を著して，身分制を批判し，第三身分*こそが真の国民であることを説いて有名となった。フランス革命初期の指導者の一人として，三部会や国民議会で

活躍。92年国民公会議員に選出され、国王処刑に賛成したが、恐怖政治*の下では沈黙を守った。テルミドール反動*後再び活躍し、総裁政府*の一員となったほか、ブリュメール18日のクーデター*に参画してナポレオンと共に統領政府の一員となる。

シェイクスピア
Shakespeare, William 1564～1616

イギリス4大詩人の一人であり、文学史上最大の劇作家。約20年間に『ハムレット』(1600～01)『オセロー』(1604～05)『リア王』(1605)『マクベス』(1606)の4大悲劇をはじめ、喜劇『夏の夜の夢』(1594～96)、史劇『リチャード3世』(1592～93)、ロマンス劇『あらし』(1611～12)など、37編の戯曲と詩集3冊を残した。王侯貴族から庶民まであらゆる階層の登場人物を創作し、その過酷なまでに鋭い人間洞察を通じて他の追随を許さぬ性格描写を実現、「百万の心をもった」作家と評される。その生涯は不明な点が多く、豊かな語彙(約1万5000)と法律など専門知識への通暁ぶりから、別人説(フランシス・ベーコンなど)も根強い。

ジェズイット教団(イエズス会)
Jesuites

1534年、スペイン人イグナティウス・デ・ロヨラら数人の同志が創立し、40年に教皇に認可されたカトリックの修道会。反(対抗)宗教改革*の中心勢力として、ヨーロッパではプロテスタントからの失地回復、ヨーロッパ外では大航海時代*の幕開けとともにアメリカとアジアへの宣教を活発に行う。日本に到着した最初の宣教師ザビエル、中国での布教に活躍したマテオ・リッチらがいる。

ジェファソン
Jefferson, Thomas 1743～1826

アメリカ独立宣言の起草者。アメリカ合衆国第3代大統領(在任：1801～09)。1769～74年までヴァージニア植民地議会の議員を務めて政界で有名になった。2回の大陸会議*にヴァージニア代表の1人として参加。第2回大陸会議では他の4人と共に独立宣言*の起草委員に任命され、第一草稿を単独で起草した。独立革命後は、ヴァージニア邦知事、連合会議代表、駐仏公使、初代国務長官を務め、97年副大統領に就任。1800年の選挙で第3代大統領に当選して2期を務めた。ジェファソンはおおむね前政権の経済政策を踏襲し、また03年にはフランスからルイジアナを買収して領土を倍増させた。

♦アメリカ独立革命

ジェームズ1世
James I 1566～1625

イギリス・ステュアート王朝*の国王(在位：1603～25)。兼スコッ

トランド国王ジェームズ6世（在位：1567～1625）。王権神授説*の信奉者で，課税やコモン・ロー*をめぐって議会と衝突を繰り返した。宗教的には「主教なくして国王なし」と唱えて国教会体制を堅持，ピューリタン*とカトリック教徒に対する締め付けを強化したため，カトリック教徒による火薬陰謀事件（1605）やピルグリム＝ファーザーズ*（1608）の亡命が生じた。

ジェームズ2世
James II　1633～1701

イギリス・ステュアート王朝*の国王（在位：1685～88）。チャールズ2世*の弟。旧教徒であったため，1679～81に彼を王位継承者から排除する動きが議会で生じたが，85年兄王の跡を受けて即位。審査法*の適用免除による旧教徒の官職登用，高等宗務官裁判所の復活など露骨な旧教化政策を強行したため，1688年名誉革命*により王位を追われ，フランスに亡命。その後もルイ14世*の援助を得て王位奪還をはかったが失敗した。

シェリング
Schelling, Friedrich Wilhelm Joseph von　1775～1854

ドイツの哲学者。テュービンゲンの神学校でヘーゲル，ヘルダーリンと知り合った。イェーナ，ミュンヘン，ベルリンの各大学で教授を歴任。ドイツ観念論*を代表する一人で，思弁的な自然哲学と美学を発展させ，精神と自然，主観と客観は本来同一であるとする「同一哲学」を展開，晩年には神秘的宗教哲学へと向かった。主著『自然哲学の理念』（1797），『人間的自由の本質』（1809）。

ジェントリ
Gentry

イギリスの伝統的な大地主の有閑階級。狭義には爵位をもたない地主の総称であるが，爵位貴族とジェントリとの境界線は曖昧。両者は同じ大土地所有者として一体感をもち，ジェントルマンと呼ばれる支配階級を形成，広義にはこのジェントルマンと同義に用いられる。全人口のおよそ5％を占めるにすぎないが，地方では治安判事*として，中央では上下両院の議員として政治・行政を担い，16世紀から19世紀末まで一貫してイギリス政治の実権を掌握し続けた。1870年代に彼らの経済基盤である大土地所有制度が解体した後も，資産の一部を債権・株式に投資して金融資産所有者へと転身し，少なくとも第一次世界大戦*期までは強力な政治的影響力を行使し続けた。
▶"ジェントルマン"理念

"ジェントルマン"理念
ideal of gentleman

イギリス上流階級の間で歴史的に育まれてきた独特の価値観（アマチ

ュアリズム，反産業主義，田園志向）や徳性（公正，礼節，名誉，自己犠牲）など，ジェントルマンをジェントルマンたらしめる要件の総称。なかでも古典人文学の教養を修得することは必須とされ，有名パブリック・スクールやオックスフォード，ケンブリッジ両大学はその養成機関に位置づけられた。19世紀後半には中流階級の間に浸透して彼らのジェントルマン化を促すなど，20世紀初頭に至るまで社会全体の支配的な価値基準として作用し続けた。この反産業的なジェントルマン理念の浸透が，工業化の担い手である中流階級の産業精神を低下させ，イギリス経済の衰退を招いたとする議論もある。
♦ジェントリ

ジェンナー
Jenner, Edward　1749～1823

イギリスの医者。故郷で開業医を営むかたわら，当時猛威をふるっていた天然痘の研究に従事。農婦の間で，牛痘（天然痘に似た牛の病気）にかかった者は天然痘にかからないと信じられていたことをヒントに，1796年牛痘ウイルスを8歳の少年に接種，種痘法の有効性を実証した。98年に23の実験例を論文にまとめて発表するが，当初は反対者も多く，「牛痘を接種すると牛になる」などのデマが流れた。以後も天然痘撲滅キャンペーンに余生を捧げ，予防接種の有効性を訴え続けた。

四国（五国）同盟
Quadruple（Quintuple）Alliance

1815年11月，神聖同盟＊とならぶウィーン体制の支柱としてイギリス，ロシア，オーストリア，プロイセンの締結した同盟。当初はフランスの革命的動向監視を目的としたが，18年にフランスの加盟が認められて五国同盟に発展し，正統主義＊と勢力均衡を原則とする「ヨーロッパの協調」＊によるヨーロッパ諸国の革命への抑止装置となり，20年代初頭のイタリア，スペイン革命鎮圧に動いた。その後協調は破れ，事実上瓦解。
♦ウィーン会議

自然国境説
Notion de frontières naturelles

フランスでみられた，東はアルプスとライン川，北と西は大西洋と英仏海峡，南はピレネー山脈と地中海がフランスの境界だとする説。リシュリュー＊やマザランが説き，特にルイ14世＊はこの説に基づいてしばしば侵略戦争を遂行した。20世紀に至るまで，ライン問題をめぐるフランスの外交政策に影響を与えたといわれる。

自然主義
naturalism［英］　naturalisme［仏］　Naturalismus［独］

写実主義を継承し，科学と実証主義の方法を活用して現実を客観的に表現しようとする文学思想や運動。

19世紀後半,フランスで生まれ各国に広まった。社会矛盾や社会正義を追求するものが多い。代表的作家には,自然主義文学論である『実験小説論』(1880)を著したゾラ*,モーパッサン,ノルウェーのイプセン*らがいる。

私拿捕船

privateer

政府から敵国の船(特に商船)への攻撃・掠奪を許可された民間の武装船。私掠船とも。王や高官の後ろ盾をもち,攻撃対象は敵国の船に限られている点で,海賊とは区別される。16～17世紀にヨーロッパ各国で活躍,特にイギリスのドレイク,ホーキンズ*によるスペイン銀船団襲撃は有名で,例えば1577～80年のドレイクの世界周航では,60万ポンドもの富を掠奪し,出資者のエリザベス1世*に4700％の配当金をもたらしたといわれる。

七月王政

Monarchie de Juillet 1830～48

七月革命*後に成立したフランスの王政。国王はオルレアン家*のルイ・フィリップ*。自由主義的な立憲君主政だが,厳しい制限選挙制が実施され,大地主・銀行家・大資本家らによる名望家体制だった。このため,共和主義者らの反政府派が1847年から改革宴会*運動を展開。ギゾー*内閣がパリでの宴会開催を禁止すると,48年2月にパリの民衆が蜂起し,王政は打倒された。
♦二月革命

七月革命

Révolution de Juillet 1830.7

フランスの復古王政*を打倒した革命。シャルル10世(在位:1824～30)の反動政策,とりわけポリニャック内閣が発布した七月勅令(1830)に反発したパリ民衆が共和主義者に率いられて7月27日に蜂起。3日間にわたる市街戦の結果,復古王政は崩壊し,オルレアン公ルイ・フィリップ*が即位して七月王政*が樹立された。
♦カルボナリ(炭焼党)

七年戦争

Siebenjähriger Krieg 1756～63

プロイセンとオーストリアの戦争およびこれと結びついた英仏間の植民地戦争を合わせた戦争の総称。シュレージエン奪回を目指したマリア・テレジア*は,プロイセンがイギリスと組んだことから長年の宿敵であったフランスと手を結んだが,その奪回はならなかった。1763年フベルトゥスベルクの和議が結ばれ,プロイセンによるシュレージエン領有が確認された。またイギリスは北アメリカでのフランスに対する優位を確保した。
♦オーストリア継承戦争,外交革命,パリ条約(1763),フレンチ・ア

ンド・インディアン戦争

疾風怒濤
(シュトルム゠ウント゠ドランク
Sturm und Drang)

1760年代半ばから80年代末にかけてドイツに起こった文学運動。同時代のクリンガーの同名戯曲が運動全体を指す用語になった。そのモチーフは個人の自己経験・解放にあり，感情・感覚・自発性が強調される一方で，合理主義は機械的で人間を束縛するものとして否定された。ハーマン，ヘルダーに始まり，若きゲーテ*とシラーに受け継がれて興隆を見たが，非合理的傾向が強まり急速に衰えた。

▶『若きヴェルテルの悩み』

『失楽園』
Paradise Lost

失明の身にあったミルトン*が口述筆記した一大叙事詩。1667年発表。サタンに誘惑され，エデンの園から追放されるアダムとイヴの物語を題材に，「荘厳体」と呼ばれる無韻詩を駆使した堂々たる文体でもって，全12巻に及ぶ人間の罪と神の救済のドラマが展開されている。「永遠の摂理を説き，神の道の正しさを人々に示す」という冒頭の宣言にあるように，明確な神学的意図をもって書かれたピューリタン*詩人の信仰告白の書である。

ジード
Gide, André-Paul-Guillaume
1869〜1951

フランスの小説家，批評家。厳格なピューリタンとして育てられたジードのテーマは，伝統的価値やプロテスタントの規範への順応と反逆，青春の愛や懐疑，肉体と霊魂，ヒューマニズムなどであった。代表作は，『背徳者』(1902)，『狭き門』(1909)，『日記』(1939) など。また，社会問題や文明への関心からソ連に期待を寄せ，共産党に接近して，反ファシズム知識人監視委員会にも参加したが，『ソヴィエト紀行』(1936) でスターリン*支配下のソ連への幻滅を表明して，大きな反響を呼んだ。

ジノーヴィエフ
Zinoviev, Grigory Yevseyevich
1883〜1936

ソ連の革命家，政治家。1901年ロシア社会民主労働党*入党，十月革命の武装蜂起に反対。共産党政治局員など歴任。スターリン*と共にトロツキー*に対立したが，25年にはトロツキーらと合同反対派を組織，一国社会主義論*を批判してスターリンと党内闘争を展開。26年に要職罷免，27年には党除名（翌年復党）。冤罪で逮捕・銃殺された。88年名誉回復。

▶カーメネフ，キーロフ，粛清（ソ連）

シベリア鉄道
Trans-Siberian Railway

モスクワからシベリアを横断して極東ウラジオストクに至る鉄道。1891年起工, 1904年にハルビン経由の東清鉄道につないで貫通し, 16年にはハバロフスク経由の本線が完成。鉄道建設を推進したのはウィッテ*で, 列強の極東進出への対抗という政治的, 戦略的動機に加えて, 工業化政策によるシベリア開発を目的に建設が進められた。日露戦争時には兵員・武器輸送で大きな働きをした。

社会革命党（エスエル）
Socialist Revolutionaries

1901年創立のロシアの社会主義政党。ナロードニキ*の伝統を引き, 基本要求は専制廃止, 民主共和制, 民族自決と連邦制による民族問題解決, 土地社会化など。支持基盤は農民にあり, 合法活動からテロルに至る多様な闘争手法を活用。二月革命後メンシェヴィキとともにソヴェトで優位を占めて臨時政府に参加, 戦争継続をめぐり党内の左右対立が激化して十月革命時に分裂。左派はボリシェヴィキと共同したがまもなく下野, 弾圧を受けた。
♦ チェルノーフ, ロシア革命

社会契約説
Theory of Social Cotract [英]
Théorie de contract social [仏]

政治社会の成立を自由・平等な個人間の契約に求めて政治権力の正統性を説く, 17～18世紀のイギリスやフランスでみられた政治理論。人間の自然状態を想定して, 各人に自己保存の自然権を認め, 諸個人相互, あるいは主権者と個人との間の契約に基づいて政治社会＝国家が形成されると説いた。代表的論者は, イギリスのホッブズ*（『リヴァイアサン』[1651]), ロック*（『統治論二編（市民政府二論)』*[1688]), ルソー*（『社会契約論』[1762])。
♦ "万人の万人に対する闘争"

社会主義者鎮圧法
Sozialistengesetz　1878～90

社会主義者の活動を取り締まるための時限立法。社会主義者を「帝国の敵」と見ていたビスマルク*は, 皇帝ヴィルヘルム1世*の狙撃を社会主義者の仕業として法案成立を強行した。同法により, 社会主義的な団体・集会・出版物が禁止され, 社会主義的政党・労働組合が打撃を受けた。しかしこのことは, 逆に労働者の連帯を強める結果になり, 所期の目的が達せられないまま1890年に失効, ビスマルクは退陣した。
♦ 社会民主党（ドイツ）, 文化闘争

社会民主党（ドイツ）
Sozialdemokratische Partei Deutschlands（SPD）　1875～現在

1875年に結成された社会主義労働

者党が社会主義者鎮圧法下でもその結束を維持し、90年に現在の党名に改称、マルクス主義政党の性格を鮮明にした。第一次世界大戦前には党員100万人を数え、帝国議会の第1党となった。大戦後はヴァイマル共和国*擁護政党の役割を担い、戦後の旧西ドイツでは1959年にゴーデスベルク綱領を採択してマルクス主義と決別、国民政党へと転換した。
♦エルフルト綱領、社会主義者鎮圧法、修正主義論争、ベーベル

ジャクソン
Jackson, Andrew　1767〜1845

アメリカ合衆国第7代大統領（在任：1829〜37）。連邦下院議員、上院議員、テネシー州最高裁判所判事を歴任し、米英戦争*（1812年戦争）で国民的英雄となり、1828年選挙で大統領に当選した。党人任用制と官職交代制を導入して政治に新風を吹き込み、33年妥協関税法を成立させて保護関税から自由貿易への政策転換を指導した。南部のチェロキー一族を強制移住させ、黒人奴隷制*を拡大し強化した。
♦インディアン強制移住法

ジャコバン派
Jacobins

フランス革命*期のジャコバン・クラブに属する会員。狭義ではモンターニュ派*。三部会召集前後に結成されたブルトン・クラブを母体にし、議会のパリ移転後、ジャコバン修道院に本部を置く「憲法友の会」が結成され、92年「ジャコバン・クラブ」と改称した。ジャコバン・クラブは全国の政治クラブを指導して革命の展開に大きな影響を与えたが、その主導権は、三頭派、ジロンド派*、モンターニュ派と推移し、それとともに性格も変化していく。
♦バルナーヴ

写実主義（リアリズム）
realism [英]　réalisme [仏]
Realismus [独]

19世紀半ばのフランスを中心とする文芸思潮。近代産業社会成立に伴う社会変動を背景に、ロマン主義*に異議をとなえ、社会の現実をありのままに再現することを提唱した。スタンダール*、バルザックを先駆者とし、フロベールの『ボヴァリー夫人』(1857)によって確立された。他に、イギリスのディケンズ、サッカリー、ドイツのヘッベル、ロシアのツルゲーネフ*、ドストエフスキー*、トルストイ*、美術ではクールベ、ドーミエらがいる。

宗教改革
Reformation [英、独]　Réforme [仏]

16世紀に生じたヨーロッパ規模での宗教的・政治的変革運動。これによりキリスト教は、プロテスタントとカトリックへの分裂が生じ、そこ

から展開した政治的革新は、近代の始まりを告げるものとなった。1517年ドイツのルター*が「95カ条の提題」*を発表して教会の贖宥状*販売を批判したことに始まる。その教義の核心は、教会の権威を否定し、聖書に信仰の拠りどころを求める福音主義にあった。神聖ローマ帝国の領邦君主にそれぞれ支持されて両宗派が対立、宗教戦争へと発展した。ルターの教義はスイスにカルヴァン派、再洗礼派などの宗派を形成し、さらにフランス、オランダ、イギリスへと広まっていった。

♦ アウクスブルク宗教和議、エラスムス、カルヴァン、サヴォナローラ、サン・ピエトロ大聖堂、シュマルカルデン同盟、トリエント(トレント)公会議、反(対抗)宗教改革、フス、ルネサンス

13植民地
Original Thirteen Colonies

アメリカ独立革命*までに成立した、イギリス領北アメリカ植民地。1607年のヴァージニア*建設に始まり1732年のジョージア建設に終わる。当初は特許状会社、領主、自治の各植民地に分かれていたが、18世紀には多くが王領化された。これらの植民地はほぼ3つの地域に分かれ、ニューイングランドでは商工業が、南部では黒人奴隷制プランテーション*が栄え、中部は多様な形態として発展した。

♦ ワシントン

重商主義
mercantilism [英] mercantilisme [仏]

絶対主義*時代の国家による保護的経済政策とその理論。通常、重金主義、取引差額主義、貿易差額主義に区分される。重金主義は貨幣や地金を統制して、外国からの流入を促進し、国内からの流出を防止することを主張し、取引差額主義は個々の貿易で、貿易差額主義は国全体の貿易で、輸出を促進し、輸入を抑制することによって貨幣を蓄積することを主張した。植民地拡張政策とも結びついて、16世紀から18世紀のイギリス、オランダ、フランスなどで典型的に推進される。なお、重商主義を絶対王政期と市民革命以後(イギリスなど)とを区別して、前者を絶対主義的重商主義、後者を議会主義的重商主義ともいう。

♦ コルベール、自由貿易主義、『諸国民の富』、『ロビンソン=クルーソー』

修正主義論争
Revisionismus

19世紀末から20世紀初頭にかけて、ドイツ社会民主党*内に生じた社会主義の実現をめぐる路線論争。党の公式理論としてカウツキーの革命理論、すなわちマルクス主義に立脚した労働者の窮乏化、革命の必然性が

唱えられていたが，これに対しE・ベルンシュタインが，社会主義の実現は議会活動による漸進的方法によっても可能であることを主張し，カウツキーらの党主流派からは修正主義と呼ばれた。
◆エルフルト綱領，第二インターナショナル，ルクセンブルク

自由党（イギリス）
Liberal Party

イギリスの政党。ホイッグ党＊の後身。フランス革命＊を契機に自由主義的な改革党としての性格を強め，ブルジョワ急進主義を取り込んで1832年の議会改革を実現させた。この頃から自由党の名を用い始め，内政・外交の両面において自由主義改革を推進，自由主義を国是の域にまで高めた。86年アイルランド自治問題をめぐってチェンバレン（ジョセフ）＊ら急進派が離脱し，分裂。以後は党勢を失い，保守党＊，労働党＊に次ぐ第三党に転落した。
◆アイルランド問題，グラッドストン

重農主義
physiocracy［英］ physiocratie［仏］

18世紀後半のフランスにあらわれた社会経済思想。国家・社会の富の源泉を農業生産に求めて，流通を重視する重商主義＊を批判し，経済活動の自由放任（レッセ・フェール）を説いた。重農主義政策は，1770年代にテュルゴー＊によって一部実施されたが，挫折した。代表的人物はケネー＊，ミラボー侯，テュルゴー。その経済理論は，工業生産を軽視するなどの問題もあるが，古典派経済学の発展に大きな影響を与えた。
◆『経済表』

自由貿易主義
doctrine of free trade

外国貿易に対する規制や保護奨励などの国家干渉を排し，民間の自由に任せるべきであるとする貿易論。重商主義＊に対する批判として，スミス＊やリカード＊ら古典派経済学者によって提唱され，19世紀イギリス経済政策の基調となる。工業生産力において圧倒的な優位に立つイギリスの利害を保証するイデオロギーとして機能し，工業国イギリスとその原料・食糧供給地，商品市場からなる国際的な分業体制の形成を促した。

十四カ条の平和原則
Fourteen Points　1918.1.8

第一次世界大戦＊末期にアメリカ大統領ウィルソン＊が発表した戦後処理の原則。民族自決，無併合・無賠償，勝利なき平和を基本原則とし，公開外交による平和条約の締結，海洋の自由，平等な通商条件の確立，軍備制限など平和の維持を主張し，国際連盟＊の結成を提案している。

この宣言は1919年のヴェルサイユ条約*の基本的枠組みとなったが，国際連盟の成立以外は忠実には実現されなかった。

自由・労働主義
Lib-Lab

イギリスでの選挙戦および議会における自由党*と労働者の連携関係。1867年第二次選挙法改正*で熟練労働者に選挙権が与えられたことを背景に，労働者の代表（主に労働組合の指導者）を自由党員として出馬させ，74年2名の鉱夫を当選させた。85年には11名まで増加するが，次第に自由党追従路線への批判が高まり，労働者階級の政治的自立が叫ばれるようになった。1906年労働党*の誕生によって関係解消。

粛清（ソ連）
Purge（Great）

1930年代後半にソ連でスターリン*の行った共産党幹部，軍人，知識人，大衆に対する大規模テロル。元来，「粛清」の語は共産党員にふさわしくない者の除名を指し，テロルとは無縁の概念であったことから，粛清にかえて大テロルと呼ぶ場合もある。キーロフ*暗殺後スターリンは粛清にのりだし，カーメネフ*，ジノーヴィエフ*らの処刑を皮切りに大テロルをくりひろげ，外国人も含めて犠牲者は数百万にのぼると見られている。

♦スターリン批判，トゥハチェフスキー，ブハーリン

シュタイン
Stein,（Heinrich Friedrich）Karl Reichsfreiherr vom und zum 1757〜1831

プロイセンの政治家。ナッサウの帝国騎士の家に生まれ，1770年プロイセン官吏，1804〜07年同国商工業担当大臣となるが，その絶対主義への批判的な態度から一度は罷免。ティルジットの和約後，07年秋再登用され，1年余り首相を務めた。その間，十月勅令による農民解放，都市条例に基づく都市自治を推し進め，後のハルデンベルクに受け継がれていわゆるプロイセン改革の始まりをなした。

♦『ドイツ国民に告ぐ』，ハルデンベルク，プロイセン改革

シュターレンベルク
Starhemberg, Ernst Rüdiger, Fürst von 1899〜1956

オーストリアの政治家。ミュンヘン一揆*に参加したが，すぐにヒトラー*と決別。1930年祖国防衛のための準軍事団体，オーストリア防郷団の指導者となり，32年祖国戦線を形成した。ドルフース*暗殺事件後の34年に副首相，祖国戦線の総指揮者となってドイツとの併合阻止に力を注いだ。しかし首相シュシュニックと衝突，併合後に亡命し，戦後オ

ーストリアに戻った。
♦オーストリア併合, 祖国戦線（オーストリア）

シュトレーゼマン
Stresemann, Gustav　1878〜1929

ドイツの政治家。第一次世界大戦前から保守派の政治家として活動し, 大戦時には強硬な領土併合論を唱えた。大戦後, 人民党を創設し党首となる。1923年大連合内閣の首相となりルール占領問題を解決するが, すぐさま辞職。以後, 歴代内閣の外相を務め（在任：1923〜29）, ドーズ案*の成立, ロカルノ条約*の締結, 国際連盟への加入に尽力し, ヴァイマル共和国*の安定化に貢献した。またソ連とはベルリン条約を結んで良好な関係を維持した。一方で秘密再軍備に加担するなどドイツの大国化を志向していた。なお, 26年フランスのブリアンとともにノーベル平和賞を受賞。

シューベルト
Schubert, Franz　1797〜1828

オーストリアの作曲家。ウィーンに生まれ, 11歳で宮廷の少年合唱隊員となる。20歳頃から作曲家としての活動をはじめ, 古典主義的な作曲原理からロマン主義的なものへと傾いた。歌曲を数多く残し, 特にゲーテの作品に題材をとったものが有名。生前は貧窮と病苦に苦しみ, 必ずしも恵まれなかった。代表作, 歌曲『美しき水車小屋の娘』『冬の旅』, 交響曲第八番『未完成』, 弦楽四重奏曲『死と乙女』など。

シュペングラー
Spengler, Oswald　1880〜1936

ミュンヘン大学での教職を経て, 自由著作家となったドイツの文化・歴史哲学者。第一次世界大戦*後に発表した主著『西洋の没落』（2巻本, 1918〜22）において古代・中世・近代といったありきたりの時代区分, 非西洋文化圏に対する軽視といった風潮に警鐘を鳴らした。その思想によれば文化とは「有機体」のように生成・発展・没落の過程をたどるものであり, 西洋は没落の段階にあるとされた。自らニーチェを先駆者としており, いわゆる「生の哲学」の流れを汲むもので, ロマン主義的世界観に彩られている。こうした諸特徴が戦争に疲弊した戦後社会の危機感と結びつき, 言論・思想界に大きな反響を呼んだ。
♦三時代区分法, 保守革命

シュマルカルデン同盟
Schmalkaldischer Bund　1530〜47

1530年末ドイツのプロテスタント帝国諸侯・帝国都市が, 皇帝カール5世*のプロテスタント弾圧政策に抗して中部ドイツのシュマルカルデンで結成した同盟。フランスおよびトルコとの戦争のために皇帝側はプ

ロテスタント側に一時的に譲歩していたが，その後両陣営の対立が深まり，46〜47年，シュマルカルデン戦争を引き起こした。同盟軍は内部分裂して敗北，完全に崩壊した。
◆宗教改革

シュミット
Schmitt, Carl　1888〜1985

ドイツの国法学者。カトリック家庭の生まれ。大学では法学を修め，ボン大学などで教授を歴任。ヴァイマル共和国*の政党制議会政治を否定し，第三帝国初期にはナチス支配を正当化したが，ナチ党とは必ずしも良好な関係を保ったわけではなかった。友・敵理論に基づく独自の国家観は，戦後も様々な立場から議論の対象となった。代表的著作に『政治的ロマン主義』(1919)，『政治的なものの概念』(1927) など。
◆保守革命

シュリーフェン
Schlieffen, Alfred Graf von　1833〜1913

ドイツ・プロイセンの軍人。プロイセン将軍の子として生まれ，1854年プロイセン軍に入隊，すぐさま参謀本部勤務となり，普墺戦争*・普仏戦争*に参加。その後軍事史編纂部長を経て参謀総長（在任：1891〜1905）を務め，この間にシュリーフェン計画*を立案した。1911年以後，陸軍元帥。第一次世界大戦*勃発時にはこの計画が修正の上実行に移されたが，それは本人がこの世を去った後のことであった。

シュリーフェン計画
Schlieffenplan

1905年，ドイツ陸軍参謀総長シュリーフェン*が対フランス・ロシアを想定して立案した作戦計画。ドイツが両国に挟撃されることになったときにはまず西部戦線に兵力を集中，これを撃破した後，東部戦線に当てることを作戦計画とした。短期決戦の二正面作戦として知られる。第一次世界大戦*開戦時にこの計画が修正・適用されたが，連合軍の頑強な抵抗とともに，ロシア軍の迅速な出動のために失敗した。
◆タンネンベルクの戦い，マルヌの戦い，モルトケ（甥）

シュレースヴィヒ゠ホルシュタイン問題

ユトランド半島の二つの公国シュレースヴィヒとホルシュタインは15世紀中葉以来，デンマーク王を共通の支配者とする同君連合の形態をとっていた。だが両公国のドイツ貴族がデンマークからの独立を要求する一方，デンマーク人の多いシュレースヴィヒをホルシュタインから切り離してデンマークに併合しようという運動もあった。この地はそれゆえデンマーク゠ドイツ間で様々な係争を産んだが，普墺戦争*の結果，

1867年，両公国ともプロイセンに併合された。
▶ ガシュタイン協定，キール条約，神聖ローマ帝国，フランス革命

『純粋理性批判』
Kritik der reinen Vernunft　1781
カント＊の主著。人間の認識能力すなわち純粋理性の限界を明らかにすることで哲学の体系を打ち立てようとした。認識の基準を従来のように客観（客体）に求めるのではなく，主観（主体）に求めたところにその革新がある（コペルニクス的転回）。人間が知覚しうるのは現象であり，それは直観の純粋形式（空間・時間）と悟性の形式（カテゴリー）に条件づけられるとされた（先験的観念論）。
▶ ドイツ観念論

蒸気機関
steam engine
蒸気の力を機械的仕事に変換させる原動機。シリンダー内のピストンを蒸気力で動かして動力を発生させる。1705年にニューコメンが考案した気圧式蒸気機関は熱効率が悪く，炭坑での揚水作業にしか利用できなかったが，分離型復水器を採用したワット＊の改良により効率は3～4倍に高められた。同じくワットの手でピストンの往復運動を車輪の回転運動に変える回転式蒸気機関が発明され，あらゆる機械の動力として利用される可能性が開かれた。
▶ 産業革命

蒸気機関車
steam locomotive
軌道上を走る蒸気機関車としては，1804年にトレヴィシックが開発したものが最初だが，経済性と安全性に難があり実用化には至っていない。スティーヴンソンがこれに改良を加え，14年石炭運搬用の実用機関車を発明，25年には彼のロコモーション号がストック・ダーリントン間を時速18kmで走破した。続くロケット号は，30年リヴァプール・マンチェスター間を最高時速46.7kmで走行し，本格的な鉄道時代を到来させた。

商業革命
Commercial Revolution
コロンブス＊のアメリカ発見＊とヴァスコ・ダ・ガマ＊のインド航路開拓＊を契機として，アジア・アフリカ・アメリカを含む世界規模の貿易に構造転換したこと，およびその社会的影響の総称。イタリア諸都市の没落，スペイン・ポルトガルの台頭，非ヨーロッパ世界からの砂糖・茶・綿織物などの流入，奴隷貿易＊の本格化などを伴いつつ，ヨーロッパによる非ヨーロッパ世界の植民地化という形で世界が一体化していった。
▶ 価格革命

小ドイツ主義
kleindeutsch

19世紀におけるドイツの統一方式に関する見解のひとつで、ドイツの統一をオーストリア内の非ドイツ人を排除し、プロイセン主導で行おうとする立場を表す。1848年の三月革命時にあらわれ、オーストリアの反対により妨げられ、オーストリア全体を排除する立場に立つに至る。主に北部ドイツのプロテスタント自由主義者に支持された。三月革命の挫折により一旦その主張は挫かれたが、後にこの見地に沿った方向でビスマルク*によりドイツ帝国*が創建された。

◆北ドイツ連邦、大ドイツ主義、ドイツ連邦

城内平和
Burgfriede

国家・国民の非常事態に対し、各政党が申し合わせて政治的対立を取り下げたような政治状況を指すドイツ語の政治用語。1914年ヴィルヘルム2世*が、第一次世界大戦*に国家・国民の総力を結集させるため、各政党が議会での党争を止めるよう提案したのが始まり。しかしその場内平和は17年、社会民主党が戦争継続に反対し、同党が分裂することで破られた。元来は中世において城壁内での私闘の禁止を意味した言葉。

◆スパルタクス団

贖宥状（免罪符）
Ablaßbrief

罪を犯した信者に対してその罰を軽減することを証した教会の発行した証書。教会にはキリストや聖者の功績が財として蓄えられており、教会に対して献金を積むなど特に功績のある者にはそれが分与されて現世の罰が帳消しにされると考えられていた。信者の功績を証する贖宥状の販売は、教皇庁の財政をまかなう手段として利用され、教皇レオ10世の時代に大規模化し、このことがルターに批判されるところとなった。

◆95カ条の提題、サン・ピエトロ大聖堂、ルター

『諸国民の富』
An Inquiry into the Nature and Causes of the Wealth of Nations

1776年に出版されたスミス（アダム）*の主著。『国富論』とも訳す。富を貨幣とみなしてその蓄積を追求した当時の重商主義*政策を批判し、生活必需品や便益品などの労働生産物にこそ富の本質がある（労働価値説）として、富概念を劇的に転回させた。その富の源泉である労働生産力を向上させるためには自由競争が不可欠であると説き、自由主義経済の理論的基礎を築いた。

ジョット
Giotto di Bondone 1267頃～1337

イタリアの画家。フィレンツェ*

近郊の出身。チマブーエの弟子。「ジョットはチマブーエの名声を凌駕した」とダンテ*が『神曲』*で絶賛する通り，その劇的な写実表現はルネサンス*絵画の先駆をなす。パドヴァのスクロヴェーニ礼拝堂，フィレンツェのサンタ・クローチェ聖堂，アッシジのサン・フランチェスコ聖堂にフレスコ画連作を残す。代表作は「小鳥に説教する聖フランチェスコ」。

ジョベルティ

Gioberti, Vincenzo 1801〜52

イタリアの政治家，思想家。トリノ出身。サルデーニャ王カルロ・アルベルトに仕えたが追放され，亡命先で著作に専念。『イタリア人の道徳的・文化的優越』(1843)を著し，イタリア統一の方式としてローマ教皇を中心とするイタリア君主連合を主張。穏健な平和的方式として貴族や教会の支持を得る。マッツィーニ*の革命的共和的統一方式に対置されるが，いずれも非現実的だった。
♦ピウス9世，リソルジメント

ジョレス

Jaurès, Jean-Joseph-Marie-Auguste 1859〜1914

フランスの社会主義者，歴史家。高等師範学校で哲学を学び，大学などで哲学を教えていたが，やがて政界に進出。当初穏健な共和主義者だったが，社会主義に接近して，『ユマニテ』の創刊(1904)や統一社会党の結成(1905)に尽力し，その指導者となった。議会を通じた改革の積み重ねによる社会主義の実現を説く一方，戦争の危機を前にして反戦平和を強く主張したため，第一次世界大戦*開戦直前の1914年7月31日に排外主義者によって暗殺された。大著『社会主義的フランス革命史』(1901〜08)はフランス革命*の社会経済的研究の先駆として知られている。

ジロンド派

Girondins

フランス革命*期の立法議会左派，国民公会の右派を占めた党派。銀行家や商人の利益を代表するブルジョワ共和派。指導者にジロンド県出身の議員が多かったのでこう呼ばれる。国王ルイ16世の反革命的行動を暴露して開戦を主張し，1792年3月ジロンド派内閣を組織すると，対オーストリア戦争を始めた。国民公会でも多数派を形成したが，戦争政策に失敗，深刻化する経済・社会的危機にも有効に対処できず，パリ民衆の蜂起が起こって，93年6月2日指導部は国民公会から追放された。
♦ジャコバン派

新インド統治法（改正インド統治法）

Government of India Act

1935年公布。19年のインド統治法

で、各州に一定の責任自治制度が導入されたが、同年施行されたローラット法で弾圧が強化されたため、反英抵抗運動が本格化。これに譲歩する形で法改正が実施され、本法が成立した。本法により地方での責任政治はほぼ達成されたが、防衛・財政・外交に関する権限は依然としてインド総督が握っており、インド支配の状況を決定的に変えるものではなかった。

親衛隊（SS）
Schutzstaffel

1925年にヒトラー*および党幹部の身辺警護を目的として組織された別働隊から発展したナチ党の準軍事的組織。エリート的性格が強い。29年ヒムラーがその全国指導者となって組織を拡大、レーム事件後に突撃隊*が凋落してその地位を不動のものとした。36年ヒムラーが全国警察長官になると、国家秘密警察（ゲシュタポ）を管轄下に置き、占領地の監視・強制収容所の管理・運営などを行ってナチ党による暴力支配の中核となった。

新型軍
New Model Army

イギリス・ピューリタン革命*中に編成された議会軍。内戦当初の議会軍は、各州ごとに編成された民兵隊の連合で、閉鎖的な地域意識が強く、革命の達成という戦闘目的に対する自覚を欠いていた。1645年議会はクロムウェル*の鉄騎隊をモデルに軍を再編成して指揮系統を一元化し、ポケット版聖書の携帯や従軍牧師を通じて、「信仰の敵」である国王軍を打倒し「神の大義」のために戦うという宗教的使命感を兵士の間に育み、軍律と志気を向上させた。

進化論
Evolution Theory

生物進化の観念は19世紀初頭フランスの生物学者ラマルクによってすでに提唱されていたが、イギリスの生物学者ダーウィンは『種の起源』(1859)のなかで進化の要因を自然淘汰（自然による選択作用）の概念で説明し、進化を真に科学の問題として確立した。彼の学説は、人間が神により他の動物とは異なる特別の位置を与えられたとする旧来のキリスト教的人間観を揺さぶり、各方面で多大な反響（特に宗教界からの批判）を呼ぶとともに、自然淘汰の原理を人間社会に適用した社会進化論を生みだした。ただし、ダーウィン進化論の核心である自然淘汰説は、当時は劣者排除のメカニズムとして受け入れられたにすぎず、その原理が正しく理解されるのは1930年代になってからである。

『神曲』
Divina commedia

ダンテ*の詩。1309〜20年頃執筆。

1300年に35歳のダンテが地獄・煉獄・天国を約一週間かけて遍歴するという設定の冥界紀行。地獄と煉獄ではローマ詩人ヴェルギリウスが道案内をし、天国ではベアトリーチェに導かれて神と出会う。三韻句法を用い、地獄篇・煉獄篇・天国篇の三大歌はそれぞれ33歌で構成。ダンテ自身は作品を「コンメーディア」と呼び、ボッカッチョ*が「ディヴィーナ（神の）」と形容。『神曲』の邦題は森鷗外の『即興詩人』による。
♦ジョット，『デカメロン』

新経済政策（ネップ）
New economic policy (NEP)

1921年以降ソ連で採用された経済政策。戦時共産主義*への農民・労働者の反発を解消して疲弊・混乱した経済を再建し、その基盤の上に社会主義への移行を目指した混合経済政策。主内容は農村における現物税制導入、市場や多様な所有形態の活用で、外国への利権供与、ルーブルの兌換紙幣化も行われた。27年末の穀物調達危機を契機にネップは放棄され、第一次五カ年計画による計画経済化が進行した。
♦一国社会主義論，五カ年計画（ソ連），レーニン

人権宣言（フランス）
Déclaration des droits de l'homme et du citoyen

フランスの憲法制定国民議会が1789年8月26日に採択した「人間と市民の権利宣言」。自然法思想に基づいて、人間は自由かつ平等であると宣言し（1条）、自由・所有・安全・圧制への抵抗を自然的権利として掲げ、諸自由、国民主権（3条）、所有権の不可侵（17条）を規定した。人間の普遍的権利を確認し、近代社会の基本的原理を示しており、アンシャン・レジーム*の死亡証書ともいわれる。近代社会の形成に大きな影響を与え、その精神は世界人権宣言（1948）にも継承されている。

審査法
Test Act

1673年イギリスで制定された、官職に就くものを国教徒に限定した法律。すべての官職保持者に対し、国王に忠誠を誓い、国王の至上権を承認し、国教会の儀式に従って聖餐を受けることを義務づけた。チャールズ2世*の親カトリック政策に対抗するべく制定されたものであるが、61年の自治体法と相まって、非国教徒とカトリック教徒はあらゆる中央・地方の官職から追放され、国教徒の政治支配体制が強化された。1828年廃止。
♦『クラレンドン法典』

新時代（ノイエ・エーラ）
Neue Ära

1850年代末から60年代初頭のプロイセンにおける自由主義的な一時代。

反動的な国王フリードリヒ=ヴィルヘルム4世の摂政に王弟ヴィルヘルムが就くことで訪れた。産業革命の進展を背景に自由主義穏健派がプロイセン議会で躍進を見せ，経済的・国家的政策が自由主義的方向に刷新されるように思われた。しかし軍制改革をめぐり議会と国王・政府が対立することで潰えてしまった。

♦ ヴィルヘルム1世，ドイツ進歩党，ビスマルク，プロイセン憲法紛争

人身保護法
Habeas Corpus Act

恣意的逮捕からの保護を目的に，1679年イギリスで制定された法律。他人を拘禁している者に対し，被拘禁者の身柄を裁判所に提出することを命じ，拘禁理由が不当と判断されれば釈放される。habeas corpus とは，「身柄を提出せよ」の意。1715年と45年のジャコバイト反乱時や，94年から1801年までの対仏戦争期など，国家の非常事態の際には本法の適用が一時的に停止されることがある。

神聖同盟
Holly Alliance

ナポレオン1世*の帝国の解体後，ロシア皇帝アレクサンドル1世の提唱で1815年9月に締結されたオーストリア，プロイセン，ロシアの同盟。その後イギリス国王，ローマ教皇，トルコ皇帝を除くヨーロッパの全君主が参加。目的は，キリスト教的「神の平和」理想に基づくヨーロッパ新国際秩序の実現にあった。神聖同盟は博愛主義的宣言の域を出なかったが，四国同盟とともにウィーン体制の支柱となり，「ヨーロッパの協調」*の反自由主義的スローガンに利用された。

♦ ウィーン会議，四国（五国）同盟，正統主義

神聖ローマ帝国
Heiliges Römisches Reich deutscher Nation

中世より1806年までのドイツ国家の呼称。962年ドイツ王オットー1世がローマ教会から帝冠を授かったことにより，ドイツ王と普遍的なローマ帝権の結びつきが始まった。15世紀まで戴冠式はローマで行われた。帝権と教権の結びつきは11世紀の聖職叙任権闘争後に弛緩し，封建諸侯が分立する条件となった。1356年の「金印勅書」により皇帝選挙制度が確立し，1438年以降はハプスブルク家*出身者が帝位を継承した。1648年のウェストファリア条約*以降，領邦諸侯の自立が強まり，皇帝は名目上の存在にすぎなくなる。対ナポレオン戦争に敗北し，1806年皇帝フランツ2世が退位して終焉した。

♦ カール5世，シュレースヴィヒ=ホルシュタイン問題，領邦教会制，領邦国家

シン＝フェイン党
Sinn Fein

1905年に結成されたアイルランドの民族主義政党。イギリス議会への議員派遣を拒否し，民族自立のために「われわれ自身（シン＝フェイン）」の議会の開設を目標とする。当初は穏健派であったが，イースター蜂起*後に義勇軍ら共和派を吸収して急進化した。2年半に及ぶ独立戦争を指導し，21年北アイルランドを残してアイルランド自由国*を成立させたが，全島の完全独立を求める勢力と分裂し，内戦に突入した。
◆アイルランド問題

人文主義（ヒューマニズム）
Humanism

ルネサンス*期における古代ギリシア・ローマ文化の復興に伴う人間中心主義の思想。「人文主義の祖」と言われるペトラルカ*は，古典研究を通して中世の硬直化したスコラ学を批判し，「フマニタス（人間性）」を中心にすえた「ストゥディア・フマニタティス（人文学研究）」を訴え，ピーコ・デッラ・ミランドラ*はこれをさらに発展させ，『人間の尊厳について』で，人間は「自由意志」によって自分の運命を自由に選ぶことのできる存在と主張した。これこそルネサンス的人文主義的人間観の宣言である。イタリア以外では人文主義と宗教改革*が結びついたが，エラスムス*とルター*を分かつ点は「自由意志」の肯定と否定である。
◆サルターティ，三時代区分法

人民協約
Agreement of the People

1647年，イギリスのピューリタン革命*中に平等派*が発表した政治綱領。革命を称えた短い前文と，人口比による選挙区の再配分，成年男子の普通選挙権*など人民主権に立った国制改革を要求した4項目の本文，信仰の自由，徴兵拒否の自由，法の前の平等など人民の基本的権利を主張した5項目の留保条項からなる。人民の権利をイギリス固有の歴史的権利としてではなく，普遍的な自然法に基づいて主張した。

人民憲章
People's Charter

指導者の一人ラヴェットによって起草され，1838年に公表されたチャーティスト運動*の要求綱領。成年男子普通選挙，秘密投票，議会の毎年改選，議員の財産資格の撤廃，議員への歳費支給，平等な選挙区の6項目を掲げる。中世封建貴族の既得権を擁護するための大憲章（マグナ・カルタ）と対比して人民の憲章と呼ばれ，多様な社会的背景をもち，思想的にも一枚岩ではなかった運動参加者たちを統合する旗印として機能した。

人民戦線（スペイン）
Frente popular

ファシズムに対抗する労働者中心の政治運動。フランスの人民戦線*に刺激をうけ，1936年1月，共和主義者と社会党穏健派がイニシアティブをとり，共産党からアナーキストまで包含して結成。2月の総選挙に勝利し，アサーニャを首班とする人民戦線内閣（1936～39）を成立させるが，早くも7月にはフランコ*ら軍部がスペイン領モロッコで蜂起し，スペイン内乱（1936～39）に突入する。39年，敗北し，フランコ独裁が始まる。

♦ コミンテルン（第三インターナショナル）

人民戦線（フランス）
Front populaire

反ファシズム・反恐慌の左翼連合。1934年2月6日パリで極右団体を中心とする騒擾事件が起こると，左翼諸勢力はこれをファシズムの脅威とみなして反撃に転じ，35年7月14日社会党，共産党，急進社会党などの左翼諸勢力が結集して人民戦線を結成。36年5月の総選挙で勝利を収め，ブルム*内閣を組織して諸改革（「ブルムの実験」）に取り組んだが，保守勢力の巻き返しや与党内の対立が表面化して37年6月に退陣。38年4月第二次ブルム内閣が終わるとともに人民戦線は崩壊した。

♦ コミンテルン（第三インターナショナル），人民戦線（スペイン），火の十字団

"人民の，人民による，人民のための政治"
government of the people, by the people, for the people

南北戦争*中の1863年11月19日，最大の激戦地であったペンシルヴェニア州ゲティスバーグにおける国有墓地の戦没者の慰霊の式典で，リンカーン*大統領が行った演説の有名な一節。アメリカ民主主義を象徴するとされる。しかし当時，演説そのものは一般には感銘を与えるものとしては受け取られず，むしろ後世になってその意義が改めて評価されることになった。

水晶の夜
(Reichs) Kristallnacht / Reichspogromnacht

1938年11月9日の夜，ゲッベルス*の主導下，ナチ党員により敢行されたユダヤ人迫害事件。同月7日駐仏ドイツ大使が暗殺され，ユダヤ人青年に嫌疑がかけられたことが発端となった。ドイツ全土でシナゴーグ（ユダヤ教の会堂）やユダヤ人商店が焼き討ちされ，多数の死傷者が出た。3万人近いユダヤ人逮捕者が強制収容所*に送られ，ユダヤ人迫害はホロコースト*へとつながる新たな段階に入ることになった。

♦ アウシュヴィッツ，ヴァンゼー会

議

『随想録』
Essais

フランス・ルネサンスを代表する思想家モンテーニュ*の随想集。1572年頃から書き始められ、80年に出版、88年に改訂増補された。3巻計107章からなり、人間の性質や行動、事件や事象など様々なテーマを取り上げ、懐疑と不可知論を底流にしつつも、人間の生活や精神を鋭く観察し、矛盾も指摘している。モラリスト文学の基礎をつくった。

水力紡績機
water frame

1769年にアークライト*が発明（別人説もあり）。ハーグリーヴズ*のジェニー紡績機の糸は切れやすく、横糸用の糸しか作れなかったのに対して、縦糸にも使用しうる太く丈夫な糸を紡ぐことができる画期的な機械で、国産綿布の質を大いに向上させた。従来の動力である馬に代えて、初めて水力を利用したため、この名が付けられた。85年にアークライトの特許が無効とされて以降は急速に普及し、工場制大量生産の発展を促した。
♦産業革命

スウェーデンの独立（1523）

デンマークの王女マルグレーテ（1353～1412）によって1397年にカルマル連合が成立し、北欧三国がデンマークを中心とする同君連合のもとに統一された。それに対しスウェーデンでは、1430年代から、独立運動が活発になり、1523年には、グスタフ1世が反乱軍を率いて独立に成功し、国王に選出され、ヴァーサ朝（1523～1654）を開いた。以降、ルター派の採用、国王世襲制の確立などを精力的に行い、近代スウェーデンの基礎が築かれた。

スウェーデン・ポーランド戦争（1655～60）

スウェーデン王のカール10世はバルト海南岸にスウェーデン領を拡大しようとして、ブランデンブルク選帝侯と同盟し、ポーランドに宣戦、ワルシャワで大勝した。ところがデンマーク・ロシア・神聖ローマ皇帝がスウェーデンに宣戦し、スウェーデンは一時窮地に陥るが、最終的に勝利した。1660～61年に結ばれた諸条約で、スカンディナヴィア半島南端に至るまでスウェーデン領となり、バルト海帝国*の領土拡大は頂点に達した。

スエズ運河
Suez Canal

地中海と紅海を結ぶ全長162.5kmの運河。フランスの外交官レセップスの発案に基づき、1858年工事が開始され、69年開通。ヨーロッパ‐アジア間の距離は大幅に短縮され、

距離日数は3分の1となった。イギリスは、75年運河株を買収し、82年運河一帯を軍事占領して運河を支配,利用船数の4分の3以上がイギリス船で占められた。運河の開通は、海運大国イギリスの地位を強化し、アジア諸国に対する植民地支配のかなめとなった。

スターリン
Stalin, Josepf Vissarionovich
1878～1953

ソ連の革命家,政治家。グルジアの靴屋の子,神学校在学中に社会主義組織に加入,ロシア社会民主労働党*入党。レーニン*と共に十月革命を指導し,民族問題人民委員,党書記長（在任：1922～53）等を歴任。20年代に一国社会主義を唱えてトロツキー*を追い落とし,五カ年計画*による工業化や農業集団化*を強行,粛清*で多数の犠牲者を出した。首相（在任：1941～53）として第二次世界大戦を指導,開戦直前の対独姿勢は多大の戦争犠牲者をもたらした。戦後は東欧に勢力圏を築いて支配強化。死後,ソ連共産党第20回党大会でスターリン批判*がなされた。

♦一国社会主義論,カーメネフ,キーロフ,ジノーヴィエフ,スターリン憲法,テヘラン会議,トゥハチェフスキー,ブハーリン,ヤルタ会談

スターリングラードの戦い
Siege of Stalingrad

第二次世界大戦*中の1942年7月17日～翌2月2日に独ソ間で戦われた攻防戦。ドイツが戦略上の要衝として攻略をめざしたスターリングラード（ヴォルゴグラード）の防衛戦で,アメリカの物的支援を受けたソ連軍が同市を死守,11月には攻勢に転じてドイツ軍部隊をせん滅した。この戦いでのソ連軍の勝利は、第二次世界大戦でのドイツ敗北への分岐点として政治的軍事的に国際的意義を有した。

スターリン憲法
The Stalin constitution

1936年12月5日に第8回ソヴェト大会で採択されたソ連邦憲法の通称,77年まで効力を有した。社会主義的経済制度,生産手段の社会主義的所有を基礎とする労働者・農民の社会主義国家としてソ連邦を規定し,選挙制度民主化,自由権規定などブルジョワ諸国に優越する「世界でもっとも民主主義的な憲法」と自賛された。この憲法の制定は、一党制の憲法的確認を含むなどスターリン*体制確立と一体のものでもあった。

♦ソヴェト社会主義共和国連邦

スターリン批判

スターリン*死後、1956年のソ連共産党第20回党大会に端を発する,共産主義運動・政策・体制のスター

リン的あり方への党内外からの批判。大会中のフルシチョフ秘密報告では、スターリンによる粛清*・大量抑圧、個人崇拝と独裁、独ソ戦での失態などを批判。フルシチョフ報告の内容は限定的だが、影響は甚大で、ポーランド改革派政権成立やハンガリー事件の契機となった。61年の第22回大会でも批判は継続された。
◆コミンフォルム（共産党・労働者党情報局）、ハンガリー革命

スタンダール
Stendhal　1783~1842

本名マリー゠アンリ・ベール Marie-Henri Beyel。フランスの写実主義*文学の先駆者。グルノーブルのブルジョワ家庭に生まれて、早くから啓蒙思想*の影響を受け、ナポレオン時代には軍人や役人としてヨーロッパ各地に滞在した。1814年の帝政崩壊後本格的な文筆活動に入り、代表作『赤と黒』（1830）、『パルムの僧院』（1839）などを著した。心理分析にすぐれるとともに、鋭い社会・政治批判を行っている。

ステュアート王朝
Stuarts

1603年から1714年まで6代続いたイギリスの王朝。1371年からスコットランドの王朝（Stewartsとつづる）であったが、テューダー王朝*の断絶に伴い、ジェームズ6世がジェームズ1世*としてイギリス国王に即位、両国は同じ国王によって統治される同君連合を形成した。同王朝の治世は「17世紀の全般的危機」の時代と重なっており、経済不況や凶作、疫病の流行に悩まされ、2度の革命を経験するなど、激動の時代であった。

ストウ夫人
Stowe, Harriet Elizabeth Beecher　1811~96

アメリカの女流小説家。1850年の逃亡奴隷取締法制定に刺激されて、キリスト教的人道主義の立場から『アンクル゠トムの小屋』*（1852）を書き、奴隷制反対の感情を全米的に盛り上げて南北戦争*の気運を促進した。53年には批判者への反論『アンクル゠トムの小屋への手引き』、56年には第二の反奴隷制小説『ドレッド――大湿地帯の物語』を発表。その他にも多くの作品を書いた。
◆黒人奴隷制（アメリカ）

ストラフォード
Strafford, Thomas Wentworth, 1st Earl of　1593~1641

イギリスの政治家。当初は国王反対派議員で、国王の財政策を批判して投獄され、権利の請願*にも署名したが、やがて国王支持派へと転身。1632年アイルランド総督に就任して統治の能率化に手腕を発揮、この治績を買われてチャールズ1世*の有力な助言者となり、カンタベリ大主

教ロードと共に国王専制を支えた（ロード＝ストラフォード体制）。長期議会*で弾劾され，41年処刑。

ストルイピン
Stolypin, Pyotr Arkadyevich 1862～1911

ロシアの政治家。名門貴族出身で，大学卒業後内務省に勤務。サラトフ県知事時代の農民運動弾圧で注目され，第一次革命期に内務大臣に抜擢，第一ドゥーマ解散とともに首相就任（在任：1906～11）。革命運動弾圧と，農業改革による個人農創出，地方改革，市民的自由の拡大などツァーリズムの枠内の近代化政策を目指したが挫折。11年，キエフで射殺。
♦ドゥーマ，ロシア第一次革命

ストレーザ戦線
Stresa Front

1935年4月，ナチス・ドイツへの対抗から英仏伊の間で結ばれた提携関係。同年3月，ヒトラーがヴェルサイユ条約を破ってドイツの再軍備を宣言すると，これに脅威を感じた英仏伊の首脳が北イタリアのストレーザで会議を開き，同条約維持の他，国際問題解決のための共同行動を確認しあった。しかし，同年10月，イタリアがエチオピアに侵攻してドイツに接近したため，三国の提携関係は破綻した。
♦再軍備宣言（ドイツ），ベルリン＝ローマ枢軸

スパルタクス団
Spartakusbund

1916年1月ローザ・ルクセンブルク*，カール・リープクネヒトらが，ドイツ社会民主党幹部の城内平和*・戦争協力姿勢に反対して形成した党内政治グループの名称。ルクセンブルクの指導下，革命による労働者政権樹立を目指したが，レーニン*のボリシェヴィズムとは一線を画した。18年12月に他の左派グループと共にドイツ共産党を結成，19年1月ベルリン蜂起を企てたが失敗に終わり，ルクセンブルクは殺害された。
♦ツェトキン，ドイツ革命

スピノザ
Spinoza, Baruch (Benedict [us]) de 1632～77

オランダの哲学者。アムステルダムのユダヤ人商人の家に生まれた。その思想は，神と自然を同一視する点で一種の汎神論であり，近代合理主義思想を発展させた。神は絶対的な無限の実体とされ，その無際限の属性から延長（物質）と思惟（精神）が導かれる。思考の自由と寛容の理念を主張し，後のドイツ観念論*やロマン主義*に影響を与えた。主著に『神学政治論』（1670），『エチカ（倫理学）』（1674）。

スペイン継承戦争
スペイン・ハプスブルク朝最後の

王カルロス2世死去（1700）後の王位継承戦争（1701～13）。フランス王ルイ14世*が孫フェリペ5世の王位継承を主張したため、これに反対するオーストリア、イギリス、オランダなどと戦う。戦場はヨーロッパと植民地に拡大してフランスは苦戦したが、ユトレヒト条約*（1713）でフェリペ5世の王位継承が承認され、ここにスペイン・ブルボン朝（1700～1931）が始まる。
♦アン女王戦争、カール6世

スミス（アダム）
Smith, Adam　1723～90

イギリスの経済学者、道徳哲学者。1751～63年にグラスゴー大学教授として論理学、道徳哲学を講じるかたわら、『道徳感情論』（1759）を発表、公平な第三者の共感が得られるか否かを道徳的な基準に据え、利己的な行為も共感が得られる限り是認されるとした。また10年余りを費やして『諸国民の富』*（1776）を執筆、各個人がそれぞれの利己心（私利私欲）に従って自由に営利を追求する自由競争は、「見えざる手」と形容される経済法則に導かれて、自然に需要と供給を調整し国富を増大させると説いた。富の増大のプロセスを科学的に分析した同書は、最初の体系的な経済学書であり、その功績から「経済学の父」と呼ばれている。
♦自由貿易主義

スミス（アルフレッド）
Smith, Alfred Emanuel　1873～1944

アメリカの政治家。1903年ニューヨーク州下院議員に当選、18年には州知事に当選して行政改革や社会福祉で実績をあげ4期務めた。28年の民主党*全国大会で、アメリカ史上最初のカトリック教徒の大統領候補に指名された。好況のゆえもあって現職のフーヴァー*に敗れたが、北部の大都市票を獲得。32年の大統領候補指名争いでローズヴェルト（フランクリン）*に敗れ、ニューディール*政策には反対した。

スラヴ派
Slavophile

19世紀ロシア社会思想の一潮流。ナポレオン後の民族主義・ロマン主義の影響を受けて、西欧と異なるロシア固有の歴史的発展を主張、西欧派*と対立した。唯一真正なるキリスト教としての正教にロシアの独自性の本質を求めた。主たる論者はアクサーコフ兄弟、キレエフスキー兄弟、サマーリン、ホミャコーフなど。農奴解放以降、スラヴ派は自由主義や大地主義、汎スラヴ主義*、反動思想などに分岐した。
♦チャアダーエフ

スルタン＝カリフ制
sultan-caliphate

スルタンとは、アラビア語で君主、

支配者を意味する。カリフとは同じく預言者ムハンマドの代理，後継者のことで，宗教的・世俗的権威を兼ね備えた者のこと。初代カリフはムハンマドの義父アブー＝バクル。これより4代までのカリフを正統カリフと呼ぶ。元来スルタンは，カリフの委嘱をうけて帝国の一部を統治する世俗君主であった。10世紀頃以降，カリフの勢力は次第に表面的なものとなっていく。1517年オスマン帝国*のスルタン，セリム1世はエジプトのマムルーク朝を倒すとともに，この地にあったアッバース朝の末裔からカリフの称号を受けた。スルタンがカリフの称号をもったことによりその権威はいやがうえにも高まった。第一次世界大戦*中は同盟国側についたため，戦後は危機的状況となる。ムスタファ＝ケマルは1922年スルタン＝カリフ制廃止。

西欧派
Westernizers

19世紀ロシア社会思想の一潮流。ロシア史を世界史的過程の一部分と考えて西欧型の近代化を主張，スラヴ派*と対立した。専制・農奴制批判では共通しながらも，立憲君主制を主張する作家ツルゲーネフ*，歴史家グラノフスキーから革命派・社会主義派のゲルツェン*，ベリンスキー*，バクーニン*にいたる多様な思想傾向を含む。農奴解放以降，西欧派とスラヴ派の一部は接近し，自由主義の潮流に発展した。
▶チャアダーエフ

政教分離法（フランス）
Loi de la séparation de l'église et de l'état

1905年末ルーヴィエ内閣の下で成立した国家と教会の完全分離を定めた法。フランス革命*以来，カトリック教会が，正統王朝派を支持し，教育などに大きな影響力を行使してきたため，共和派とカトリック教会は対立してきた。80年代以降，共和派は教育の世俗化や修道会に対する規制を強めるなど反教権主義政策をすすめ，この法を制定して国家と教会の完全分離を実現，世俗的な近代国民国家を完成させた。
▶コンブ

星室庁
Court of Star Chamber

イギリス・ウェストミンスター宮殿の「星の間」で開かれた国王大権裁判所。星室裁判所とも。1540年頃，枢密院の諸機能のうち司法機能が独立して誕生，騒擾や国王布告違反などの犯罪を迅速に裁き，王国の治安維持にあたった。チャールズ1世*の治世になると，国王布告の強制や反国王的・反政府的な言動の取り締まりを強化したため，専制政治のシンボルとみなされるようになり，1641年長期議会*によって廃止された。

聖書のドイツ語訳

ルター*の残した重要な仕事の一つ。彼は1521年のヴォルムスの国会で帝国追放の宣告を受けた後，ザクセン選帝侯に庇護され，ヴァルトブルク城にこもって新約聖書のドイツ語訳に専心，翌年完成をみた。34年には旧約聖書が訳された。これにより民衆が直接キリストの福音に接する道がひらけた。このことは単に宗教・教義上のことにとどまらず，ドイツ語文化の形成という点でも大きな貢献となった。

聖地管理権（問題）
Dispute over Privileges of the Holy Place in Palestine

聖地イェルサレムの管理をめぐる紛争。イェルサレムはキリスト教の聖地であるだけでなく，ユダヤ教，イスラム教，東方教会などの聖地でもある。聖地管理は，政治的にも利用されてきた。この問題は，カトリックのフランスと正教のロシアの対立であった。従来イェルサレムはオスマン領ではあったが，フランスが管理を行っていた。しかしフランス革命*期の混乱によって，管理権は正教側に移った。ところがナポレオン3世*は管理権を再獲得。これを不満とするロシア皇帝ニコライ1世は，オスマン領内の正教徒保護を要求して開戦。ロシア側には，伝統的な南下政策を実現するために，トルコを分割する目的があった。それに反対するイギリス，フランスが参戦，クリミア戦争*となった。

正統主義
Légitimisme

フランス革命前の諸国の主権者であった君主こそが，当時彼らが領有していた国土の正統な支配者であるとし，その王朝の復位と旧国境への復帰を求めた主張。ウィーン会議*（1814～15）の際にフランスのタレーランが提唱し，勢力均衡原則とともにウィーン会議の指導理念となった。この原則に基づいてフランス，スペインではブルボン朝*が復位し，ドイツ諸邦などでは旧体制が復活した。

♦四国（五国）同盟，神聖同盟

青年イタリア
Giovane Italia

1831年のカルボナリ*の革命失敗後，カルボナリ党員だったマッツィーニ*が亡命地マルセイユで結成した結社（1831）。共和主義による国家統一の高い理念を掲げ，カルボナリ党員を吸収しつつ，機関誌『青年イタリア』を発行するなど，リソルジメント*を秘密結社の枠を越えた広範な大衆運動にする。各地で蜂起を繰り返し1848～49年革命（ローマ共和国*樹立など）を準備するも，弾圧されて衰退。49年以降はカヴール*の現実路線に道を譲る。

♦ガリバルディ

青年トルコ
Genc Turkler

19世紀末, オスマン帝国*の改革を目指して生まれた改革運動。当時オスマン帝国は"瀕死の病人"とよばれ衰退の一途をたどっていた。1876年宰相ミドハト＝パシャはこれを建て直すために帝国最初の憲法を発布, 近代化の足掛かりとした。しかし翌年露土戦争勃発, 憲法は停止。89年, この憲法の復活を求める改革派が組織される。1908年にはこの派の将校が蜂起し, スルタンに憲法を認めさせる。13年にはエンヴェル＝パシャ等が政権を掌握。立憲王政を掲げ西欧的な自由主義を目指した。この時エンヴェル＝パシャ27歳。
♦ タンジマート, ミドハト憲法

セヴァストーポリ要塞
Sevastopol

18世紀末, ウクライナ南部クリミア半島南端の都市セヴァストーポリに建設されたロシアの要塞, ロシア黒海艦隊の根拠地。クリミア戦争*の激戦地となり, その包囲戦でのロシア軍の英雄的戦いについては従軍した作家トルストイ*が『セヴァストーポリ』を書いた。第一次革命時の兵士の反乱, 内戦期の白衛軍の根拠地, 第二次世界大戦時のドイツ軍による250日に及ぶ包囲戦などでも知られる。
♦ ソヴェト内戦, ロシア第一次革命

世界政策
Weltpolitik [独] world policy [英]

19世紀末から20世紀初頭にかけて帝国主義*列強がとった政治・軍事・経済上の積極的な対外戦略を指し, 特にドイツのそれを指すことが多い。ドイツ皇帝ヴィルヘルム2世*は, ビスマルク*のとった協調外交から転換し, 汎ゲルマン主義*を背景に積極的な植民地の獲得, バルカン半島から近東に至る3B政策*を推進した。第一次世界大戦*によりいったん潰えるものの, 実質的には第二次世界大戦*まで継続した。
♦ 英仏協商, バグダード鉄道, モロッコ紛争

世界大恐慌
Great Depression

1929年アメリカのウォール街の金融恐慌に始まり全産業に波及, 翌年から資本主義諸国とその植民地全体に及んだ慢性的な世界恐慌。各国は, 大恐慌からの脱出と失業者の救済のため様々な対策を講じた。アメリカはニューディール*政策をとり, イギリスやフランスは広大な植民地を自国の排他的経済圏とするブロック経済*化で対処し, 日本やドイツなど海外市場の狭い帝国主義国はファシズム化を進めた。
♦ オタワ会議, 全国産業復興法（NIRA）, 全国労働関係法, 善隣外交（善隣友好政策）, 相対的安

定期, ファシズモ, フーヴァー, フーヴァー＝モラトリアム, マクドナルド挙国一致内閣, 民主党, ムッソリーニ

『世界の記述（東方見聞録）』
Il Milione

ヴェネツィア人マルコ・ポーロ（1254〜1324）が、1270〜95年にかけての東方旅行で得た知識をジェノヴァの獄中で口述筆記させた作品。陸路で中国の元朝におもむきフビライ・ハンに仕え、海路で帰国するまでの珍しい見聞が記される。黄金の国ジパング（日本）の記述が、コロンブス*のアジア行きを刺激した。

"世界の工場"
Workshop of the World

19世紀, 特に1820年代から70年代における, イギリスの圧倒的な工業経済力を表現した言葉。この時期, イギリスは世界の工業生産高の2分の1から3分の1を占め, 比類なき工業大国として世界経済に君臨した。基軸産業は綿工業で, 綿製品は1807年以降, 135年間にわたって全輸出品目中の首位の座を占め続けるが, 逆に重化学工業への対応が遅れ, 19世紀末には工業生産高でドイツとアメリカに逆転された。

セザンヌ
Cézanne, Paul 1839〜1906

フランス後期印象派を代表する画家。ドラクロワの影響を受け、やがてマネーらと親しくなり印象派*の仲間となった。だが、そのあまりに感覚的な画風に飽きたらず、印象主義を「美術館の美術のような堅固なものとする」ことを目指して、自然を前に刻々と変化する感覚を構築的な画面に表現しようとした。自然を円筒、球、円錐などの幾何学的原型に分析する後年の技法は、立体派に大きな影響を与えた。近代絵画の基礎を築いたといわれ、代表作は「カード遊びの人々」「大水浴」など。

セシル
Cecil, William 1520〜98

イギリス・エリザベス朝最大の政治家。1547年エドワード6世の摂政サマセット公の秘書となり、50年にはノーサンバラント公によって国王秘書長官に抜擢された。メアリ1世*の治世には官を追われたが、58年エリザベス1世*の即位とともに再び国王秘書長官に任命され、若き女王の政治指南役として辣腕を振るう。穏健的な新教徒として中道政策による国教会体制の確立をはかる一方、スコットランドでの宗教改革を支援し、後の同君連合の下地を作った。72年からは大蔵卿に就任して財政運営にあたるなど、エリザベスの即位以来40年間にわたって国政を掌握した。96年には次男のロバートが国王秘書長官に任ぜられ、父の後を継いだ。

絶対主義

Absolutism [英]　Absolutisme [仏]　Absolutismus [独]

中世封建社会から近代市民社会への過渡期に出現した中央集権的国家形態。封建貴族とブルジョワの二つの勢力の対立を背景に、国王は国王主権論に基づく大権の行使を主張し、官僚制と常備軍を支柱として国民的統合を実現しようとした。だが、実態は地縁的・職能的な法人格をもった自立的団体（＝社団）を媒介とする支配であった（＝社団国家）。王権神授説＊が絶対主義のイデオロギーとして機能し、各国は重商主義＊政策を推進して富国強兵策を競った。16世紀頃スペイン、イギリス、フランスを中心に発展し、市民革命で解体された。なお、18世紀のプロイセン、オーストリア、ロシアでは、啓蒙思想＊の影響を受けて、啓蒙専制君主政が成立し、上からの一定の近代化改革が行われた。

▶アンシャン・レジーム（旧制度）、テューダー王朝

セリム3世

Selim III　1761～1808

オスマン帝国＊のスルタン（君主）。アブドゥルハミド1世の後を継ぎ皇帝就任。帝位継承に伴う政治的混乱を収拾して、権力の中央集権を実施。行政・軍事・財政改革を行い、ヨーロッパ諸国とも国交を開く。改革は「新政策」と総称される。これに対して、皇帝の親衛兵（イェニチェリ）らは反対。1807年に退位させられ、後継者ムスタファ（4世）により暗殺。

セルヴェトウス

Servetus, Michael　1511～53

スペインの神学者、医学者。スペイン、フランス、イタリア、ドイツと遍歴し、パリ大学を卒業後、ヴィエンヌ大司教の侍医をつとめる。三位一体を否定する論文『三位一体論の誤謬について』『キリスト教の復元』を発表し、後者において血液循環について論じる。異端として告発され、ジュネーヴに逃亡したが、カルヴァン＊の指示で火刑に処される。

セルバンテス

Cervantes, Miguel de　1547～1616

スペインの作家。マドリード近郊出身。20代でイタリアに渡ってスペイン軍に入隊し、1571年のレパントの海戦＊では英雄的な活躍をしたが左腕を負傷。帰国の途中、海賊に捕らえられ（1575）、アルジェで5年間の捕虜生活を送る。身代金を支払ってスペインに帰国（1580）したが「レパントの片手ん坊」には職もなく各地を転々としながら何度か入獄も経験。97年に獄中で想を得たとされる長編小説『ドン・キホーテ』（1605, 15）は、騎士物語を読みすぎて狂気に陥った孤高の老騎士ド

ン・キホーテが各地を遍歴する物語。そこには自身と祖国の過去の栄光と挫折が色濃く反映されている。

選挙法改正（イギリス）
Parliamentary Reforms

19〜20世紀イギリスで数次にわたって行われた選挙制度改革。18世紀後半より，少数の地主貴族によって運営される寡頭的な議会政治に対する改革要求が高まったが，1832年ホイッグ党*グレイ*内閣によってようやく実現された。この第一次改正では，腐敗選挙区*の多くが廃止され，新興都市や人口の多い州に議席が配分された。財産資格も緩和され，中流階級にまで選挙権が拡大されたが，労働者階級は除外された。1830〜50年代のチャーティスト運動*は失敗に終わったが，1867年の第二次改正で熟練労働者にも選挙権が認められ，続く1884年第三次改正で有権者数の6割を労働者階級が占めるに至り，大衆民主主義の時代が開幕した。
♦普通選挙権

全権委任法
Ermächtigungsgesetz

一般には，政府・国家機関に議会での正式な手続きを踏まない立法権限を与える法律。ドイツでは第一次世界大戦*以降用いられた政治手法で，特にナチ党による政権掌握後の1933年3月，ヒトラー*が国会に「人民と帝国の困難除去のための法律」として提出し，成立したものを指す。4年間の時限立法とされたが，第三帝国*崩壊に至るまでその都度更新された。ヒトラーとナチ党による独裁のための法的根拠であった。

全国産業復興法（NIRA）
National Industrial Recovery Act 1933

アメリカのニューディール*政策の一環として制定された法律。経済復興のため，各産業分野ごとに公正競争規約を作らせ，産出量や価格の調整など一種のカルテル化を認め，労働者の団体交渉権・最低賃金・最高労働時間などを保障した。2年後，州権侵害などで連邦最高裁判所による違憲判決を受けて短命に終わったが，経済復興政策として一定の役割を果たした。
♦世界大恐慌，全国労働関係法

全国労働関係法
National Labor Relations Act （通称ワグナー法 Wagner Act） 1935

ニューディール*政策の一環として制定されたアメリカの労働組合保護法。その前身は，連邦最高裁判所により違憲とされた全国産業復興法*である。同法は，労働者の団結権・団体交渉権を侵害する雇用者の行為を不当労働行為として禁止し，全国労働関係局を創設して不当労働

行為の防止と救済を行わせた。同法の制定により組合運動は飛躍的に発展した。
♦ 世界大恐慌, ワグナー

戦時共産主義
War Communism

内戦期ソヴェトで採用された経済政策の体系。工業国有化と中央集権的管理体制, 食糧割当徴発制, 配給制, 貨幣の意義の縮小などが主内容。これは, 内戦と干渉戦争による非常事態に対応する戦時統制経済であると当時に, 共産主義の一挙実現を目指すユートピア的性格も有した。戦時共産主義は深刻な経済危機をもたらし, 民衆の不満と農民反乱の原因となって1921年に放棄され, 新経済政策 (ネップ)＊が採用された。
♦ 一国社会主義論, ソヴェト内戦, レーニン, ロシア革命

『戦争と平和の法』
De jure belli ac pacis [ラテン語]

オランダの政治家・法律家であり,「国際法の父」と呼ばれるグロティウス (1583～1645) が, 亡命先のパリで出版した国際法に関する書物。三十年戦争＊での悲惨な状況を見て, 人類の平和確立を目指し, 出版した。本書では, 正戦論の立場をとり, 戦争の禁止, 制限, 許容, 戦争の際に守られるべき規則が詳細に論じられている。さらに合理的な自然法に基づき, 国際的な法秩序の確立を主張し, 国際法の発展に大きな影響を与えたとされる。
♦ オランダ独立戦争, 『海洋自由論』

セントヘレナ [島]
Saint-Helena

西アフリカ沖の南大西洋上の南緯15°55′, 西経5°45′に位置するイギリス領の孤島。ワーテルローの戦い＊に敗れたナポレオンが, 1815年に流刑となり, 6年後に死んだ島として知られている。
♦ ナポレオン1世

1791年憲法
Constitution de 1791

1791年9月3日憲法制定国民議会が制定したフランス最初の憲法。それまでの革命の成果を集大成して, 国民主権に基づく自由主義的立憲君主政のもとでの有産者の支配を確立した。三権を分立させ, 立法権は立法議会, 執行権は国王に属すとしたが, 国民は直接税の納税額に基づいて民事上の権利と参政権をもつ能動市民と, 民事上の権利しかない受動市民に区分された (能動市民は全成年男子の約60％)。

千人隊
I Mille

1860年にガリバルディ＊が組織した義勇軍。「赤シャツ隊」ともいう。ブルボン朝ナポリ王国で反乱が起こると, 5月6日, 2隻の汽船に分乗

してジェノヴァ近郊クルトワを船出し,同月11日にシチリア西端のマルサラに上陸。島民の反乱に助けられながら同月30日,パレルモ解放。サルデーニャ王国首相カヴール*の制止も聞かずにイタリア本土に上陸し,9月7日,解放軍としてナポリ入城を果たし,かくして南イタリアを制圧した。

1848年革命
Revolutions of 1848

フランス二月革命*を契機に1848～49年にヨーロッパ全体で起こった革命の総称。フランスで二月革命が発生すると,ウィーンやベルリンをはじめとするドイツ各地でも三月革命*が勃発,メッテルニヒ*が失脚してウィーン体制は崩壊,フランクフルトでは自由主義者を中心にした国民議会が開催され,ドイツ統一問題が論議された。イギリスではチャーティスト運動*が再高揚。ポーランド,ハンガリー,チェコなどの各地では民族運動が高揚。イタリアでは,サルデーニャ王国を中心に対オーストリア独立戦争が戦われた。しかしパリ六月蜂起*の鎮圧を契機に,反革命の動きが強まり,48年の夏までにドイツとオーストリアで旧体制が復活,49年8月にハンガリーとヴェネツィアが降伏して革命は終わった。1848年革命は,反動的なウィーン体制下での産業革命の進展や,自由主義思想とナショナリズムの浸透によって蓄積された政治的・社会的・民族的諸矛盾の爆発であり,自由主義的改革や国民統一,社会改革,民族の自治や独立要求など多様な側面を有していた。これ以降,自由主義者は保守勢力と同盟して上からの近代化を推進するようになるとともに,初期的な資本と労働(秩序対社会革命)の対立,民族問題を浮き彫りにするなど,ヨーロッパ近代史上の転換点となった。

♦ゲルツェン,バクーニン

善隣外交（善隣友好政策）
Good Neighbor Policy

1930年代にアメリカが中南米諸国との友好関係を深めるためにとった政策。29年の世界大恐慌*勃発後,中南米諸国との関係改善のため従来の政策を転換し,政治的安定の維持や自国移民の保護などの理由で中南米諸国に派兵しないこと,また国内政治に干渉しないことを約束した。この政策は第二次世界大戦*中にはほぼ守られたが,戦後には放棄されて派兵や干渉がしきりに行われるようになった。

♦ローズヴェルト（フランクリン）

ソヴェト社会主義共和国連邦
Union of Soviet Socialist Republics (USSR)

十月革命によって成立したロシア,ウクライナ,ベロルシアの3つの社会主義共和国にザカフカス社会主義

連邦ソヴェト共和国を加えた四カ国が，1922年に同盟条約を結んで結成した「同盟・連合」国家であり，史上，最初の社会主義国で，100以上の民族集団からなる多民族国家。連邦構成共和国は，第二次大戦前に11カ国に及び，さらに大戦中のバルト三国*，カレロ＝フィン（56年に自治共和国に降格），モルダヴィアの併合で15カ国となった。ペレストロイカ*期に高揚したバルト三国の独立運動を契機に各連邦構成共和国の独立機運が高まり，91年12月に解体。

♦ スターリン憲法，ソ連・フィンランド戦争，ソ連邦解体，バルト三国併合，モロトフ＝リッベントロップ秘密議定書，ロシア革命

ソヴェト内戦

Civil War 1917～22

十月革命で成立したソヴェト政権に対し，南部ロシアではデニーキン，ウランゲリら，シベリアではコルチャークら旧ロシア軍将校たちの率いる反ボリシェヴィキ軍（白軍）が行った戦争。諸外国による干渉戦争もこれと一体となってなされ，1919年9～10月には白軍がモスクワ間近に迫ってボリシェヴィキ政権は存亡の危機にさらされたが，トロツキー*の活躍で戦局は逆転，20年末にはほぼ終結した。

♦ キーロフ，セヴァストーポリ要塞，戦時共産主義，対ソ干渉戦争，トゥハチェフスキー，ロシア革命

総裁政府

Directoire 1795.10～99.11

1795年憲法によって成立したフランス革命*期の政体。立法府は元老会と五百人会の二院制で，行政府は二院から選出された5人の総裁による集団指導体制だった。穏健なブルジョワ共和政の確立と独裁体制の復活防止を目指したが，極端に権力を分散させたために，左右のクーデターが頻発するなど政治は不安定で，軍部の発言権が増大，結局，ナポレオンによるブリュメール18日のクーデター*で打倒された。

相対的安定期

1920年代中葉から末頃に至る時期を指す。ルール占領がドーズ案*の可決により解決され，とりわけ戦後の混乱の厳しかったドイツが経済復興に向かい，ロカルノ条約*が締結されることで，経済的にも政治的にも比較的安定した時代となった。ヨーロッパ全体としても革命運動が退潮し，資本の再編が進み，秩序の安定を取り戻した。しかし，資本主義体制の全般的危機の一過程にすぎず，世界大恐慌*の勃発により再び混乱の時代を迎えることになる。

♦ ヴァイマル共和国（ワイマル共和国），ルール占領（出兵）

総統（フューラー）

Führer

第三帝国*においてヒトラー*の

独裁的地位を示す名称。一般的には指導者を意味するが，ムッソリーニ*のドゥーチェにならうことで，絶対的な権力的地位を示す独特の意味を帯びるようになった。1934年ヒンデンブルク大統領が亡くなると，ヒトラーは国防軍を自分に対して宣誓させ，総統兼首相の名の下に大統領と首相の職務を統合した。これによりヒトラーは政府・行政・党・軍部を完全に掌握し，国家の最高権力者となった。

総力戦
total war [英] totaler Krieg [独]

戦争目的遂行のため，国家の人員・物資・精神活動などあらゆるものが動員される戦争形態。第一次世界大戦*がその始まりとされる。戦闘員と非戦闘員という伝統的な区別があいまいとなり，さらに近代的科学兵器が投入されることで大量殺戮を引き起こすことになった。経済・心理・イデオロギーの戦争でもある。ドイツの軍人ルーデンドルフ*により概念化され，第三帝国*の宣伝相ゲッベルス*により戦意高揚のために利用された。

祖国戦線（オーストリア）
Vaterländische Front

1933年首相ドルフース*がキリスト教社会党を中心に，民族的国粋主義勢力を結集して形成した政治勢力。ドイツにナチ党政権が樹立したことから併合への危機感が強まり，オーストリアの独立を強力に主張した。イタリアのファシズム運動がモデルとされ，政党政治の克服，権威主義的な身分国家，指導者原理が主張された。ドルフース暗殺後も戦線は維持されたが，38年のオーストリア併合*により解散した。
▶シュターレンベルク

ソフホーズ
Sovkhoz

ソ連の国営農業企業。コルホーズ*とならぶソ連の社会主義的農業経営形態のひとつ。コルホーズとは異なり，働くのは賃金労働者であった。最初のソフホーズは1918年に没収地主地に作られ，戦後のフルシチョフ農政下で比重が格段に上昇，大規模化・専門化も進んでソ連末期には全耕地面積の半分以上を占めた。ソ連邦解体*後のロシアの立法ではソフホーズ財産は国家（連邦または連邦構成主体）の所有とされた。

ゾラ
Zola, Émile Édouard Charles Antoine 1840～1902

フランス自然主義*の代表的作家。パリのジャーナリズムで働きながら文学を修業し，実証主義思想の影響もあって，実験的手法で小説を書くことを提唱，『ルーゴン・マカール叢書』（1871～93）に『居酒屋』『ナ

ナ』などの傑作を発表して、資本主義社会の下層大衆の生活を描き、自然主義文学を確立した。ドレフュス事件*では公開状「私は糾弾する」(1898)を発表して広範な世論を喚起するなど、ドレフュスを擁護して闘った。

ソールズベリ
Salisbury, Robert Arthur Talbot Gascoyne-Cecil, 3rd Marquis of
1830～1903

イギリスの政治家。セシル*を先祖とする名門貴族の家系に生まれ、ディズレーリ*亡き後の保守党*党首として3度の首相（在任：1885～86, 1886～92, 1895～1902）を経験。外交に関心が高く、首相在任中も外相を兼任、大陸諸国の同盟関係と距離をおいて「光栄ある孤立」*を維持するとともに、イギリスの権益の確保を目指してアフリカ分割に参入、大陸縦断政策を推進した。

ソ連の国際連盟加入

ソ連は日独の国際連盟*脱退の翌年、1934年に国際連盟に加盟した。これは、30年代のソ連外交が、世界恐慌による国際関係緊張とナチス政権成立、満州事変以来の極東国境での日本の圧力など国際環境の変化を背景に、20年代のヴェルサイユ体制への対抗、対独関係維持路線から、親独政策放棄、英仏との協調、集団的安全保障へと変化したことの表現であった。しかしソ連は、39年にフィンランド侵略を理由に除名された。
♦ソ連・フィンランド戦争

ソ連・フィンランド戦争
Soviet-Finnish War

1939～44年のソ連とフィンランドとの戦争。39年にフィンランドが相互援助条約締結、領土割譲を拒否するとソ連が攻撃を開始、国際的非難と軍事的損害のために一部領土獲得を条件に休戦した（冬戦争、1939～40）。独ソ戦開始とともにドイツと結んだフィンランドが戦争を再開、44年の休戦条約まで続いた（継続戦争、1941～44）。この結果フィンランドは領土割譲、海軍基地提供、賠償を強いられた。
♦ソヴェト社会主義共和国連邦、ソ連の国際連盟加入、第二次世界大戦、モロトフ＝リッベントロップ秘密議定書

ソ連邦解体

1985年のゴルバチョフ*の共産党書記長就任によってソ連では社会主義の枠内で抜本的改革（ペレストロイカ*）が追求されたが、これは89年に東欧の体制崩壊をもたらすとともに、ソ連国内でも急進的改革路線をめぐる改革派と保守派の対立が激化、さらにバルト三国*をはじめ民族独立運動の高揚により政治的混乱が深刻化した。91年8月には保守派クーデター失敗とソ連共産党解散に

よりソ連邦解体は決定的になった。ゴルバチョフは新連邦条約による連邦維持を目指したが,エリツィン*率いるロシアとウクライナ,ベラルーシ首脳が91年12月に連邦離脱と独立国家共同体創設を確認,ゴルバチョフが大統領を辞任してソ連邦は解体した。

♦ソヴェト社会主義共和国連邦

た

第一インターナショナル
The First International 1864～76

ロンドンで創立された世界最初の国際的な労働者協会。1863年ポーランドで独立蜂起が起こると、これを支援するイギリス、フランスの労働者運動が契機となり、ヨーロッパ13カ国とアメリカ合衆国の社会主義政党・労働組合が参加して組織した。創立宣言・規約はマルクス*が起草し、マルクス主義思想が広まる契機となったが、プルードン派やバクーニン*派との対立が激しくなり、76年に消滅した。
◆第二インターナショナル

第一次世界大戦
First World War 1914. 7. 28.～18. 11. 11.

直接の契機は、サライェヴォでのオーストリア皇太子夫妻暗殺事件であるが、19世紀末よりバルカンにおける汎ゲルマン主義*と汎スラヴ主義*が対立、植民地・従属的地域における帝国主義*列強の利害の再編が背景としてあった。ドイツ・オーストリア・トルコの陣営(同盟国側)と英・仏・露の陣営(協商国側)が全面的に衝突、多数の国を巻き込む大戦に至った。ドイツは当初シュリーフェン計画*に従い短期決戦を目論んだが膠着状態に陥り、長期総力戦*となった。ドイツの無制限潜水艦戦*を契機に1917年4月アメリカが参戦、圧倒的な物量でドイツを追い詰めた。水兵の反乱からドイツに革命が起こり、ドイツが降伏し終結した。
◆ウィルソン、ヴェルサイユ条約、ヴェルダン要塞、英露協商、キール軍港の水兵反乱、国際連盟、サライェヴォ事件、三国協商、十四カ条の平和原則、ダヌンツィオ、ドイツ革命、ニコライ2世、バルカン戦争、フィウメ併合、ブレスト＝リトフスク条約、「平和に関する布告」、マルヌの戦い、"未回収のイタリア"、ルシタニア号事件、露仏同盟

第一帝政(フランス)
le premier Empire 1804～14, 15

ナポレオン1世*の独裁体制。この体制は、人民主権、封建制の廃止、法の前での平等、人身の自由、私的所有権の不可侵性などのフランス革

命の諸原理を形式的には認めながらも、これらを権威主義の原理と結びつけた反議会主義的で反自由主義的な個人独裁体制であった。ナポレオンは一時ヨーロッパ大陸の大部分を制圧したが、モスクワ遠征の失敗（1812）を契機に諸国民の反撃を受け、1814年に退位。その後ナポレオンは一時復位するもののワーテルローの戦い*（1815）で敗れ、第一帝政は最終的に崩壊した。

♦ボナパルティズム

第一身分
le clergé

フランス革命*前の聖職者身分。1789年には約13万人（全人口の0.5％）と推定されている。特権身分で、全国の土地の約10％を所有していたが、貴族出身の司教や修道院長などの高位聖職者（彼らは領主でもあった）と、ほとんどが平民出身者からなる教区司祭などの下級聖職者のあいだには大きな格差があった。高位聖職者は貴族とともに支配階級（アリストクラート）を形成したのに対して、下級聖職者のなかには社会変革の側に立ったものも多い。

♦第二身分、第三身分

『大諫議書』
Grand Remonstrance

イギリス議会が作成し、204カ条にわたって王の悪政と議会側の改革目標を列挙した文書。1641年11月長期議会*を通過し、国王チャールズ1世*に提出されると同時に印刷・公表された。国王大権の改革にまで踏み込んだ内容であったため、審議の過程で議会は分裂し、わずか11票差で可決された。その後、反対票を投じた穏健派議員の多くが国王支持へとまわり、ピューリタン革命*における国王派と議会派の両陣営が形成された。

大航海時代

15世紀初頭から17世紀初頭にかけての、ヨーロッパ人による海外進出の時代。「地理上の発見」*の時代とも呼ぶ。15世紀にはスペインとポルトガルが「発見」の主役となり、前者は西回りでアメリカに、後者は東回りでアジアに至る。16世紀にはイギリスとフランスが北米大陸に、17世紀にはオランダが東南アジアに進出し、多くの地域を植民地にする。その間には文物の交流の一方で虐殺や搾取が行われた。

♦アメリカ発見、インド航路開拓、エンリケ航海王子、価格革命、国土回復運動（レコンキスタ）、ジェズイット教団（イエズス会）、羅針盤、リスボン

第五共和政（フランス）
Cinquième République　1959～

1959年に発足し、現在に至るフランスの政体。アルジェリア戦争*で第四共和政が危機に直面すると、58

年6月ドゴール*が再登場して、議会の権限を制限し、大統領に強い権限を与える新憲法を制定して、59年1月第五共和政が始まった。58年12月の大統領選挙で圧勝して大統領に就任したドゴールは、アルジェリアの独立を承認し、中華人民共和国の承認、核兵器の開発、第三世界への接近など、米・ソ二大国に対抗する独自外交を展開、内政においては経済の発展と安定を実現したが、五月危機*後の69年辞任を余儀なくされた。以後、ポンピドゥー（在任：1969～74）、ジスカール・デスタン（在任：1974～81）、ミッテラン（在任：1981～95）、シラク（在任：1995～）が大統領に就任している。

第三共和政（フランス）
Troisième République　1870～1940

第二帝政の崩壊に伴って成立し、第二次大戦中のフランスの敗北まで続いたフランスの政体。当初議会では王党派が多数を占めていたが、1875年大統領制に基づく憲法諸法が成立、77年には事実上の議会共和政が確立した。80年代以降共和主義的諸改革が推進されて共和政の制度化が図られる一方、積極的な海外進出策が推進された。第三共和政は小党分立と政府の短命を特徴としているが、ドレフュス事件*や第一次大戦、あるいは1930年代の危機を克服し、大革命以来フランス最長の政体となった。だが、40年6月ドイツに敗北し、7月議会がペタン元帥に大権を与えて第三共和政は崩壊した。

第三帝国
Drittes Reich　1933～45

ナチス体制下のドイツを指す名称。神聖ローマ帝国、ドイツ帝国（第二帝政）に次ぐ3番目の帝国の意味。1933年1月末ヴァイマル共和国*首相に就いたヒトラー*が同年3月、全権委任法*を成立させ、ヴァイマル憲法が無意味となった。これによりヒトラーの独裁、ナチ党による国家機構の独占傾向が強まり、ナチイデオロギーへの強制的同質化、人種政策など強圧的な政治が行われた。第二次世界大戦*の敗北により崩壊した。
◆ 歓喜力行団、ゲッベルス、ゲーリング、国民社会主義ドイツ労働者党、総統（フューラー）

第三身分
Tiers État

フランス革命*前の聖職者、貴族以外の非特権身分（平民）。全人口の約98％を占め、ブルジョワジー、都市の民衆、農民に区分される。さらに、ブルジョワジーは、徴税請負人、銀行家、大商人などの上層ブルジョワジーと中・小ブルジョワジーに階層分化し、上層ブルジョワジーは宮廷と結びついて貴族への上昇志向を抱くなど、利害は一致していな

かった。農民は全人口の約4分の3を占め、その多くは領主制のもとで封建地代や十分の一税など最も重い負担を課せられていたが、ここでも資本家的大借地農から貧農、日雇い農まで大きく階層分化が進んでいた。
♦第一身分、第二身分

『第三身分とは何か』
Qu'est-ce que le Tiers État?

シエイエス*が1789年初めに匿名で発表したパンフレット。88年三部会*の開催とその身分別構成が決定され、特権身分と第三身分*の対立が激化した。89年初頭、シエイエスは『第三身分とは何か』を発表して、「第三身分とは何か、それはすべてである」と述べ、第三身分こそが真の国民であり、国政に参加すべきこと、三部会は身分別構成でなく、全議員による頭数別採決とすべきことを説いて、大きな反響を呼んだ。

大西洋革命論

大西洋革命とは、18世紀後半に全西洋世界に影響を与えた大きな革命運動のことで、そのなかにはアメリカ独立革命*とフランス革命*の他、ラテン・アメリカの諸革命、ハイチ革命、さらにはヨーロッパのほとんどすべての国に起こった革命の動きも含まれる。R・R・パーマーやジャック・ゴドショー等大西洋革命論の提唱者達はこれを大西洋革命と捉え、貴族制に対するブルジョワの民主主義革命であったと規定している。

大西洋憲章
Atlantic Charter　1941.8.14

イギリスのチャーチル*とアメリカのローズヴェルト（フランクリン）*が会談し発表した、世界政治に対する原則の共同宣言。その内容は、領土の不拡大、国民の政体選択権、通商と原料の均等開放、各国間の経済協力、恐怖と欠乏からの解放、公海航行の自由、武力使用の放棄と一般的安全保障体制の確立など。大西洋憲章は1942年1月1日に発表された連合国共同宣言においても冒頭で強調され、継承された。

対ソ干渉戦争

十月革命で成立したソヴェト政権に対し社会主義国家打倒を目指して列強の行った戦争。白軍支援を伴い内戦と一体的に戦われた。1918年5月のチェコ軍団の反乱を契機に日本とアメリカが出兵、イギリス・フランスも北部ロシアに軍を送ったのがはじまりで、干渉軍の規模は14カ国13万人に及んだ。干渉戦のピークは19年で、白軍劣勢が明らかになると撤兵が始まったが、日本の極東占領は22年10月末まで続いた。
♦ソヴェト内戦、ロシア革命

大ドイツ主義
großdeutsch

19世紀のドイツ統一に関する政治

的綱領のひとつ。三月革命＊時，小ドイツ主義＊に対抗して，オーストリアを全体として，旧神聖ローマ帝国全域のドイツ人を含めて統一国家を形成する立場。反プロイセン的南ドイツ諸邦，カトリック勢力がこれを支持した。結局小ドイツ主義が優位となり，これに沿ってドイツ帝国が成立すると力を失った。しかし後にヒトラー＊がオーストリア全体を併合し，形を変えて大ドイツ主義が実現した。

◆オーストリア併合，グリルパルツァー，ドイツ連邦

第二インターナショナル
The Second International

1889年，パリで創設された各国社会主義政党・労働者組織による国際的連盟組織。ドイツ社会民主党が中心となり，マルクス主義が設立の根拠とされたが，各国政党の独自性・自立性が強く，緩やかな連合体にとどまった。公式には修正主義を否認，戦争反対を表明していたが，第一次世界大戦がはじまると各国政党は祖国防衛戦争としてそれぞれの政府を支持し，実質的に組織が崩壊した。

◆修正主義論争，第一インターナショナル

第二次世界大戦
Second World War　1939.9〜45.8

独・伊・日本を中心とした枢軸国と英・米・仏を中心とした連合国の間に生じた世界的規模の戦争。一般に前者が全体主義・ファシズム国家，後者が自由主義・民主主義国家と規定される。社会主義国家のソ連は後者の側から参戦した。1939年9月ドイツが東方への領土拡大要求からポーランドに侵攻，英仏の対独宣戦により始まった。当初優勢であったドイツは，ソ連の反攻，アメリカの参戦により次第に後退を余儀なくされた。一方，ドイツと同盟を結んでいた日本は41年12月アメリカに宣戦，太平洋戦争がはじまり，大規模な世界大戦となった。ドイツは45年5月，日本は同年8月に降伏し，大戦が終結した。

◆エルベの誓い，カイロ会談，北大西洋条約機構（NATO），国際連合（国連），サンフランシスコ会議，スターリングラードの戦い，ソ連・フィンランド戦争，テヘラン会談，独ソ不可侵条約，日ソ中立条約，ノルマンディー上陸，バドリオ政権，武器貸与法，フランコ，ポツダム宣言，マーシャル＝プラン，ムッソリーニ，ヤルタ会談，レジスタンス，ローズヴェルト（フランクリン）

第二帝政（フランス）
le second Empire　1852〜70

1852年11月の国民投票でブルジョワ共和派に反発する労働者や農民の圧倒的支持を受けたルイ＝ナポレオ

ンが帝政を宣言して生まれた，人民投票的民主主義と権威主義を結合させた個人独裁体制。第二帝政は，皇帝が行政・軍事・外交の全権を掌握し，言論・出版・集会・結社の自由が抑圧された権威帝政期と，議会の権限が拡大されて自由化が進んだ60年以降の自由帝政期に区分できる。権威帝政期は専制体制ではあったが，鉄道建設や公共事業が推進されるなど，フランスにおける産業革命*の完成期でもある。対外的には，積極的な進出政策が展開されたが，普仏戦争*（1870～71）でナポレオン3世*がプロイセン軍に捕らえられ，第三共和政*が成立して第二帝政は崩壊した。

第二身分
la noblesse

フランス革命前の貴族身分。特権身分で，1789年には約35万人（全人口の1.3%）を占め，高位聖職者とともに支配階級（アリストクラート）を形成していた。だが，階層分化がみられ，古い家柄の帯剣貴族とブルジョワ出身で官職を購入して貴族となった法服貴族，さらに前者は宮廷に出仕する宮廷貴族と貧困化しつつある地方貴族に区分できる。貴族は全国の土地の20～25%を所有し，領主として，地代徴収権，裁判権，製粉所などの強制使用権などの封建的諸権利を行使した。しかし18世紀には，貴族の一部が鉱山業や冶金業を営んだり，海外貿易に投資するなど，貴族のブルジョワ化も進んだ。
♦第一身分，第三身分

"代表なくして課税なし"

イギリス本国が財政窮迫に対処するために，北アメリカ植民地に公文書，証書，パンフレット，新聞などの印刷物に所定額の収入印紙の貼付を義務づけ，それによる収入を駐屯軍費用と密貿易取締り費用にあてようとしたが，これは植民地の大反対を巻き起こした。植民地では，「代表なくして課税なし」というスローガンの下に民衆の実力行使が行われ，アメリカ独立革命*へ導く一要因となった。
♦印紙法

対仏大同盟
Coalitions　1791～1815

フランス革命期からナポレン時代にかけて，ヨーロッパ諸国がフランスに対抗するために結んだ同盟。第1回（1791～97）から7回にわたって結成され，イギリスを中心にほとんどのヨーロッパ諸国がこのどれかに参加してフランスと戦ったが，ナポレオンの失脚で最終的に解消した。
♦カンポ・フォルミオ条約，ピット（小）

大陸横断鉄道
Transcontinental Railroad

オレゴンとカリフォルニアが正式

にアメリカ領土となってから，大陸横断鉄道建設の必要が叫ばれるようになり，ネブラスカ州オマハから西へユニオン・パシフィック鉄道，カリフォルニア州サクラメントから東へセントラル・パシフィック鉄道が建設された。この鉄道は沿線諸州の牧畜，木材業，鉱山業，農業の発展に寄与した。その後アメリカには次々と新しい大陸横断鉄道が完成した。

大陸会議（アメリカ）
Continental Congress

アメリカ植民地の代表者会議。第1回大陸会議は1774年9月フィラデルフィアで開催され，反英運動の方針を決めて10月に解散した。翌年5月に再開された第2回大陸会議は，すでに始まっていたイギリスとの戦争の外交にあたり，ワシントン*をアメリカ軍総司令官に任命し，独立宣言*を公布し，新国家形態を定めた連合規約を採択し，米仏同盟を締結するなど，事実上の中央政府の役割を果たした。
♦ アダムズ，アメリカ独立革命，ジェファソン，フランクリン，モンロー

大陸封鎖令（ベルリン勅令）
Décret de Blocus Continental 1806

ナポレオン1世*によるイギリスに対するヨーロッパ大陸封鎖令。ナポレオンはベルリン勅令を発布して，ヨーロッパ大陸諸国とイギリスおよびその植民地との交通や通商を全面的に禁止し，大陸からイギリスを排除して，フランス産業のために大陸市場を確保しようとした。だが，大陸諸国が農作物の売れ行き不振などに苦しむことになり，諸国の反発を招いてナポレオンの没落を早める結果となった。1807年にはミラノ勅令が発布され，大陸封鎖体制は強化された。
♦ トラファルガー海戦

タウンゼンド
Townshend, Charles 1725～67

イギリスの政治家。1747年下院議員になり，商務省や海軍省に勤務した後，61年陸軍長官，63年商相，65年主計長官を経て66年蔵相に任命された。その予算案が反対を受けたため，地主層の多い議会の支持を得るため関税の増徴による地租の軽減を約束した。その結果が67年アメリカ植民地に課せられたタウンゼンド諸法で，植民地人の本国への反感を増大させ，独立戦争の主因を成した。
♦ アメリカ独立革命

ダグラス
Douglas, Stephen Arnold 1813～61

アメリカの政治家。イリノイ州議会議員，州最高裁判所判事，連邦下院議員，同上院議員を歴任。1858年の黒人奴隷制*をめぐる「リンカー

ン＝ダグラス論争」で有名になった。彼の「人民主権」の主張はカンザス＝ネブラスカ法*として具体化したが、これは南北の対立を激化させた。60年民主党*の大統領候補指名を獲得したが、南部の民主党は独自の候補を指名して分裂、リンカーン*が当選した。

ダダイズム
dadaism

たんにダダとも称される。第一次世界大戦中のチューリッヒに起こった芸術・文学運動。ニューヨークに伝わる一方、ヨーロッパではベルリンやパリを中心として急速に広まった。時代批判や伝統的観念・既成概念を徹底的に否定する態度が、戦後の虚無主義的な雰囲気を背景に受け入れられたが、ドイツではすぐさま新即物主義・表現主義に、フランスではシュールレアリスムにとって代わられた。代表的人物にM・エルンスト、G・グロス。

ダヌンツィオ
D'Annunzio, Gabriele 1863～1938

イタリアの作家、愛国的軍人。ペスカラ出身。ローマ大学卒。『快楽』『死の勝利』『死都』などの作品で死と官能の耽美的世界を描く。第一次世界大戦*の参戦論者。参戦理由であった「未回収のイタリア*」問題が起こると、みずから飛行機を操縦してフィウメを占領（1919）、勲功により侯爵に列せられる（1924）。ファシスト政権を支持し、国葬をもって報いられる。
♦フィウメ併合、ムッソリーニ

ダービー父子
Darby, Abraham 父1678頃～1717、子1711～63

イギリスの製鉄業者。1709年コールブルックデールで製鉄所を経営していた父ダービーが、木炭の代わりにコークスを燃料に用いて銑鉄を造るコークス製鉄法を考案、父の工場を継いだ同名の子ダービーによる改良を経て、1760年代から広く普及した。製鉄燃料は木炭から石炭へと転換を果たし、木材の枯渇に悩んでいたイギリス製鉄業のエネルギー問題を一挙に解決、銑鉄生産を激増させた。
♦産業革命

タフト
Taft, William Howard 1857～1930

アメリカ合衆国第27代大統領（在任：1909～13）。巡回裁判所判事、フィリピン総督、陸軍長官を務め、1908年に共和党*から大統領に当選。大統領在職中、独占規制、自然保護、郵便貯蓄制度の成立に業績をあげ、連邦所得税を定めた憲法修正第16条の成立に努力したが、12年の選挙では共和党の分裂のため敗れた。彼の

外交政策は対外投資の拡大を推進する「ドル外交」として知られた。

ダランベール
D'Alembert, Jean Le Rond 1717～83

フランスの数学者, 哲学者。幼い頃から数学を好み, その業績が認められて1741年には科学アカデミー会員に選出された。50年ディドロ*の求めに応じて『百科全書』*の編集に参加,「序」や科学関係の項目を担当した。哲学的には, 理神論の立場に立って, 教会を批判している。数学者としても当時一流の業績を残している。

短期議会
Short Parliament

1640年4月, スコットランド反乱の鎮圧費捻出のため, イギリス国王チャールズ1世*が11年ぶりに召集した議会。臨時課税の承認を求める国王に対し, ピムを中心とする国王反対派議員が専制批判に熱弁を振い, 改革の約束が得られぬ限り課税を拒否することを決議した。激怒した王によってわずか3週間で解散させられたため, 同年秋に召集され12年間続いた長期議会*と対比して短期議会と呼ばれる。

タンジマート
Tanzimat 1839～76

オスマン帝国*の政治・社会体制の改革の総称。弱体化した帝国を建て直して近代化を図ろうとするスルタン・アブドゥルメジト1世は, ギュルハネ勅令を発し, スレイマン1世時代の栄光の回復を試みた。この改革は政治, 経済, 軍事, 司法, 行政, 教育等々広範囲に及んだ。しかし皇帝には改革を徹底させるだけの実力はなく, 逆に西欧諸国のトルコ進出によって基盤の弱いオスマン経済は脅かされ, 半植民地化がすすむ。さらに次期スルタン, アブドゥルアジーズは専制化していく。このような状態から脱するために, 1876年になるとミドハト・パシャ等を中心にミドハト憲法*が発せられ, 立憲政による近代化の試みが続く。

ダンテ
Dante Alighieri 1265～1321

イタリアの詩人。フィレンツェ*貴族出身。9歳で美少女ベアトリーチェと出会い, 18歳で再会。彼女が若くして死んだため,「永遠の恋人」として心を占める。彼自身は別人と結婚して4子をもうける。35歳でフィレンツェの行政官に選ばれ, 教皇ボニファティウス8世への使節としてローマに赴いたあいだに, フィレンツェで黒派と白派の政争に巻き込まれ, 黒派によって財産没収・永久追放を宣告される（1302）。以後, 二度と祖国の地を踏むことなくイタリア各地の宮廷を流浪し, ラヴェンナで客死。流浪中に完成させた『神

曲』*は，ルネサンス文学の幕開けを告げる作品。ほかに『饗宴』『俗語論』『帝政論』など。
♦ジョット，ペトラルカ

断頭台（ギロチン）
guillotine

1789年に改良考案された斬首装置。南フランスやイタリアで古くから用いられていたものを，パリ大学の解剖学教授で憲法制定国民議会議員のギヨタン Guillotin, Joseph Ignace が改良し，92年に死刑執行装置として採用された。苦痛が軽いほか，処刑に要する時間が短いため，恐怖政治*期に多数の人々を処刑するのに活用され，恐怖政治のシンボルとなった。

ダントン
Danton, Georges Jacques 1759～94

フランスの政治家。弁護士だったが，1790年コルドリエ・クラブを結成，ジャコバン・クラブにも加入してパリ民衆の人気を得る。92年の8月10日事件*後一時法相を務め，国民公会議員に選出されてからはモンターニュ派*の指導者として活躍。93年秋以降モンターニュ派の内部抗争が激化すると，恐怖政治の強化に反対して右派を形成し，左派のエベール派やロベスピエール*派と対立，94年3月ロベスピエール派によって弾劾され，翌月処刑された。

タンネンベルクの戦い
Tannenberg

第一次大戦勃発直後の1914年8月23～31日，ドイツ東部国境タンネンベルク付近で行われた。開戦直後，シュリーフェン計画*に沿ってドイツ軍は東部戦線に兵力を集中しなかったが，ロシア軍が予想に反し迅速な行動をとったため劣勢におかれた。軍最高司令官にヒンデンブルク*，参謀長にルーデンドルフ*が任命されてドイツ軍が劣勢を挽回した。戦後の27年，同地に記念碑が建てられ，国威発揚のシンボルとなった。

治安判事
Justice of the Peace

イギリスの地方行政・司法を担当した役職。起源は14世紀にまでさかのぼるが，テューダー王朝*のもとで治安維持，救貧法*の施行，賃金・物価の統制など多岐にわたる権限を与えられ，地方統治の中心的存在に位置づけられた。フランスのような中央から派遣された有給官僚ではなく，土着のジェントリ*から選任された無給のアマチュア行政官であり，彼らの「高貴な身分に伴う義務」という伝統的な観念に基づく自発的な協力を前提としていた。

チェーホフ
Chekhov, Anton Pavlovich 1860～1904

ロシアの作家。解放農奴の零細商

人家庭に生まれ，モスクワ大学医学部在学中に世相戯評やユーモア短編作家として創作開始。俗物性や人間の愚かさ，滑稽さを冷静に描くことを主題とした。『かもめ』，『ヴァーニャ伯父さん』，『三人姉妹』，『桜の園』などの戯曲はモスクワ芸術座で上演され，世界と日本の近代演劇に大きな影響を与えた。

チェルヌィシェフスキー
Chernyshevsky, Nikolai Gavrilovich 1828～89

ロシアの哲学者，批評家，作家。聖職者家庭に生まれ，学生時代に唯物論と社会主義に接近。『現代人』誌編集人として評論活動を行い，土地付き農奴解放*を主張。ゲルツェン*らと共にロシア社会主義論の主唱者と目され，革命運動に多大の影響を与えた。1862年に逮捕されて晩年まで流刑。彼の社会主義理想は小説『何をなすべきか』（1863）に描かれている。

♦ ナロードニキ，ベリンスキー

チェルノーフ
Chernov, Viktor Mikhailovich 1873～1952

ロシアの革命家，社会革命党*の創立者・理論的指導者。学生時代に革命運動関与のために逮捕。1899年に出国して理論的諸論考を発表。社会革命党創立に参加，彼の農業社会主義論は党綱領に採用された。二月革命後は臨時政府の農業大臣を務め，十月革命後は憲法制定会議議長。1920年に亡命，第二次世界大戦*中はフランスでレジスタンス運動に参加した。

♦ ロシア革命

チェンバレン（ジョセフ）
Chamberlain, Joseph 1836～1914

イギリスの政治家。実業界からバーミンガム市長を経て，1876年中央政界に入り，自由党*急進派の領袖として大衆の組織化に辣腕を振るう。1886年アイルランド自治法案に反対して離党，自由統一党を結成し，保守党*との連立内閣では植民相に就任した（在任：1895～1903）。典型的な社会帝国主義者で，社会政策を通じた大衆福祉の実現を目指すとともに，その財源確保のために帝国の維持・拡大に邁進，南アフリカ戦争*を指導し，白人植民地の帝国統合計画を唱えた。

♦ 帝国主義

チェンバレン（ネヴィル）
Chamberlain, Neville 1869～1940

イギリスの政治家。チェンバレン（ジョセフ）*の子。父の後継者として早くから実業界で活躍し，1918年49歳で保守党*の下院議員となる。25年保健相として老齢年金や寡婦年金の制度を整え，31年マクドナルド

挙国一致内閣*の蔵相に就任，オタワ会議*で父の悲願であった帝国経済ブロックを成立させた。37年首相（在任：1937～40）となり，宥和政策*を推進するが，逆にナチスを増長させた。

チェンバレン（ヒューストン）
Chamberlain, Houston Stewart
1855～1927

イギリス生まれのドイツの哲学者。音楽家ワグナーの末娘と結婚し，1917年ドイツに帰化。ゴビノー*の人種論を継承してゲルマン＝アーリア人の優秀性を提唱するとともに，劣等人種としてのユダヤ人を対置させ，ナチスの人種思想に多大な影響を及ぼした。主著『19世紀の基礎』（1899）はドイツで爆発的な人気を博し，その熱心な読者であったドイツ皇帝ヴィルヘルム2世*の黄禍論に理論的根拠を与えた。

地動説

地球の自転と公転によって天体現象を説明する理論。プトレマイオスが地球を中心に天体が回転するという天動説（地球中心説）を唱えて以来，中世・ルネサンス期を通して天動説が支配的であり，これが教会の公認学説でもあった。しかし，16世紀にコペルニクス*が天体観測に基づき，太陽を中心に地球が回転しているとする地動説（太陽中心説）を主張。これをガリレイ*，ケプラー*，ニュートン*が支持して決着がつく。

血の日曜日事件
Bloody Sunday

1905年1月22日（露暦9日）にロシアのペテルブルグで発生した発砲事件。日露戦争による窮状への不満を背景に首都でゼネストが広がるなか，司祭ガポンの指導する官製労働組合員や大衆が憲法制定議会設置，政治的自由，戦争中止，8時間労働制をツァーリに請願すべく行進したのに対し，軍隊が市内要所や冬宮前広場で発砲したもの。死者は数百人にのぼり，これを契機にストライキが全国に波及，第一次革命の引き金となった。
◆ロシア第一次革命

チャアダーエフ
Chaadaev, Pyotr Yakovlevich
1794～1856

ロシアの思想家。富裕貴族に生まれ，1812年モスクワ大学を卒業後，ナポレオン戦争に参加。21年にはデカブリスト*に参加したが，23年に出国。帰国後『哲学書簡』を執筆，正教を奉じるロシアが世界の普遍的発展と断絶していることを指摘し，カトリック信仰の必要を論じた。スラヴ派*と西欧派*へのロシア社会思想の分岐は『哲学書簡』の評価をめぐって生じた。

チャーチル

Churchill, Winston Leonard Spencer　1874〜1965

イギリスの政治家。首相(在任：1940〜45, 51〜55)。名門貴族の家系に生まれ，青年将校として各地の帝国主義戦争に参戦，従軍記を著して文才を発揮した。1900年下院議員に当選，自由党*政権で商相，内相などを歴任し，第一次世界大戦*中は海相として戦車の開発などを推進。24年保守党*に移籍するが，その強硬的な言動から党主流と対立，閣外からインド独立運動への譲歩や対独宥和政策*を批判し続けた。第二次世界大戦*では首相として強力な統率力を発揮，イギリスを戦勝へと導く。戦後は「鉄のカーテン」演説で警世の士としての存在感を印象づけるとともに，再度首相に就任して冷戦の緩和に努めた。53年ノーベル文学賞を受賞。

♦カイロ会談，大西洋憲章，テヘラン会談，ヤルタ会談

チャップリン

Chaplin, Charles Spencer　1889〜1977

イギリス国籍の映画監督，俳優。ロンドンに生まれ，アメリカへ移住して映画界に入った。貧しい庶民の愛を描き続けた彼は，次第に高度資本主義社会の人間疎外を告発し，現代文明への批判を強めていった。ファシズムを弾劾する『独裁者』(1940)，帝国主義*戦争を批判した『殺人狂時代』(1947)などを製作。1973年にアカデミー賞を受賞。75年にナイトの称号を受けた。

チャーティスト運動

Chartist Movement; Chartism

1838〜58年にかけてイギリスで展開された労働者階級の政治運動。折からの深刻な不況を背景に多数の労働者を動員，議会の民主化を求めた人民憲章*の実現を目指し，1839年，42年，48年の3度にわたって大規模な議会請願を行った。いずれの請願も議会に拒否され失敗に終わったが，大衆的な民主主義運動の先駆けとしての意義は大きい。49年以降は景気の回復もあって参加者が減少，社会的な影響力を失った。

♦選挙法改正(イギリス)，普通選挙権

チャールズ1世

Charles I　1600〜49

イギリス・ステュアート王朝*の国王(在位：1625〜49)。父ジェームズ1世*と同様に王権神授説*を信奉し，1629年議会を解散して11年間にわたる専制政治を展開。国王大権を盾に議会の承認を得ぬ課税を強行し，親カトリック的な宗教政策を推進したため，ジェントリ*層らの離反を招いた。40年スコットランド反乱の鎮圧費調達のために短期・長期議会*を召集，これがピューリタ

ン革命*の口火となり，49年処刑された。

♦ 権利の請願，ストラフォード，星室庁，『大諫議書』

チャールズ2世
Charles II　1630〜85

イギリス・ステュアート王朝*の国王（在位：1660〜85）。チャールズ1世*の子。父王の処刑により国王を名乗り，長期の亡命生活の末，1660年王政復古*により帰国。その明朗快活な性格から「陽気な君主」と呼ばれて広く支持を得たが，宮廷には腐敗と退廃が蔓延，自身も13人の愛妾をもった。70年フランス国王ルイ14世*とドーヴァーの密約を交わしてカトリック復興を策すなど，次第に反動的な専制政治へと傾斜した。

♦ 審査法，名誉革命

長期議会
Long Parliament

1640年11月，スコットランドへの賠償金を調達するためにチャールズ1世*が召集し，イギリス・ピューリタン革命*の舞台となった議会。ストラフォード*とロードの逮捕（1640.11, 12）を皮切りに，三年議会法，解散反対法，星室庁*廃止法など一連の改革立法を通過させて王と対立，42年内戦に突入した。48年プライド追放により軍に基盤をもつ独立派*が主導権を握るが，やがて軍首脳部と対立，53年クロムウェル*によって武力解散された。

♦ 残部議会，『大諫議書』，短期議会

超現実主義
Surréalisme

1920〜30年代に発展した芸術運動。フロイトの精神分析の影響を受け，夢や潜在意識下の精神を理性や道徳にとらわれないで自由に表現しようとした。フランスのブルトンらによる「シュールレアリズム宣言」（1924）を起点に始まり，30年代になるとコミュニズムに接近しようとする派と，ダダのように純粋芸術主義の立場に立つ派に分裂，第二次世界大戦*後衰えた。

長老派
Presbyterians

カルヴァン*主義の流れをくむイギリス・ピューリタン*の一派。教会統治において信徒から選出された長老の役割を重視し，国教会の監督制を批判した。ピューリタン革命*では，スコットランドとの同盟を契機に政治勢力として急速に台頭，議会の多数派をなして革命を主導した。議会派内の穏健派として，国王との妥協と早期の事態収拾を模索したが，1648年徹底抗戦を求める独立派*によって議会から追放され，政治的な影響力を失った。60年，再召集された議会に復帰し，王政復古を準備した。

チョーサー
Chaucer, Geoffrey 1343頃～1400

イギリス4大詩人の一人。国王の侍従となり，外交使節としてイタリアを訪れた際にペトラルカ*やボッカッチョ*と交流し，ルネサンスの息吹に触れる。ボッカッチョの『デカメロン』*に着想を得たといわれる『カンタベリー物語』（1387～1400）は晩年の傑作であり，中世英語の形成に多大な影響を及ぼすとともに，英詩の基本的形式を確立した。その功績ゆえに「英詩の父」と称される。

地理上の発見

15世紀からヨーロッパ人が未知の地域や民族と接触したことの総称。「発見」という言葉はヨーロッパ中心の発想であり，発見された側を無視した言葉であるため，近年は「大航海時代」*という語を使用することが多い。ディアス*の喜望峰発見（1488），コロンブス*の新大陸発見（1492），バルボア*の太平洋発見（1513），マゼラン*のフィリピン発見（1521）などが主なもの。

"朕は国家なり"
L'État, c'est moi

フランス絶対王政を確立したルイ14世*の威厳を象徴する言葉。ルイ14世が，1655年4月13日，パリ高等法院*の議場で審議が延々と続いたとき，審議を止めさせるために行った発言といわれる。ここには国王の意志を絶対視する絶対王政期の権力観が認められる。

ツァーリ
Tsar（Czar）

古代ラテン語のカエサル Caesarに由来するロシアの君主を指す語。ロシアでは，イヴァン3世がリヴォニア騎士団との交渉で用いたのが最初の例とされているが，公式称号に採用されたのは1547年，イヴァン4世*による。1721年，ピョートル1世*が元老院から皇帝（インペラートル）称号を奉じられて以降はこれが公式称号となるが，非公式にはツァーリも並用された。

ツヴィングリ
Zwingli, Ulrich（Huldrych）1484～1531

スイスの宗教改革者。聖職者を務めながらもエラスムス*の人文主義*の影響を受け，1522年断食の戒律に反対する説を唱えたことから改革者の道を歩むことになる。その活動がチューリッヒ市の参事会に認められ，同市の司祭となって聖像礼拝・修道院・オルガン演奏・堅信礼などを廃止するなど教会儀式の急進的な改革を押し進めた。やがて聖餐に対する独自の考えを展開し，1529年マールブルクの宗教会議でルター*と論争し決別した。第二次カッ

ペル戦争ではチューリッヒ軍の従軍牧師を務め，そこで没した。彼の教義は後のカルヴァン*に影響を与えるものであり，スイスでの宗教改革の創始者と位置づけられる。

ツェトキン
Zetkin, Clara 1857～1933

ドイツの女性政治家，革命家。女性解放運動に尽力した。教員養成所を修了後，社会民主党*に入党，第二インターナショナル*の設立にかかわる。1892年同党の女性解放誌『平等』を創刊，1915年ベルンで戦争反対の国際社会主義女性会議を主催した。この後スパルタクス団*，独立社会民主党の創立に加わり，後に共産党に入党した。しかし党内の対立から離党し，夫の故郷であったモスクワに移住，同地に没した。

冷たい戦争（冷戦）
Cold War

第二次世界大戦*後，アメリカを盟主とする自由主義陣営と，ソ連を盟主とする社会主義陣営に分かれて，東西両陣営の厳しい対決を地球的規模で展開し，緊張関係を持続したことを指す国際政治上の出来事。危機と緊張緩和（デタント）が繰り返される状況が続いたが，1985年のゴルバチョフ*共産党書記長の登場の頃から米ソ関係改善の兆しが現れ，89年末のマルタ会談*で冷戦終焉が宣言された。

♦北大西洋条約機構（NATO），キューバ危機，コミンフォルム（共産党・労働者党情報局），孤立主義，封じ込め政策，マーシャル＝プラン

ツルゲーネフ
Turgenev, Ivan Sergeyevich 1818～83

ロシアの作家。ロシア中部オリョール県の地主貴族に生まれる。モスクワ大学卒業後ベルリンに学び，深い教養を備えた西欧主義者として帰国したが，1840年代以降はパリに暮らした。短編集『猟人日記』で農民の高い精神性を描いて農奴制を告発，『ルージン』など一連の小説では貴族文化の衰退と，新しい時代の主人公たる雑階級人知識人の形象を描いた。

♦西欧派，ベリンスキー

ディアス（バルトロメウ）
Dias, Bartolomeu 1450頃～1500

ポルトガルの航海者。1486年，アフリカにあると信じられていた「プレステ・ジョアンの国」の発見を命じられ，87年リスボンを出港してアフリカ西岸に沿って南下，88年最南端に至る。彼はそこで引き返し「嵐の岬」と命名したが，のちに「喜望峰」と改名。喜望峰発見*は10年後のインド航路開拓*を準備することになる。ディアス自身1500年にインドに到達し同地で死去。

▶ヴァスコ・ダ・ガマ，カウン，地理上の発見

ディアス（ポルフィリオ）
Díaz, Porfirio 1830〜1915

メキシコの将軍，独裁者，大統領（在任：1876〜80，1884〜1911）。1854年に始まる自由主義革命（レフォルマ）を支持し，特にフアレス大統領の指導する内戦および対仏戦争で，自由派の軍人として活躍した。フアレス死後の76年，旧革命軍や新地主層などの支持を背景に武力で権力を握り，1911年のメキシコ革命*によって追われるまで長期間独裁政治を続けた。パリへ亡命し，同地で没した。

ティエール
Thiers, Louis Adolphe 1797〜1877

フランスの政治家，歴史家。ジャーナリストであったが，『フランス革命』（1824〜27）を著して有名になった。自由主義の立場からシャルル10世が発布した勅令に抗議し，七月革命*が勃発するとルイ・フィリップ*を擁立して，七月王政*を誕生させた。1830〜40年代にかけて抵抗派の指導者となり，内相，外相，首相などの要職を務めたが，「国王は君臨すれども統治せず」というその理念が国王と相容れず，やがて野党に転じた。第二帝政*では反帝政の立場を貫き，70年第三共和政*が成立すると行政長官に就任，パリ・コミューン*を弾圧する一方，初代大統領（在任：1871〜73）として戦後復興に努めるとともに，王党派を抑えて保守的共和政の確立に努めた。

ディガーズ
Diggers

「土掘り人」の意味する，イギリス・ピューリタン革命*期の先駆的な農業共産主義者グループ。私有財産制の廃止なしには本当の平等はありえないと主張し，自らを「真の平等派（True Levellers）」と呼んだ。指導者は神秘主義者ウィンスタンリで，支持者の大半は物価や凶作にあえぐ貧農であった。1649年サリ州の荒地を占拠して開墾を進め，土地を共有する共産主義的な共同体の建設を目指したが，共和国政府によって弾圧され消滅した。

帝国主義
imperialism［英］ Imperialismus［独］ imperialisme［仏］

国外での植民地の獲得・維持・拡大を目指す膨脹主義政策。1870年代から第一次世界大戦までの時期は「帝国主義の時代」と呼ばれ，わずか30年の間に一握りの列強諸国によって世界の陸地の5分の1，世界人口の10分の1が植民地化された。こうした対外膨脹を促す要因として，原料供給地，製品市場または資本投下先を求める資本主義列強の経済的

利害を重視するのが通例であるが，植民地と貿易・投資先とは必ずしも一致しておらず，外交ないし戦略的理由から，また国威発揚のために対外膨脹へと向かう場合も多かった。特に国内の利害対立を国外に転嫁し，緊張緩和と国民統合をはかるという側面を強調する解釈は「社会帝国主義」と呼ばれる。
♦ホブソン

ディズレーリ
Disraeli, Benjamin, 1st Earl of Beaconsfield 1804~81

イギリス・保守党*の政治家。首相（在任：1868, 74~80）。改宗ユダヤ人作家の子で，自らも数多くの長編小説を発表。特に政治小説『シビル』（1845）の中で披露した政治哲学——保守党の貴族政党から大衆政党への脱皮——は，後に第二次選挙法改正*や「トーリ・デモクラシー」と呼ばれる大衆向けの社会改革政策として実現される。ドイツ帝国*の誕生とロシアの膨脹主義に対抗して，帝国の統合をスローガンに掲げ，スエズ運河*の買収（1875），ヴィクトリア女王*の「インド女帝」推戴（1877），露土戦争*への介入とロシアの南下阻止（1878）など華々しい帝国外交を展開，自由主義から帝国主義*へと時代の主潮を導いた。71年伯爵に叙される。
♦グラッドストン

ディドロ
Diderot, Denis 1713~84

フランスの思想家，文学者。当初法律を学んだが，文学を志し，苦学しながら様々な知識を蓄積。1746年『百科全書』*の出版を企画し，ダランベール*と協力してその編纂にあたった。多くの知識人を動員するとともに自らも多くの項目を執筆，51年に第1巻を刊行し，72年に完成させた（全27巻）。その他多くの著作を著し，無神論と唯物論の立場からアンシャン・レジーム（旧制度）*を批判している。
♦啓蒙思想

テイラー・システム
Taylor System

19世紀末から20世紀初頭にかけて，アメリカのフレデリック・W・テイラーが開発し普及に努めた，生産効率向上のための科学的工場労働管理法。従来の経験や勘による管理を排し，時間測定や動作改善によって科学的に各労働者の標準作業量を定め，それに基づいて生産を計画的に進行させる制度。科学的管理法は普遍的な管理技術として結実するには至らなかったが，その後の企業の管理のあり方に大きな影響を及ぼした。

ティルジットの和約
Friede von Tilsit

1807年7月，ナポレオン1世，プロイセン王フリードリヒ＝ヴィルヘ

ルム3世, ロシア皇帝アレクサンドル1世の間で結ばれた条約。これによりプロイセンはエルベ川以西と旧ポーランドの領地を放棄し, それぞれにナポレオンの実弟が国王となるヴェストファーレン王国, ワルシャワ大公国が建てられた。さらに多額の賠償金, 軍備制限, 仏軍の駐留なども強要され, プロイセンにとってはきわめて屈辱的な内容であった。

デカブリスト
Decembrists

1825年12月, 専制と農奴制に反対して蜂起したロシアの貴族革命家, ナポレオン戦争に参加した将校が中心。ペステル大佐が率い共和政を志向する「南方結社」と, ムラヴィヨフを中心に当初は立憲君主政を目指した北方結社がある。アレクサンドル1世死去後の空位期に時期尚早の武装蜂起を試みて鎮圧され, 運動は壊滅。首謀者5名は絞首刑, その他121名が懲役, シベリア流刑の判決を受けた。
◆チャアダーエフ, ロシア革命

『デカメロン』
Decameron

ボッカッチョ*の物語集。1348～53年頃執筆。イタリア語で書かれた散文の傑作。1348年にフィレンツェ*で猛威をふるった黒死病の難を逃れた10人の男女が田舎に集まり, 各人が1日1話ずつ10日間にわたって物語を語って憂さを晴らすという設定。合計100話で構成。「デカメロン」とは「十日物語」の意味。厳粛な話から好色な話まで含み, ダンテ*の『神曲』*に対して『人曲』とも評される。

デカルト
Descartes, René 1596～1650

フランスの哲学者, 科学者。神学を学び, 軍に入隊していたときに啓示を受け, すべてを疑ったのちに疑うことのできないもの, つまり疑う私があるという真理(「われ思う, ゆえにわれあり」)に到達し, 『方法序説』(1637)や『省察録』(1641)を著した。精神と物質の徹底した二元論や機械論的自然観を展開して近代科学の理論的枠組みを確立し, 理性による非合理の批判的検討を説いた。近代的合理主義哲学の父。
◆合理論

鉄衛団(ルーマニア)
Garda de Fier

1930～41年に力をもった, ルーマニアのファシスト・グループ。元来は27年にコルデアヌによって設立された「大天使ミハイル軍団」の戦闘組織。反ユダヤ, ナショナリズムを宣伝。40～41年のアントネスク内閣に入閣したが, 41年1月に同党が試みようとしたクーデターの計画によってドイツ側の信用を失い, 勢力を失う。

鉄血政策
Blut und Eisen Politik

プロイセン首相ビスマルク*が,ドイツ統一をプロイセン中心に軍事力で達成することを基本方針とした政策を指す。1860年代初頭,プロイセン憲法紛争*を機に首相に任命されたビスマルクは,国家的統一が言論や多数決では実現不可能であることを主張した。名称は62年9月30日の議会演説「現下の大問題は,鉄と血によって決せられる」に由来する。この発言は,政府と議会内自由主義勢力との対立を激化させたが,この後64年対デンマーク戦争,66年普墺戦争*,70年普仏戦争*を経て71年にドイツ帝国*の創建に至った。

▶シュレースヴィヒ゠ホルスタイン問題

テネシー河流域開発公社(TVA)
Tennessee Valley Authority

1933年アメリカでニューディール*政策の一環として設立された,テネシー河流域総合開発事業のための公社。その発端は,第一次世界大戦*期に建設された後放置された施設やダムの公的管理運営を目指す運動で,それを総合的地域開発計画に改め,ダム建設,発電,植林,土壌保全,河川整備,肥料工場の建設と農業の振興,漁業・鉱業・観光資源開発などに取り組んだ。消費者に安い電力を供給したが,民間業者を圧迫するとの批判も受けた。

テヘラン会議
Teheran Conference 1943.11.28~12.1

第二次世界大戦*中,イランのテヘランで開かれたローズヴェルト(フランクリン)*,チャーチル*,スターリン*の米英ソ三国首脳会談。主な合意事項は,三国の協力の確認のうえにソ連の反攻に呼応して米英のノルマンディー上陸*作戦を44年5月に開始するという,いわゆる第二戦線結成の決定,ユーゴスラヴィアにおけるチトー率いるパルチザンの援助,トルコに対する参戦勧告,ソ連の対日参戦,イランの独立と領土保全などであった。

テューダー王朝
Tudors

1485年から1603年まで5代続いたイギリスの王朝。始祖はバラ戦争*の勝者でウェールズ豪族のヘンリ7世*。テューダー王朝の治世はいわゆる絶対王政の確立期とされるが,絶対王政の支柱とされる官僚制と常備軍はイギリスの場合は脆弱で,地方統治を土着のジェントリ*から選任される無給の治安判事*に,軍隊を州民で編成される自衛組織的な民兵に頼っており,中央と地方を結ぶパイプとして身分制議会が存続し続けた点に特色がある。文化的には宮廷を中心にイギリス・ルネサンスが開花した。

▶絶対主義

テュッセン

Thyssen, Fritz　1873～1951

ドイツの大資本家。19世紀末,先代が鉄鋼・鉄道・造船にまたがるコンツェルンを築き,1926年にその仕事を引き継ぐと,合同製鋼株式会社を設立,一大鉄鋼会社となった。政治的にはもともと国家人民党に属したが,31年ナチ党に入党,同党への資金提供者となり,ヒトラーと重工業界との提携に重要な役割を果たした。カトリックへの信仰からヒトラーに反発を覚え,39年スイスに亡命した。

◆再軍備宣言（ドイツ）

デューラー

Dürer, Albrecht　1471～1528

ドイツ・ルネサンス*の画家,版画家。ニュルンベルク出身。2度のイタリア旅行（1494～95,1505～07）で盛期ルネサンス美術を学び,ドイツに初めてルネサンス様式を導入。北方風の細密描写と折衷させた独自の画風を開拓。ザクセン選帝侯や皇帝マクシミリアン1世にも仕える。代表作に「自画像」「アダムとエヴァ」「ヨハネ黙示録」など。理論書『人体均衡論』（1528）もある。

テュルゴー

Turgot, Anne-Robert-Jacques
1727～81

フランスの政治家,経済学者。パリ高等法院*評定官やリモージュ地方長官などを歴任。1774年ルイ16世から財務長官に任命され,穀物取引の完全自由化,同業組合の廃止などの改革に着手したが,穀物戦争（1775）や,特権階級の激しい反対にあって76年に辞任。その経済理論は,重農主義*を基礎としているが,労働一般の生産性を説くなど,重農主義と古典派経済学を媒介する位置を占めている。

デルカッセ

Delcassé, Théophile　1852～1923

フランスの政治家。ガンベッタ派に属し,植民地相（在任：1894～95),外相（在任：1898～1905）として,ファショダ事件*の解決（1898）や英仏協商*の締結（1904）によるイギリスとの同盟関係の強化に努めるとともに,露仏同盟*の強化,イタリアとの協調政策を推進するなど,普仏戦争*以来のフランスの国際的孤立状況の打破に貢献した。

テルミドール反動

Thermidor　1794.7.27

フランス革命*期にロベスピエール*派を失脚させ,恐怖政治*を打倒したクーデター。革命暦第2年テルミドール9日にあたっていたのでこう呼ばれる。1793年6月モンターニュ派*による恐怖政治が始まったが,94年初め革命の危機が弱まると,モンターニュ派内部の分派闘争が激化,ロベスピエール派は,左右のエ

ベール派，ダントン*派を弾圧した。しかしこれは逆に権力基盤を弱体化させ，独裁政治に反発する諸勢力によるテルミドール9日のクーデターを招いて，失脚した。

デルレード
Déroulède, Paul 1846〜1914

フランスの右翼政治家。弁護士だったが，普仏戦争*に志願兵として参加。その後，愛国詩人として名声を獲得し，1882年に対独復讐を目指して愛国同盟を結成。オポルテュニスト体制の下で政府が対独復讐を回避するのに反発して，復讐将軍ブーランジェを積極的に擁護し，ドレフュス事件*では，99年に大統領官邸に進撃したり，軍隊に反乱を扇動するなど，反ドレフュス派の急先鋒の一人として活動した。

『天路歴程』
Pilgrim's Progress

イギリスの文筆家であり熱心なピューリタン*であったJ・バニヤンの作品（二部構成で1678, 84年に刊行）。主人公クリスチャンが幾多の誘惑・苦難に遭遇しながら最終的に天国に至るという寓意物語であり，ピューリタニズムの信仰をきわめて純粋に表明している。同時代のミルトン*とは対照的な率直かつ平易な文体で書かれていることもあって，聖書に次ぐ多数の読者を獲得したといわれる。

ドイツ革命
Novemberrevolution 1918

ドイツ第二帝政から議会制民主主義に基づくヴァイマル共和国*への移行に伴った革命。十一月革命ともいう。1918年10月末キール軍港を中心に水兵反乱が起こると，各都市に蜂起が波及，11月に人民委員政府の樹立をみた。その中心にあった社会民主党は革命の急進化を恐れて旧勢力と妥協，19年1月のベルリン蜂起で急進派を弾圧した。その後の総選挙を通じて中央党，民主党とともにヴァイマル連合を組織して政権を握り，革命が終結した。

◆キール軍港の水兵反乱，スパルタクス団，第一次世界大戦，ルクセンブルク

ドイツ関税同盟
Deutscher Zollverein

1834年，プロイセンを中心に結成されたドイツ諸国の経済同盟のことを指す。関税などの経済的障壁の撤廃により，ドイツに統一的経済圏を形成しようとした。すでにウィーン体制成立後，プロイセンは近隣諸国との経済的提携を進めており，28年プロイセン＝ヘッセン関税同盟が成立し，さらにオーストリアを除く全ドイツが経済的に統一された。68年からは関税議会をもち，政治的統一後はドイツ帝国*がその組織を継承した。

ドイツ観念論
Deutscher Idealismus

カント*に始まりフィヒテ，シェリング*を経てヘーゲル*に至るドイツで主潮流をなした哲学の総称。1790～1830年頃に興隆をみた。カントは先験的方法論を用いて，認識の基準が客観ではなく主観にあることを主張し（コペルニクス的転回），認識の限界を踏まえつつ現実世界を把握しようとした。その哲学上の原理・方法論が美学や倫理学に適用されることで，大きな学問的成果をあげた。時代背景として後進的で閉塞的なドイツの社会・国家状況があり，これに対して人間の精神・内面性が強調されたともとらえられる。その後一時勢いを失うが，19世紀後半から20世紀初頭にかけて新カント学派が起こり，自然科学・文化科学の方法論を根拠づけた。
♦『純粋理性批判』，スピノザ

ドイツ騎士団
Deutscher (Ritter-) Orden

中世に生じた宗教騎士団の一つ。1190年第3回十字軍におけるアッカでの野戦病院に起源をもち，98年宗教騎士団に改編された。北方での異教徒との戦い，キリスト教化が使命とされ，13世紀末までにプロイセン地域を支配下におさめた。その後東方に勢力を拡大，14世紀に最盛期を迎えたが，15世紀にポーランドと敵対してその宗主権に服した。16世紀に世俗公国（プロイセン公国）となり，その所領地は20世紀まで存続した。

『ドイツ国民に告ぐ』
Reden an die deutsche Nation

プロイセンが対ナポレオン戦争に敗北した後，哲学者フィヒテがプロイセン改革に共鳴し，フランス軍占領下のベルリンで1807年末から翌年初頭にかけて行った連続講演。講演はベルリン・アカデミーで行われ，ドイツ人の国民意識の覚醒および国民的自由という点からの政治・社会の改革が訴えられた。その新たな教育・道徳観に感化されたW・フォン・フンボルトが，これを教育改革へとつなげることになる。
♦シュタイン，ハルデンベルク

ドイツ進歩党
Deutsche Fortschrittspartei

1861年プロイセンの穏健自由主義者・民主主義者が結成した政党。包括的な綱領を掲げて結成されたドイツで最初の政党。プロイセン主導の統一国家建設を目標とし，全ドイツにわたり活動を展開。「新時代*」には党勢を拡大したが，ビスマルク*の鉄血政策*と対立，67年ビスマルク支持派が国民自由党を結成したことを受けて党が分裂した。以後，残留派は自由主義左派を形成したが，政治勢力としての結集力に乏しく，第一次世界大戦*直後，民主党に改

組された。
♦プロイセン憲法紛争

ドイツ帝国
Deutsches Reich 1871 ～ 1918（1945）

1871年1月18日，ヴェルサイユ宮殿*鏡の間でプロイセン国王ヴィルヘルム1世*がドイツ皇帝として即位し，統一国家としてのドイツ帝国が創建された。ドイツ帝国は22の君主国と3自由市からなる連邦国家で，各邦を代表する連邦参議院と，国民代表機関として男子普通選挙による帝国議会をもった。しかし宰相は皇帝が任命し，議会に責任を負わなかった。プロイセン王が皇帝を，プロイセン首相が帝国宰相をそれぞれ兼ねており，プロイセンが他邦に優越していた。なお，Deutsches Reichという呼称は一般に1918年までのこの第二帝政にあてられるが，広くは45年までのドイツを指すもので，後のヴァイマル共和国*，第三帝国*は通称。
♦ヴィルヘルム2世，北ドイツ連邦，小ドイツ主義，ドイツ関税同盟，ビスマルク，普仏戦争，文化闘争

ドイツ統一
deutsche Einheit 1990

第二次世界大戦後*東西に国家分裂していたドイツが，1990年10月3日国家として統一されたこと。ベルリンの壁崩壊直後に東西ドイツ両首脳が会談，90年3月の東ドイツ人民議会選挙により早期再統一の方向が固まった。周辺諸国では「強大なドイツ」の出現が懸念されたものの，同年9月にかつての戦勝国との条約調印により国際的な承認を得た。建前は両ドイツの対等な合併であったが，実質的には西ドイツへの東ドイツの編入・併合となった。
♦ドイツ民主共和国，ドイツ連邦共和国，ベルリンの壁

ドイツ農民戦争
Bauernkrieg 1524～25

大農民戦争ともいう。ドイツ西南・中部に生じた政治的・社会的変革を求めた大農民一揆。14世紀より頻発していた貧農層の一揆がルター*の教義と結びつくことで急進化した。1524年夏頃シュヴァルツヴァルト周辺から始まり，バイエルンを除いた南部さらには中部地方へと一気に広まった。25年には12カ条の要求を掲げて領主を圧迫したが，シュヴァーベン同盟の諸侯軍に鎮圧された。農民は再び厳しい領主支配に服した。
♦再洗礼派，ミュンツァー

ドイツ民主共和国
Deutsche Demokratische Republik（DDR）

通称東ドイツ。1949年5月ドイツ連邦共和国*が成立したことを受け，同年10月ソ連占領地区に成立した国家。社会主義統一党の独裁的性格が

色濃く，社会主義国家として東側陣営の一翼を担った。当初西ドイツとは対立姿勢をとったが，次第に軟化した。80年代後半，東欧革命が進展するなかで，89年ベルリンの壁*の解放が実現，翌90年西ドイツに実質上吸収合併された。

♦ドイツ統一，ベルリン封鎖，ホーネッカー

ドイツ連邦

Deutscher Bund　1815～66

ウィーン会議*により成立したドイツ諸国家による連合組織。35君主国と4自由市により構成された。各邦国は君主主権を維持しつつ，その代表からなる連邦議会が設けられたが，統一政府はもたなかった。オーストリアが議長国を務め，特に1819年のカールスバート決議*以後は，統一と立憲運動の抑圧的機関として機能した。三月革命*時にいったん無力化し，その後に復活，普墺戦争*でのプロイセンの勝利により解体した。

♦北ドイツ連邦，小ドイツ主義，大ドイツ主義，メッテルニヒ

ドイツ連邦共和国

Bundesrepublik Deutschland (BRD)

通称西ドイツ。第二次世界大戦*後，米・英・仏の占領地区に成立した国家。1948年6月この地区で始まった通貨改革により東西ドイツへの分裂が決定的となり，49年5月憲法にあたる基本法をもとに成立した。自由主義・民主主義国家として西側陣営に属し，その経済力からEC，EUの中軸国となった。89年ベルリンの壁*が崩壊，翌年東ドイツとの統合を果たした。2000年首都がボンからベルリンに移った。

♦ドイツ統一，ドイツ民主共和国，ベルリン封鎖

『統治論二編（市民政府二論）』

Two Treaties of Government

1689年に発表されたロック*の主著。2つの論文で構成され，第一論文がフィルマー*の王権神授説*に対する反論，第二論文がホッブズ*の社会契約説*を継承した政治理論の展開である。人々は私有財産と生命の保護を確実にするために社会契約を結び，その保証を主権者に委託するが，それが阻害される場合は主権者を更迭する革命権を有すると説き，近代デモクラシーの理論的根拠となった。

トゥハチェフスキー

Tukhachevsky, Mikhail Nikolaevich　1893～1937

ソ連邦最初の元帥の一人。没落貴族家庭に生まれて軍人としての教育を受けたが，十月革命とともに赤軍に参加。軍司令官として内戦や対ポーランド戦争に加わり，反乱鎮圧などで勲功をあげた。軍事人民委員代

理として赤軍の近代化に取り組み，独創的軍事理論を生みだした。1935年元帥に任じられたが，37年粛清*の犠牲となった。
♦スターリン，ソヴェト内戦

東方貿易（レヴァント貿易）

地中海におけるヨーロッパと東方すなわちイスラム地域との異文化間貿易のこと。ヨーロッパから見た呼び方。特に十字軍遠征をきっかけにイタリア商人が独占し，ヴェネツィア，ピサなどの海港都市の繁栄をもたらす。おもにアジア産の香辛料などの高価軽量商品を扱う。しかしアジアとの直接貿易を可能にするインド航路開拓*で，地中海を舞台とする間接貿易は衰退に向かった。
♦ルネサンス

東方問題
Eastern Question

18～19世紀，オスマン帝国*の衰退と混乱によって生じた一連の国際紛争を言う。同帝国はバルカン半島のほぼ全域を支配していた。この方面での勢力の伸張をはかり南下をねらうロシア，それに対抗するオーストリア，さらにプロイセンの思惑，またインドへの通商路を確保しようとするイギリス，これを阻止しようとするフランス，トルコからの独立を望むキリスト教諸民族の動きが複雑に重なった。ギリシア独立戦争*，クリミア戦争*，ブルガリア・アルメニア・クレタ問題，ボスニア・ヘルツェゴヴィナの併合などの紛争を引き起こした。

ドゥーマ
Duma

ロシアの国会。原義は「考えること」。広く合議制機関を指し，ピョートル以前の貴族会議や近代の都市自治機関もこの名で呼ぶが，慣用的に第一次革命を機に設けられた国家ドゥーマを指す。議員は不平等選挙で選出され，上院の国家評議会とともに二院制立法機関を構成した。四次にわたって召集，反政府党派が多数の第一・第二国会はストルイピン*により短期間で解散させられ，選挙法改悪後の第三・第四国会では右派が多数を占めた。
♦ウィッテ，ニコライ2世，ロシア第一次革命

統領制（フランス）
Consulat　1799～1804

ブリュメール18日のクーデター*の結果成立した政体。統領政府，あるいは執政政府ともいう。3人の統領で政府を構成し，執行権と法律発議権を独占したが，事実上，第一統領ナポレオンが軍事指揮権を含むすべての決定権を掌握した。ナポレオンはリュネヴィルの和約（1801），アミアンの和約*（1802），コンコルダート（1801）を結ぶとともに，行政・司法・財政機構の改革を進め

て，ナポレオン法典＊の制定（1804）やフランス銀行を設立（1800）し，1804年皇帝に即位して統領制は廃止された。
♦ナポレオン1世

独ソ不可侵条約
Deutsch-Sowjetischer Nichtangriffspakt

1939年8月ドイツとソ連の間で結ばれた条約。もともとナチス・ドイツは反共を掲げてソ連に敵対的であったが，同年春頃から強まる東欧へのドイツの侵略的姿勢にフランス・イギリスが反発，戦争が避けられないと見たヒトラーはスターリンに接近した。東方での軍事的脅威を抑えるため両国相互の不侵略，第三国との交戦時の中立を約すことに成功，この1週間後ドイツはポーランドに侵攻した。
♦第二次世界大戦，日独伊三国同盟，日独防共協定，モロトフ＝リッベントロップ秘密議定書

独立宣言（アメリカ）
Declaration of Independence
1776.7.4

大陸会議＊において，イギリス領北アメリカ植民地の独立の理由を公にした宣言。ジェファソン＊が単独で起草した案が，独立宣言起草委員会と大陸会議で多少修正された後，1776年7月4日に公布された。独立宣言は，基本的人権・革命権の主張を述べた前文，国王の暴政28カ条の列挙と本国議会・本国人への非難を述べた本文，独立を宣する後文，の三部分から成っている。
♦アメリカ独立革命，フランクリン

独立派（イギリス）
Independents

イギリス・ピューリタン革命＊における議会派の中心勢力。元来は，国教会からの分離を唱えたピューリタン＊の一派で，長老派＊とともに宗教的な教派の呼称であったが，革命期に政治党派としての性格を帯びるようになった。議会では少数派であったが，軍事権を掌握して大きな影響力を保持し，国王との徹底抗戦を主張して議会多数派の長老派と対立，1648年議会から長老派を追放して主導権を握った。
♦残部議会，長期議会

独立労働党
Independent Labour Party

裕福な熟練労働者を中心とした自由・労働主義＊に対して，非熟練労働者を組織した一般労働組合を母体に1893年設立されたイギリスの労働者政党。党首はハーディー＊。既成の政党から独立した労働者の代表を議会へ送り込み，議会活動を通じて労働条件の改善や権利の拡大を実現することを目指す。しかし，95年の総選挙では候補者全員が落選しており，世紀末の時点では依然として自

ドゴール

de Gaulle, Charles-André-Joseph-Marie　1890〜1970

フランスの軍人，政治家。陸軍士官学校を卒業して軍人となり，1930年代には陸軍の防衛戦重視戦略を批判して機械化部隊の整備と機動戦の意義を説いた。第二次世界大戦*でフランスがドイツに降伏すると（1940.6），亡命先のロンドンから抗戦を呼びかけ，亡命政権「自由フランス」を組織するなど，本国内のレジスタンス*と呼応して対独抵抗を続けた。44年6月フランス臨時政府を結成して首相に就任したドゴールは，8月にパリに凱旋。しかし，戦後体制のあり方をめぐって諸党と対立して，46年1月に首相を退き，やがて政界からも引退した。だが，58年5月アルジェリアのフランス軍などの反乱を前にして，国家の統一と威信を説いて再登場し，首相に就任して全権を掌握，憲法を改正して，第五共和政*を発足させた。12月に初代大統領に就任したドゴールは，アルジェリアの独立を承認してアルジェリア戦争*を終結させ（1962），経済発展に努めるとともに，NATOの軍事機構からの離脱，中華人民共和国の承認（1964），東欧外交，核兵器の開発などの積極的な独自外交を展開して「フランスの栄光」を追求した。しかし，五月革命（1968）が勃発し，この鎮圧に成功するものの，翌年の信任を問う国民投票に破れて辞職した。

◆五月危機（五月革命）

ドーズ案

Dawes Plan

1924年に策定・実施されたドイツの戦争賠償支払い計画。ヴェルサイユ条約*で取り決められた賠償支払いの困難をドイツが訴えると，23年1月フランスとベルギーがルールを占領，ドイツ経済が危機に陥った。その打開のためアメリカ人ドーズを委員長とした専門委員会が設置され，向こう4年間の支払いが決定された。これによりフランスがルールから撤兵，主にアメリカ資本の流入を得て経済が回復し，相対的安定期*につながった。

◆ヴァイマル共和国（ワイマル共和国），シュトレーゼマン，ヤング案，ルール占領（出兵）

ドストエフスキー

Dostoyevsky, Fedor Mikhailovich　1821〜81

ロシアの作家。処女作『貧しき人々』でベリンスキー*の激賞をうける。社会主義サークル参加を理由に逮捕，死刑判決を受けたが執行直前に減刑。この体験は作家の精神に大きな刻印を残した。『罪と罰』，『白痴』，『カラマーゾフの兄弟』など一

連の長編小説では，ロシアの社会的・精神的危機を哲学的に意味づけて人間の苦悩を追究，社会と人間との調和を探究した。

突撃隊（SA）
Sturmabteilung

ナチ党の政治的闘争・宣伝部隊。1920年に党の集会警護団として組織され，次第に制服を着用しての街頭デモ行進や反対派への妨害活動を行うようになった。ミュンヘン一揆*後に禁止されたが，25年に再建されると規模が拡大し，大衆団体的な性格が強くなった。ヒトラー*政権成立後は補助警察として活動したが，34年6月に参謀長のレームがクーデターを企てたとして殺害された後は，その影響力を失った。
♦親衛隊（SS）

ドナテッロ
Donatello 1386頃~1466

イタリアの彫刻家。フィレンツェ*出身。初期ルネサンス*の巨匠の一人で，ブルネレスキ*とも親交。代表作は大理石製の「聖ゲオルギウス」，ブロンズ製の「ダヴィデ」「ガッタメラータ騎馬像」，木製の「マグダラのマリア」。裸体立像や騎馬像で古代様式を復活させ，写実主義を徹底。メディチ家*の庇護をうけ，死後はコジモ・デ・メディチの墓の隣りに埋葬される栄誉を得る。

ドヌー
Daunou, Pierre Claude François 1761~1840

フランスの政治家，歴史家。哲学・神学教授であったが，1789年以来革命に参加。聖職者民事基本法（1790）や公民教育を擁護するなど，穏健共和主義者として活躍。92年国民公会議員に選出されるが，山岳派によるジロンド派*の追放に抗議して，逮捕・投獄される。ロベスピエール*失脚後復活して，1795年憲法や，公教育制度の整備を図る公教育組織法（ドヌー法）制定の中心となり，99年に設立された国立文書館の発展，コンドルセの遺著『人間精神進歩の歴史的素描』の発行にも貢献した。

トラファルガー海戦
Battle of Trafalgar［英］ Bataille de Trafalgar［仏］

1805年スペイン南西部のトラファルガー沖で行われたイギリス艦隊とフランス・スペイン連合艦隊の海戦。イギリスが第3回対仏大同盟*を結成すると，ナポレオンはイギリス本土上陸作戦を計画。だがこの海戦でネルソン率いるイギリス艦隊に敗れて，イギリス本土上陸作戦を断念，大陸制圧と大陸からイギリスを排除し，フランスのための市場を確保する大陸封鎖に方針を大きく転換することになった。
♦大陸封鎖令（ベルリン勅令）

トリエント（トレント）公会議
Trienter Konzil [独] Tridentinum [ラテン語]

1545～63年に断続的に南チロルのトリエントで、教皇パウロ3世の招請により開かれたカトリック教会の宗教会議。プロテスタントも招待されたが参加を見なかった。会議は結局カトリック教会の刷新と宗教改革*により失った地位の回復を目指すものとなる。教皇の地位が再確認され、聖書だけでなく、教会の伝統も信仰の拠り所であることが確認された。読むことを禁じた書物のリスト（「禁書目録」）も定められ、後に反宗教改革へとつながった。

♦反（対抗）宗教改革

トーリ党
Tory Party

1680年代に組織されたイギリスの政党で、現在の保守党*の前身。旧教徒の王弟ジェームズを王位継承者から排除しようとする動きに反対した人々をホイッグが呼んだあだ名（アイルランドの「無法者」の意）に由来する。国王に対する服従や国教会体制の擁護を政治的理念とするが、ホイッグ党*と同様に、利害や意見を同じくする議員が自発的に結集した院内集団にすぎず、政治綱領や党規律をもつ近代政党としての性格は未発達であった。概して地方の地主層を基盤にしていた。

トルストイ
Tolstoy, Lev Nikolayevich 1828～1910

ロシアの作家、名門地主貴族の出身で伯爵。『幼年時代』など自伝三部作で創作を開始、クリミア戦争*に従軍し『セヴァストーポリ』を執筆。文明に対する自然の優位、人格の道徳的完成を追求し、『戦争と平和』では歴史の創造者たるナロードを描き、『アンナ・カレーニナ』では世俗の偽善を暴いた。宗教的危機を体験、『懺悔』以降は思想伝道者的相貌が強まる。思想と実生活との乖離に煩悶、家出して寒村の駅で死去した。

♦セヴァストーポリ要塞

ドルフース
Dollfuss, Engelbert 1892～1934

オーストリアの保守的政治家。農民家庭に生まれ、ウィーン、ベルリンで法学と経済を学んだ後、キリスト教社会党に所属して農政問題で活躍。1931年農相、32年5月首相兼外相となった。独墺合併に反対してイタリアと結び、国内的には議会を停止して社会民主党とオーストリア＝ナチ党を弾圧、祖国戦線*を率いて独裁的な政治体制を作った。34年7月首相官邸がナチ党に襲撃され、暗殺された。

♦オーストリア併合、シュターレンベルク

トルーマン゠ドクトリン
Truman Doctrine

1947年3月12日の議会での演説で表明された，アメリカ大統領トルーマンの対外政策の一般原則。東地中海の共産主義化を防ぐために，ギリシア，トルコへの4億ドルの経済・軍事援助の必要を説いた。これはモンロー主義を外交の基本としてきたアメリカが，立場を変えて世界中に介入して共産主義勢力に対抗する意志を表明したという意味で，アメリカ外交上画期的な意義をもつものであった。

♦モンロー宣言

奴隷解放宣言
Emancipation Proclamation 1863.1.1

南北戦争*中リンカーン*大統領が発した宣言。戦争の勃発以来，内戦の目的は奴隷の解放にあるのか連邦の維持にあるのかが最大の争点であり，リンカーンは一貫して戦争の主要目的を連邦の維持に限定していた。しかし軍事上の必要から，1862年9月22日の予備宣言を経て，63年1月1日付で奴隷の即時解放を宣言し，内外の世論を連邦軍支持に結びつけるうえで大きな役割を果たした。

♦黒人奴隷制（アメリカ）

奴隷貿易
Slave Trade

奴隷の売買自体は世界各地で見られた現象であるが，その規模と世界史に及ぼした影響力という点で，16世紀から19世紀にかけてヨーロッパが従事した大西洋奴隷貿易が最大。ポルトガル領ブラジルを中心に，イギリス，フランス両国のカリブ海植民地などへ，およそ1200万人の黒人奴隷が西アフリカから運び込まれた。貿易による富がヨーロッパ近代化の原動力となる一方で，アフリカ社会には紛争や人口停滞など巨大な荒廃をもたらした。

♦三角貿易，商業革命，マンチェスター

ドレッド・スコット判決
Dred Scott Decision 1857.3.6

アメリカの連邦最高裁判所が1857年に下した奴隷制支持の判決。ミズーリ州で奴隷であったドレッド・スコットは，自由州および準州で居住したことにより自由人の地位を獲得したと主張して訴訟を起こした。最高裁は，彼がアメリカ市民ではないので裁判所に訴える権利はなく，また北緯36度30分以北における奴隷制を禁止したミズーリ協定*は違憲であると判決した。この判決で，黒人奴隷制*をめぐる南北の対立は激化した。

ドレフュス事件
Affaire Dreyfus 1894～1906

ユダヤ人将校ドレフュスをフランス軍部がスパイ容疑で有罪とした冤

罪事件。1894年秋,軍法会議でドレフュスがドイツへの機密漏洩罪で有罪判決を受け,冤罪という主張にもかかわらず,再審請求は却下された。だが,1898年ゾラ*が「私は糾弾する」で軍部の不正を告発したのを契機に,フランスはドレフュス派と反ドレフュス派に二分されて激しく対立した。結局,99年再審軍法会議は再び有罪を宣告したが,ルーベ大統領が特赦を与えてドレフュスを釈放し,1906年に無実が確定した。この事件は,近代化と共和主義化の進展などを背景にした,反ユダヤ主義・国粋的ナショナリズム・反議会主義勢力対人権・公正・共和政擁護勢力の対立という性格をもっており,事件後,急進共和派の台頭,社会主義勢力の統一と議会主義政党化,急進的右翼の台頭などがみられた。

トロツキー
Trotsky, Lev Davidovich 1879～1940
ソ連の革命家,政治家。ユダヤ人富農の子。中等学校時代に革命思想に触れ,逮捕,流刑。ロシア社会民主労働党*分裂ではレーニン*と対立,第一次革命期に永続革命論を構築するとともに,ペテルブルグ・ソヴェトの指導者となった。二月革命後ボリシェヴィキ*入党,ペトログラード・ソヴェト議長として10月武装蜂起を指導した。革命後は外務人民委員,軍事人民委員,革命軍事評議会議長,党政治局員などを歴任,ブレスト講和の初代全権代表も務めた。1923年以降スターリン*との熾烈な党内闘争に敗北,27年党を除名されて流刑・国外追放され,メキシコで暗殺された。
▶一国社会主義論,カーメネフ,ジノーヴィエフ,ソヴェト内戦,ブハーリン,ブレスト=リトフスク条約,ロシア革命,ロシア第一次革命

な

ナーセル
Nasser, Gamel Abdel　1918～70

エジプトの軍人，政治家。第一次中東戦争での敗北から旧支配層の無能ぶりを痛感，自由将校団を結成して体制打倒を目指した。1952年ナギブ将軍を指導者にエジプト革命を成功させ，共和制を樹立。54年ナギブを追放して実権を握り，56年大統領（在任：1956～70）となる。外交では対イスラエルの汎アラブ政策をとり，56年にはスエズ運河*の国有化を宣言，第二次中東戦争を誘発した。内政では農地改革や産業振興などナーセル主義と呼ばれる社会主義的政策を推進した。

ナチ党／ナチス➡国民社会主義ドイツ労働者党

ナポレオン1世
Napoléon Ⅰ [Napoléon Bonaparte]　1769～1821

フランスの皇帝（在位：1804～14, 1815）。コルシカの小貴族出身。パリ士官学校卒業後フランス革命*を迎え，一時コルシカの革命運動に参加したが，独立派のパオリと対立し，フランスに移住した。1793年トゥーロン港の攻囲戦を指揮して軍事的才能を評価され，96～97年にはイタリア遠征軍司令官としてオーストリア軍を撃破，ついでエジプトに遠征したが（1798～99），99年10月に急遽帰国。ブリュメール18日のクーデター*を断行して統領政府を樹立し，社会・政治体制の安定を求めるブルジョワや農民の支持を背景に，第一統領として独裁的権力を握った。アミアンの和約*（1802）を締結して平和を回復，行政・司法・教育制度の改革，フランス銀行設立（1800），コンコルダートの締結（1801），ナポレオン法典*の制定（1804）などで国内体制を整えると，1804年に皇帝に就任（第一帝政）。第3回対仏大同盟*が結ばれるとイギリス本土上陸作戦を試みて失敗したが，アウステルリッツの戦い*で連合軍を破り，06年にはプロイセンを破ってベルリンに入城，大陸封鎖令*を発布した。ナポレオンはイタリア王を兼ねるとともに親族らを衛星国の元首にすえ，10年にはオーストリア皇女マリー・ルイズと結婚するなど，全盛期を迎えた。しかし，大陸封鎖令貫徹のためのモスクワ遠征（1812）失敗を契機に，諸国民が反撃に転じ，

ライプツィヒの戦い*（1813）で敗れ、14年にパリが陥落すると、ナポレオンは退位し、エルバ島に流された。だが、ブルボン朝の支配に対する国民の不満を知ると、15年同島を脱出して再び帝位についたが（百日天下*）、ワーテルローの戦い*に敗れ、セントヘレナ*島に流された。
♦ 統領制（フランス），ブラジルの独立（1822），ボナパルティズム，メキシコの独立（1810〜21）

ナポレオン3世
Napoléon III ［Charles Louis Napoléon Bonaparte］ 1808〜73
フランスの皇帝（在位：1852〜70）。ナポレオン1世*の甥。第一帝政*没落後亡命し、2度にわたって七月王政*に対する陰謀を企てたが失敗。この間に、『貧困の絶滅』（1844）を著して、人民の普通選挙に基づく強力な国家・社会体制の建設、産業の発展、貧困の絶滅を説いた。1848年の二月革命*後帰国して、立憲議会議員に選出され、12月の大統領選挙では「ナポレオン伝説」を利用して農民や労働者などの支持を集めて圧勝。さらに、ナポレオンは秩序党と結んで共和派を抑え、大統領の任期切れを前にして51年12月のクーデターで議会を解散し、翌年12月の国民投票で圧倒的支持を受けて皇帝となった（第二帝政*）。帝政初期には、行政・軍事・外交の全権を掌握し、言論・出版の自由を抑圧するなど独裁体制（権威帝政）を確立したが、秩序の確立や、金融改革・大公共事業を中心とした経済政策を推進して経済繁栄を実現、対外的には、クリミア戦争*、イタリア統一戦争*への参戦、コーチシナへの進出など、栄光を求めて積極的な対外進出政策を展開した。60年代になると、議会の権限を拡大するなど自由化を進めた（自由帝政）が、英仏通商条約*（1860）の締結を契機に政府批判が強まり、メキシコ干渉（1864〜67）の失敗が加わって威信を失っていった。70年プロイセンに宣戦するが、スダンで捕らえられ、第二帝政は崩壊した。
♦ ヴィットーリオ・エマヌエーレ2世，カヴール，ボナパルティズム，リソルジメント

ナポレオン法典
Code Napoléon
1804年ナポレオンによって制定されたフランス民法典。第一統領となったナポレオンは革命の成果の法的固定化を目指して民法典の編纂を進め、04年に2281条からなる「フランス人の民法典」を制定、07年に「ナポレオン法典」と改称した。人身の自由、法の前の平等、私的所有制度の不可侵性、良心の自由など、近代市民社会の法原理に基づいて編纂されている。その後部分的改正が行われて現在に至っている。
♦ ナポレオン1世

ナロードニキ

Narodniki（Populists）

19世紀後半ロシアの革命運動の担い手の総称。ゲルツェン*を始祖としチェルヌィシェフスキー*らの発展させた農民社会主義論を継承。1870年代に青年・学生の一大運動となって農村への宣伝組織運動を行ったが，厳しい弾圧に直面しテロリズムに走る傾向も強まった。76年結成の「土地と自由」，そこから分裂した「人民の意志」派，「土地総割替」派が代表的組織。社会革命党*はこの運動の系譜を引く。

♦バクーニン，プレハーノフ，ロシア革命

ナントの勅令

Édit de Nantes　1598

フランス国王アンリ4世*がユグノー*（プロテスタント）の信仰の自由を認めた勅令。もともとユグノーの指導者であったアンリ4世は，カトリックに改宗するとともに（1593），この勅令でユグノーの信仰の自由を認め，ユグノー戦争*の政治的解決を図った。だが，ユグノーが城塞で完全自治をもつことを認めるなど問題も多く，宗教対立はその後も続き，1685年ルイ14世*はこの勅令を廃止した。

南北戦争

Civil War　1861.4.12〜1865.4.9

当時34州を数えたアメリカが南部11州と北部23州とに分かれて争った南北間の内戦。その本質は，南部の黒人奴隷制*を基礎にした前近代的社会と，北部の資本主義を基盤にした近代的社会の対立であった。1860年の大統領選挙で共和党*のリンカーン*が当選すると，サウス・カロライナ，ミシシッピ，フロリダ，アラバマ，ジョージア，ルイジアナ，テキサスが合衆国を離脱してアメリカ連合*を樹立した。その後ヴァージニア*，ノース・カロライナ，アーカンソー，テネシーが連合に参加し，南北戦争が本格的に開始された。北軍の勝利の結果，国土の統一が成り，黒人奴隷制が廃止され，資本主義が急速に発展した。

♦『アンクル＝トムの小屋』，クー＝クラックス＝クラン（KKK），"人民の，人民による，人民のための政治"，ストウ夫人，奴隷解放宣言，民主党

二月革命

Révolution de Février　1848.2

フランス七月王政*を打倒し，第二共和政*を成立させた革命。1848年2月22日改革宴会*の禁止をきっかけにパリ民衆が蜂起，七月王政*は崩壊して第二共和政が成立した。社会主義者ルイ・ブラン*を含む臨時政府が成立し，男子普通選挙制度の確立や国立作業場*の設置などの諸改革が実施されたが，4月の選挙で穏健共和派が勝利して，民衆の排

除が進み，国立作業場の閉鎖をきっかけに勃発した六月暴動後，革命は大きく後退した。1848年革命*の契機となり，ヨーロッパ全体に大きな影響を与えた。
♦ギゾー，リュクサンブール委員会，六月蜂起（六月暴動）

ニコライ2世
Nicholas II　1868〜1918

最後のロシア皇帝（在位：1894〜1917）。アレクサンドル3世の長男。治世は工業発展，戦争と革命，専制護持への執着と社会諸勢力の成長を特徴とする。日露戦争に敗北し第一次革命も勃発，これに対し十月詔書を発して市民的自由を約束しドゥーマ*を設置，農業改革も始まった。これらは弾圧政策と一体であった。1907年には三国協商*に参加し，第一次世界大戦*に参戦。二月革命のさなかに退位。18年，銃殺された。
♦ロシア革命，ロシア第一次革命，ロマノフ朝

ニスタットの和約
Treaty of Nystad　1721

ニスタットの和約は，北方戦争*終了のために1721年に結ばれた，ロシア=スウェーデン間の条約である。ロシアは，スウェーデンから，リヴォニア，エストニア，インゲルマンランド，カレリアの一部，バルト海内の若干の島を割譲された。またロシアの占領地のうち，フォアポンメルンの西半分，ヴィスマル，フィンランドはスウェーデンに返却されたが，それ以外のスウェーデン領はことごとく失われた。バルト海帝国*は崩壊し，ロシアがバルト海地方の覇者となった。

日英同盟
Anglo-Japanese Alliance

1902年，極東におけるロシアの南下政策に対抗して日本とイギリスの間で締結された同盟。イギリスの中国における，日本の朝鮮・中国における特殊権益の承認，一方が交戦した場合の他方の中立維持などを約す。ドイツとの軍拡競争が激しくなると，イギリスは極東での海軍力のバランスを日本に期待し，東アジア海域に派遣していた艦隊を本国周辺に回航するなど，日露戦争以降はドイツに対する牽制としての意味を強めた。
♦"光栄ある孤立"

日独伊三国同盟
Dreimächtepakt

1940年9月日本・ドイツ・イタリアの間で結ばれた軍事同盟。三国は37年に防共協定を結んでいたが，39年9月ドイツのポーランド侵攻に刺激されて軍事同盟へと発展した。防共協定がソ連を対象にしていたのに対し，三国同盟はむしろ英・米・仏を対象とした。ヨーロッパとアジアでのそれぞれの優越的地位を承認し，他国への侵略時には相互の援助が約

された。43年イタリアが降伏して意味を失った。

◆独ソ不可侵条約, 日独防共協定, 日ソ中立条約, ベルリン＝ローマ枢軸, ムッソリーニ

日独防共協定
Antikominternpakt

1936年, ナチス・ドイツと日本が共産主義勢力を共通の敵とみなしてベルリンで結んだ協定。共産主義の国際運動（コミンテルン）への対抗・打倒が目的とされた。いずれかがソ連の脅威にさらされたときには中立を守ること, ソ連とはいかなる条約も結ばぬことが秘密裏に約された。翌37年にイタリアが加入, 後に軍事同盟へと発展した。39年独ソ不可侵条約*が結ばれ, 秘密議定書の意味がなくなった。

◆日独伊三国同盟

日ソ中立条約
Russo-Japanese Neutrality Pact

1941年4月13日に調印された日ソ間の中立条約。日本は南進政策のため満州や北方対ソ国境の安全確保, ソ連はドイツの侵略への対抗のための対日関係, 東アジア国境安定化を動機とした。平和友好関係維持, 相互領土不可侵, 第三国から締約国への軍事攻撃時の両国の中立保持を内容とした。1945年4月5日, ソ連がヤルタ会談*での米英との合意に基づき破棄を通告, 8月8日のソ連の対日参戦により失効。

◆第二次世界大戦, 日独伊三国同盟

ニューディール
New Deal

世界大恐慌*の経済危機の下で, 1930年代にアメリカのローズヴェルト（フランクリン）*政権により実施された政策の総称。33年3月に政権についたローズヴェルトは, 国内再建を最優先課題として政策活動に取り組み, 30年代末に戦時体制への移行が始まるまで, 経済の大部分の部門にわたり積極的に恐慌対策を講じた。代表的な立法に, 全国産業復興法*, 農業調整法, 全国労働関係法*（ワグナー法）, 社会保障法などがある。

◆テネシー河流域開発公社（TVA）, 民主党

ニュートン
Newton, Isaac　1642～1727

イギリスの数学者, 物理学者。近代自然科学の祖。数学では微積分法を発見, 力学では万有引力の法則を解明して古典力学を確立, その集大成である『プリンキピア』（1687）は近代自然科学の最高傑作とされる。また光の性質に関する研究は「ニュートン型望遠鏡」として知られる反射望遠鏡の考案に応用され, 天文学にも業績をあげた。その一方で, 錬金術や神学にも並々ならぬ関心を示し, ケインズをして「最後の錬金術

師」と呼ばしめたことは有名。1672年にイギリス王立協会*の会員に選出され，1703年からは会長の座に終生君臨した。1689年と1701年に下院議員に選ばれ，1696年からは造幣局長官を務めるなど，政治的にも活躍している。
♦地動説

『人間不平等起源論』
Discours sur l'origine et les fondements de l'inégalité parmi les hommes

啓蒙思想*家ルソー*の人間と社会に関する思想の出発点ともいえる代表作。1753年ディジョンのアカデミーが募集した人間の不平等に関する懸賞論文への応募作品として執筆され（落選），55年に出版された。ルソーは政治社会の成り立ちと構造を論じ，自然状態において不平等はほとんどみられないが，人類が社会を形成して文明が発展し，所有権を設定することによって社会的・政治的不平等が生じ，やがて専制的権力が出現する，その帰結が旧体制下のフランスである，と論じた。

ネッケル
Necker, Jacques　1732〜1804

フランスの銀行家，政治家。ジュネーヴに生まれたが，パリに出て銀行家として成功，テュルゴー*らを批判して注目を集めた。1777年に財務長官となり，税制改革や財政改革に取り組んだが，アメリカ独立戦争介入のために財政が破綻し，辞任。政治対立が激化した88年に財務長官に復帰，全国三部会*の第三身分*の定員を倍増するなどしてブルジョワの期待を集めたが，89年7月11日に国王によって罷免され，これがパリ民衆の蜂起，バスティーユ牢獄襲撃*の直接の引き金となった。

農業集団化（ソ連）
Collectivization of Agriculture

1920年代末から30年代初頭に実施された個人農を集団的経営（コルホーズ*）に組織する政策と運動。集団化は20年代初頭に部分的に試みられたが，ネップ期には後退，スターリン*体制確立とともに30年春を目途に強制的手法も用いて強行された。コルホーズ加入農民比率は29年の数％から30年3月の50％以上に急増，32年には完了したが，集団化を嫌う農民による家畜の大量屠殺などで農業生産は縮小した。
♦五カ年計画（ソ連），新経済政策（ネップ）

農場領主制
Gutsherrschaft

グーツヘルシャフトの訳語。15〜19世紀末にかけてプロイセン東部地域を中心に形成された前近代的な土地支配とその農業経営の形態を指す。中世以来この地域に入植したドイツ騎士が貴族化すると，周辺農民を隷

民化して賦役を課し，領主として裁判権を行使するようになった。農場経営が大規模化し，その経営者として生産物の販売を行った。19世紀初頭のプロイセン改革により農民は農業労働者に，農場領主はユンカー*に姿を変えた。
♦農民解放（プロイセン）

農奴解放（オーストリア）

地域によって農民のおかれていた状況に違いがあったとはいえ，農奴解放への取り組みは比較的早くに始まった。1778年マリア・テレジア*によって賦役の緩和がはかられ，続くヨーゼフ2世*の時代，国家の近代化政策と結びついて本格化する。81年に農奴解放令が出され，89年には農民への税制改革も行われた。しかし，貴族たちの抵抗から改革は後退を余儀なくされ，結局，農奴解放の実現は三月革命*後に持ち越された。
♦農民解放（プロイセン）

農奴解放（ロシア）

1861年2月19日（露暦）の「農奴解放令」により地主地農奴が解放され，さらに帝室領農民（1863），国有地農民（1866）の解放も行われた。農奴解放は，クリミア戦争*敗北に衝撃を受けた皇帝アレクサンドル2世*が貴族領主の反対をおして上からの改革の一環として行ったものであった。農民は人格的には解放されたが，土地分与は有償で多額の支払いを要し，かつ共同体（ミール*）所有とされるなど不十分なものであった。
♦イヴァン4世（雷帝），ゲルツェン，チェルヌィシェフスキー

農民解放（プロイセン）
Bauernbefreiung

一般には18～19世紀にかけて行われた農奴身分，領主支配，領主裁判権，賦役からの農民の解放を指す。プロイセンでは対ナポレオン戦争後，国家近代化の一環として改革が行われた。1807年の十月勅令による世襲隷民制の廃止から始まるが，しかし実際に自作農になりえたのは少数で，多くが賃労働者となってユンカー*的土地所有の下に従属することになった。三月革命後の改革により法制面での解放が終了した。
♦農場領主制，農奴解放（オーストリア）

ノルマンディー上陸
Normandy Invasion 1944.6.6

第二次世界大戦*中，連合軍によって実施された北フランス上陸作戦。連合軍による対ナチス・ドイツ大反攻の口火となった。上陸地点はコタンタン半島東岸からオルヌ河口までの約100kmに至るノルマンディー海岸。ドイツ側は上陸地点の予測を誤ったこともあり，物量に圧倒的に優勢な連合軍の攻勢に屈し，約90日

でパリをはじめフランスのほぼ全土を連合軍の手に明け渡した。

♦テヘラン会議

は

ハイチの独立
Independence of Haiti

ハイチ共和国のフランスからの独立。1697年カリブ海イスパニョラ島西部を領有したフランスは，同地をサン・ドマングと命名し，奴隷労働に基づくプランテーション経営を行った。1791年フランス革命*の影響を受けて奴隷の反乱が発生し，トゥサン・ルーベルチュールが指導する独立革命に発展，1801年憲法を制定したが，ナポレオンによってルーベルチュールは捕らえられ，獄死した。だが，闘争はその後も継続され，04年ラテン・アメリカ最初の独立を達成した。世界最初の黒人共和国としても知られる。

ハーグ国際平和会議
International Peace Conference of the Hague

ロシア皇帝ニコライ2世の提唱によりオランダのハーグで開催された国際会議，軍縮・軍備制限に関する最初の本格的国際会議となった。1899年と1907年の2回開催され，第1回は軍備制限について具体的成果はあがらなかったが，毒ガス使用禁止制限などの兵器使用制限，常設仲裁裁判所設置などに寄与。第2回は英独建艦競争など列強間の対立の激化した時期で，具体的成果はなんら得られなかった。

バグダード鉄道
Bagdadbahn

トルコのコニアからバグダードを経てペルシア湾に至る鉄道。ドイツ帝国主義*における3B政策*（近東政策）の中心事業。1899年，ドイツの銀行と重工業によるアナトリア鉄道会社設立に始まり，イギリスやロシアとの緊張をはらみつつ1903年から本格的に敷設工事が始まった。これによりドイツはトルコとの結びつきを強めた。第一次世界大戦*によりドイツが施設権を放棄するが，鉄道そのものは40年に全線が開通。
◆世界政策，汎ゲルマン主義

バクーニン
Bakunin, Mikhail Aleksandrovich 1814～76

ロシアの革命家，無政府主義者。貴族家庭に生まれ，軍人の教育を受けた。1840年に外国に赴きベルリンに学ぶ。1848年革命*に参加，ドイツで逮捕されてロシアに引き渡され

収監,流刑。61年に脱走,ロンドンでゲルツェンらと協力する一方,68年には第一インターナショナル*に加わるが,マルクス派と対立。著書『国家と無政府』はナロードニキ*に大きな影響を与えた。
♦西欧派,マルクス

ハーグリーヴズ

Hargreaves, James　?～1778

イギリスの織布工,発明家。文盲で教育はほとんど受けていないが,深刻化した紡糸不足に応えて,1767年に妻(娘説もある)の名前を冠したジェニー紡績機を発明した。手動式ではあったが,複数の紡錘を一人で操作でき,やわらかい細糸を従来の8倍もの能率で紡ぐことが可能となった。しかし,失業を恐れた紡績工たちから迫害されたり,特許争いに巻き込まれたりしたすえ,困窮のうちに没した。
♦産業革命

パスカル

Pascal, Blaise　1623～62

フランスの数学者,物理学者,宗教思想家,文学者。幼少の頃から数学や物理で才覚を発揮し,整数論,確率論,積分法に関する多くの発見をし,幾何学で「パスカルの定理」を明らかにしたり,真空や物体の落下について研究した。1654年の神秘体験をきっかけに,ポール・ロワイヤル修道院に入り,『田舎の友への手紙』(1656～57)を書いてイエズス会を非難,ジャンセニスムを擁護した。キリスト教護教論を中心にした人間の魂に関する覚書は,死後『パンセ(瞑想録)』(1670)として出版された。

バスティーユ牢獄襲撃

la prise de la Bastille　1789.7.14

パリ民衆がバスティーユ牢獄を襲撃しフランス革命*が本格化するきっかけとなった事件。財務長官ネッケル*の罷免を契機に武装を開始したパリの民衆が,武器弾薬の引き渡しと大砲の撤去を求めてバスティーユ牢獄に押しかけ,激戦ののちに占領,パリのブルジョワはこれを利用して市政を完全に掌握した。この後,地方都市や農村でも,市政革命や農民反乱が全国的に波及していった。この事件は,国民議会に対する国王の反撃の意図をくじき,国民議会が封建的特権の廃止(8.4),人権宣言*の採択(8.26)を行うなど,革命が急展開する契機となった。

パストゥール

Pasteur, Louis　1822～95

フランスの化学者,細菌学者。高等師範学校などの教授を歴任して,微生物によって発酵が起こることを発見し,ブドウ酒の低温殺菌法を発明した。また,狂犬病の予防接種法に成功するなど伝染病の研究にも貢献した。

8月10日事件

Révolution du 10 août 1792
1792.8.10

フランス革命*期のパリで起こった事件。プロイセン軍の進入を前に、立法議会や宮廷の無策に反発したパリ民衆や全国から集まった義勇兵が、8月10日パリ市庁を占拠して「蜂起のコミューン」を結成、さらにチュイルリー宮殿を襲撃して議会に圧力をかけて王権の停止を宣言させた。この結果、革命は立憲君主政の段階からより急進的な民主共和政の段階に進み、革命の主導権もモンターニュ派*に移行した。

バッチャーニ

Batthyány, Lajos 1806〜49

ハンガリーの政治家。1825〜48年、ハンガリーの改革期において活躍。30年上院議員。43年オーストリア皇帝よりハンガリー政府の首相に任命。ハプスブルク家*による支配と、ハンガリー民族派の間の和解を試みるが失敗。オーストリアとの軍事対決に傾く。45年には独立軍指揮。48年、最初の独立政府の首相。オーストリア軍によって逮捕、射殺される。

ハーディー

Hardie, James Keir 1856〜1915

イギリスの政治家。7歳から24歳までをスコットランドの炭坑で過ごし、炭坑夫組合の指導者として頭角を現す。1892年初の独立派の労働者議員として当選を果たし、鳥打ち帽とツイードの労働者服姿で登院して注目を集めた。翌93年には独立労働党*を旗揚げし、1900年既存の社会主義団体と労働組合を糾合して労働代表委員会を結成、労働党*への改称とともに党首となる。

バトラー

Butler, Nicolas Murray 1862〜1947

アメリカの教育学者。ニュージャージー州エリザベス生まれ。ニューヨーク教員養成大学（現在のコロンビア大学教員養成学校）の創設と編成に寄与した。1890年にコロンビア大学の哲学と教育学の教授に就任し、学長も務めた（1901〜45）。教育・社会問題に関する著書多数。カーネギー国際平和基金の代表を務め、1931年にはノーベル平和賞をジェーン・アダムズと共同受賞した。

バドリオ政権

第二次世界大戦*のときのイタリアの降伏内閣（1943.7〜44.6）。バドリオは第二次世界大戦時の総司令官であったが、ムッソリーニ*と対立して辞職。敗色濃厚な大戦末期にムッソリーニ首相の失脚後に首相となる（43.7）。イタリア本土上陸を果たした連合軍に無条件降伏を申し出（43.9）、ドイツに宣戦を布告する（43.10）。しかし政権は不安定で、連合軍によるローマ解放を機に倒壊

した (44.6)。

パナマ運河
Panama Canal

中央アメリカのパナマ地峡を横断してカリブ海と太平洋を結ぶ運河。運河建設に最初に着手したのはフランスの民間会社で，1881年に運河建設を開始したが，89年にこの会社は破産し運河の建設は中断した。アメリカ政府がそれを引き継ぎ，1914年に運河は開通した。運河の開通により，アメリカのアジア，太平洋地域への進出は飛躍的に容易になった。運河の所有および運営は99年末にパナマ側に引き渡された。

パナマ運河会社疑獄事件
Scandale de Panama 1888～93

フランス第三共和政*初期のパナマ運河会社をめぐる疑獄事件。1880年にレセップスによってパナマ運河会社が設立され，翌年着工したが，工事は難航，資金不足もあって会社は89年に精算した。ところが資金調達に絡む政界工作が問題となり，共和主義者や政界の要人にも嫌疑がかけられて大問題となった。この結果，反議会主義や金融界への不信，あるいは反ユダヤ主義の機運が助長され，ドレフュス事件*の底流を形成した。

ハプスブルク家
Habsburger

ヨーロッパ有力王家の一つ。10世紀中葉にライン上流地域に起こり，シュタウフェン朝との結びつきから西南ドイツに支配地域を確立，その後東方地域に勢力を拡大した。婚姻政策により1452年神聖ローマ帝国*の帝位につくと，その後はとんどこれを独占した。16世紀前半，カール5世*がスペイン王を兼ねてヨーロッパの一大王家となる。フランス・ブルボン家との対立が深まり，19世紀までヨーロッパの国際関係に強い影響力をもった。

◆反（対抗）宗教改革

バブーフ
Babeuf, François-Noël 1760～97

フランスの革命家，思想家。貧しい徴税官の家に生まれ，領主の土地台帳管理人となったが，次第に急進的な改革思想を抱くようになった。フランス革命*が勃発すると農民や民衆運動の組織化に努め，総裁政府*の下ではその反動政策を厳しく批判して，政府の転覆計画を進めていたが，仲間の裏切りで，1796年1月に逮捕され，翌年処刑された。バブーフの私的所有制度の廃止と生産の共同化を説く共産主義理論や，少数者の武装蜂起による国家権力の奪取という革命理論は後世に大きな影響を与えた。

パーペン
Papen, Franz von 1879～1969

ドイツの政治家。ヴェストファー

レンの貴族出身。第一次世界大戦中は駐米武官を務め，戦後は中央党に属した。1932年6月，首相となる。ナチ党の台頭を抑えきれずに退陣したが，首相となったシュライヒャーの失脚を企ててヒトラー＊と結び，その政権獲得に手を貸して副首相となった。第二次大戦後，非ナチ化裁判で8年の刑に処せられたが，48年に釈放された。
♦ヴァイマル共和国（ワイマル共和国）

パラケルスス
Paracelsus, Philippus Aureolus 1493/94～1541

スイスの医師，化学者。チューリッヒ近郊の出身。フェッラーラ大学で医学を学び，シュトラスブルクで開業。バーゼル大学医学部教授となったが長続きせず，オーストリア，ベーメン，スイス，バイエルンを転々とする遍歴教師兼医師として活躍。従来の体液説を否定し，水銀やアンチモンを治療薬として用いる。錬金術にもふけり，塩，硫黄，水銀を究極の三元素と考えた。

バラ戦争
Wars of the Roses

1455年から85年にかけて戦われた，イギリス貴族の内戦。共にプランタジネット王家に連なるランカスター家とヨーク家とが王位継承権をめぐって対立，国内の貴族の大半が両派に分かれて激突した。両家の紋章がそれぞれ白バラと赤バラであったことからこの名称がある。内戦の過程で多数の貴族が戦没，彼らの家産が勝者となったテューダー家の手中に集まり，王権の伸張をもたらした。
♦テューダー王朝，ヘンリ7世

パラツキー
Palacký, František 1798～1876

チェコの政治家，歴史家。プラハの博物館勤務。地方史の編纂者などを経験した後，政界に入る。1848年3月，パリ二月革命＊の影響をうけてヨーロッパ全土に広がった自由主義・民族主義の流れのなかで，プラハで第1回スラヴ会議主催。オーストリア・スラヴ主義に立つチェコ人の民族的覚醒，スラヴ民族の解放，統一を主張。67年，モスクワの第2回スラヴ会議にも参加。『ボヘミア史』，『フス戦争序説』などの著書。

パリ・コミューン
Commune de Paris 1871.3.18～5.28

フランス第三共和政＊初期のパリに成立した自治政府。1870年9月パリ民衆はプロイセン軍のパリ攻囲を前にして，祖国と共和国の防衛に立ち上がった。だが，71年1月政府がプロイセンと休戦協定を結んでパリの武装解除に着手すると，3月18日民衆の暴動が起こり，政府はヴェルサイユに逃れ，正規軍も撤退した。

こうして権力の空白が生じると、28日パリは自治コミューンの成立を宣言し、労働者と小市民が中心となった政権を樹立した。しかし統一に欠け、地方からの支援もほとんどなく、5月21日政府軍がパリに突入して、「血の一週間」といわれる激しい市街戦ののちにコミューンは崩壊した。その経験は、後世の世界革命や社会主義運動に大きな影響を与えた。
◆普仏戦争

パリ条約（**1763**）
Treaty of Paris　1763.2

七年戦争＊とその一環であるフレンチ・インディアン戦争＊の講和条約。イギリスはフランスからカナダ、ミシシッピ川以東のルイジアナ、スペインからはフロリダを獲得。北米大陸のフランス植民地は消滅し、西インド諸島とインドにおけるイギリスの圧倒的優位が確立、英仏植民地戦争＊の帰趨はほぼ決定した。しかし、膨大な戦費を費やし財政難に陥ったイギリスは、重税を北米13植民地に課し、独立戦争を引き起こしてしまう。

パリ条約（**1783**）
Treaty of Paris　1783.9.3

アメリカの独立戦争を終結させた講和条約。1781年アメリカ軍の決定的勝利の後、アメリカとイギリスは82年11月パリ仮平和条約を結び、これに基づいて締結された。イギリスはアメリカ植民地の完全独立、アメリカの領土としてカナダ、フロリダを除くミシシッピ川以東の土地、ニューファンドランド周辺の漁業権を承認した。これに対しアメリカは国王派財産の回復と対英負債の支払いを約束した。
◆アメリカ独立革命

パリ不戦条約（ブリアン＝ケロッグ条約）
Pact of Paris

正式名称は「戦争放棄に関する条約」。フランス外相ブリアン＊が合衆国国務長官ケロッグに提案したのが契機となって成立、1928年8月に米、仏、独、日など15カ国が調印し、ソ連その他63カ国が加入した。国際紛争の解決は平和的手段に求め、戦争に訴えてはならないことに同意すると規定したが、条約違反に対する制裁規定を欠くなど、実効性に乏しかった。

パルヴス
Parvus［本名：Alexander Israel (Lazarevitsch) Helphand］　1867〜1924

パルヴスは通称。ロシア系ドイツ人の社会主義者。両親はユダヤ人でロシアで育ったが、若い頃ドイツに滞在してマルクス主義に傾倒、後にレーニン＊、トロツキー＊らと知り合う。1905年に起こったロシアの革命に参加、逮捕されてシベリア送り

となるが,脱走してドイツに戻る。第一次世界大戦中の貿易業の成功により富を築く一方で,レーニンのロシアへの帰還に助力した。

バルカン戦争
Balkan Wars　1912〜13

第一次世界大戦*に先立つ帝国主義諸列強の利害対立から始まったバルカン半島における戦争。第一次,1912年10月〜13年5月。ロシア指導で成立したセルビア,ギリシア,ブルガリア,モンテネグロからなるバルカン同盟は,オスマン帝国*に対して戦争を起こす。後者は敗北。1913年5月ロンドン条約によって講和。マケドニア,トラキアを譲渡。この分配をめぐって,第二次が13年6月に勃発。セルビア,ギリシア,モンテネグロ,ルーマニア,オスマン帝国がブルガリアと戦う。ブルガリア降伏。同年8月のブカレスト条約によって領土割譲。ブルガリアは枢軸側に接近。

ハルデンベルク
Hardenberg, Karl Ausust Fürst von　1750〜1822

プロイセンの政治家。ハノーファー出身。そのプロイセン領となった地方で行政官となり,1804〜07プロイセン外相を務めたが,ティルジットの和約後に罷免された。10年プロイセン宰相になるとシュタイン*の始めたプロイセン改革を継承し,ツンフト特権の廃止と営業の自由を認め,ユダヤ人解放,国内関税の撤廃を推し進めた。後年は反動化の波に改革も停滞した。
♦『ドイツ国民に告ぐ』,プロイセン改革

バルト海帝国

スウェーデンは国王グスタフ゠アドルフ*(在位:1611〜32)によって領土を目覚ましく拡大し,バルト海東岸地方をも支配下においた。1648年のウェストファリア条約*では,ポンメルンを獲得した。58年にはカール10世(在位:1654〜60)が,デンマークからスカンディナヴィア半島南西部を獲得し,バルト海はスウェーデンの内海となった。スウェーデンはバルト海地方第一の大国となり,この時代から18世紀初頭までのスウェーデンを,「バルト海帝国」と呼ぶこともある。
♦スウェーデン・ポーランド戦争,ニスタットの和約,北方戦争

バルト三国
Baltic States

バルト海東南岸のエストニア,ラトヴィア,リトアニアを総称する用語。これらの地域は中世以来周辺諸大国・民族の支配を受け,エストニア・ラトヴィアは北方戦争*,ラトヴィアの一部とリトアニアはポーランド分割*によりロシア帝国領に編入された。19世紀後半以降民族運動

が高揚し，ロシア革命を機に独立を達成。当初はいずれも民主政体を採用したがまもなく権威主義体制化，1940年に独ソ密約でソ連に併合された。80年代後半のバルト三国の独立運動はソ連邦解体*の引き金となり，三国は91年に独立を回復した。
♦バルト三国併合，モロトフ＝リッベントロップ秘密議定書

バルト三国併合

モロトフ＝リッベントロップ秘密議定書*でソ連勢力圏とされたバルト三国*は，直後に対ソ相互援助条約締結を強いられ，ソ連軍進駐も行われた。1940年には事実上のソ連占領下で「社会主義革命」を宣言，三国の国会はソ連邦加盟決議を行い，併合が決まった。ソ連支配下では住民のシベリア強制連行が強行され，西側亡命者も多数発生した。独ソ戦争勃発後ドイツに占領されたが，44年のドイツ軍撤退後はふたたびソ連支配を受けた。
♦第二次世界大戦，独ソ不可侵条約

バルナーヴ

Barnave, Antoine-Pierre-Joseph-Marie 1761～93

フランスの政治家。弁護士であったが，三部会*議員に選出され，憲法制定国民議会では，デュポール，ラメット兄弟とともに三頭派，1791年のヴァレンヌ逃亡事件*後はラファイエット*と共にフイヤン派*を形成して立憲王政の確立に努めた。だが，8月10日事件*後，かつての宮廷との関係が疑われて逮捕され，処刑された。著書に『フランス革命序説』(1843)がある。
♦ジャコバン派

バルフォア宣言

Balfour Declaration

シオニズム運動の指導者ヴァイツマン(後のイスラエル初代大統領)の働きかけに応じて，1917年イギリスの外相バルフォアが出した宣言。イギリス・シオニスト連盟会長ロスチャイルドに宛てた書簡の中で，パレスチナにおけるユダヤ人国家の建設を約束した。ユダヤ系財閥の支援とパレスチナでの作戦基地，石油資源の確保を企図したものだが，マクマホン宣言*と抵触し，今日まで続くパレスチナ問題の火種をまいた。
♦サイクス＝ピコ協定

バルボ

Balbo, Italo 1896～1940

イタリアの軍人，ファシスト。農村ファシズムの大衆行動を代表する立場。ムッソリーニ*の腹心の一人。ローマ進軍*(1922)の際に，デ・ボーノ，デ・ヴェッキ，ビアンキ*の4人からなる軍事行動の最高指令部を構成。ファシスト国民軍の将官(1923)，航空相(1929～33)としてブラジルとアメリカに編隊飛行を行う。空軍元帥，リビア総督も歴任。

飛行機事故で没す。
♦ファシズモ

バルボア
Balboa, Vasco Núñez de 1475〜1517

スペインの探検家。1501年，新大陸に渡り，パナマのダリエンに滞在。西方に大洋があるという噂を聞き，インディオの道案内で西に向かい，太平洋を発見（1513），「南海」と命名。同時に，その地が二つの大洋にはさまれた地峡（パナマ地峡）であることを確認。発見した海をスペイン王の領海と宣言し，国王から提督の称号を与えられたが，パナマ総督と対立し，ダリエン近郊で処刑された。
♦地理上の発見，ピサロ

バレス
Barrès, Maurice 1862〜1923

フランスの小説家，評論家，政治家。ロレーヌ地方の出身。普仏戦争*の敗北で大きな精神的打撃を受け，パリに出て文学を志す。2つの三部作『自我礼賛』（1888〜91）と『国民的エネルギーの小説』（1897〜1902）を著し，自我と祖国との一体化を説いた。ブーランジェ派の代議士として活動をしたほか，ドレフュス事件*では反ドレフュス派の指導者の一人として活動。「ナショナリズムの詩人」と評され，フランス・ファシズムの源流をそのナショナリズムに求める見解もある。

パレスチナ解放機構（PLO）
Palestine Liberation Organization

イスラエルを壊滅し，その跡にパレスチナ人の国家建設を目指すゲリラ・テロ組織。1964年発足。69年よりその最大派閥アル・ファタハの代表ヤセル・アラファトが執行委員会議長。70〜71年，ソ連から供給された兵器によって，ヨルダン領内に自己の支配領域を作ろうとする。ヨルダン軍と戦闘になり放逐され，レバノンに逃亡。現在，活動の中心地はガザ。70年アル・ファタハのテロ実行部隊「黒い九月」，PFLPなどは，ローマ，テルアビブの空港で銃乱射。日航，ヨルダン航空，イスラエル航空などのハイジャック。オリンピック・ミュンヘン会場の選手村襲撃。74年，アラブ諸国代表者会議は，PLOをパレスチナ代表として承認。88年国会に相当するパレスチナ人民評議会はパレスチナ国家の成立宣言。93年イスラエルとの間に「オスロ合意」。ヨルダン川西岸（West Bank）とガザ地区でのパレスチナ人暫定自治が承認される。期間は99年まで。96年，暫定自治政府大統領にアラファト。2001年10月，イスラエルは暫定自治政府の独立と，その首都をイェルサレムの東半分とすることを提案するが，PLOは拒否。同年PFLPがイスラエル内閣閣僚

を暗殺したことから、イスラエル軍反撃。パレスチナ側はイスラエル市民に対する無差別のテロで応じるなど対立激化。PLO内部にはシリア、レバノンなど周辺アラブ諸国の影響を受けた強力な分派があり、勢力争いは熾烈。PLOにはイスラエルを壊滅する力はない。しかもアラファトには内部の反対をおさめてイスラエルと妥協する指導力はない。現在のような際限ない対立を続けることだけがPLOに残された唯一の道であるとの見方もある。

パレスチナ戦争
Israeli-Palestine Wars

パレスチナとはペリシテ人の住む土地の意。ユダヤ人にとって同じ所は、「神に約束された土地」(イスラエル)。両者の対立は紀元前までさかのぼる。16世紀頃からオスマン帝国*の支配下。同帝国崩壊後の1920年、イギリスの委任統治領。第一次世界大戦*中よりイギリスは、アラブ側に対してはマクマホン宣言*によって、またユダヤ側に対してはバルフォア宣言*によって、いずれの側にもこの土地を与える約束。47年11月委任統治廃止。国連はこの地に、アラブとユダヤの両独立国家の建国決議採択。イスラエル側はこれを受諾。アラブ側拒否。48年5月イスラエル共和国建国。アラブ側は同年イスラエルに侵入。第一次中東戦争勃発。ヨルダン軍は、ヨルダン川西岸、サマリア、イェルサレム旧市街占領。エジプト軍はガザ占領。イスラエルは劣勢のなかで、独立守る。56年エジプトがスエズ運河*を国有化したことを原因として第二次中東戦争。67年、イスラエル軍が西岸地区、ガザを回復、ゴラン高原、シナイ半島を占領した第三次中東戦争(6日間戦争)。73年の第四次中東戦争(ヨム・キプル戦争)。82年、ベイルートを根拠地にテロ活動を行うPLO壊滅のためにレバノンに侵攻した第五次中東戦争がある。

バレール
Barère, Bertrand 1755〜1841

フランスの政治家。弁護士であったが、1789年に三部会*議員に選出され、フイヤン派*に属した。92年には国民公会議員に選ばれ、中間派に属していたが、公安委員会*に加わり、国民公会や諸官庁との連絡調整を担当、その雄弁によって「ギロチンのアナクレオン」と呼ばれた。のちにロベスピエール*の打倒に加わったものの、やがてみずからも追放されてしまう。

バロック式
Baroque

16世紀末から18世紀前半の美術様式。「バロック」の語源は「ゆがんだ真珠」を意味するポルトガル語。静謐な古典主義*に反して豪壮、華麗、激情的誇張、光の劇的効果など

に特徴がある。絵画ではイタリアのカラヴァッジオ，フランドルのルーベンス，オランダのレンブラント，スペインのベラスケス，彫刻ではイタリアのベルニーニが代表的。建築ではルイ14世*のヴェルサイユ宮殿*（1661年着工）が有名。

ハンガリー革命
Hungarian Uprising 1956

共産主義政権打倒を試みたハンガリーの動き。スターリン批判*が行われた第20回ソ連共産党大会（1956.2）の影響で，スターリン信奉者ラーコシ罷免。隣国ポーランドでも政変が起こる。56年10月23日，ブダペスト市民はポーランドの改革支持，自由主義者ナジの首相就任要求のデモを行う。治安部隊と衝突。首相となったナジはハンガリーの中立，ワルシャワ条約機構*からの脱退宣言。ソ連寄りの政治家カダルは11月3日に，ハンガリー革命政府の樹立宣言。ソ連軍の介入はこの政府の要請とされる。4日，ソ連は20個師団投入。戦闘のなかで3000人の市民が死亡，20万人が国外亡命。ナジは逮捕処刑。

バンクロフト
Bancroft, George 1800～91

アメリカの歴史家，外交官。1817年にハーヴァード大学を卒業後，ドイツのゲッティンゲン大学で博士号を取得した。22年に帰国して教育改革に努め，31年から歴史研究に着手して『合衆国史』（10巻，1834～76，1883～85改訂）を著した。さらに外交官としても活躍し，45～46年海軍長官としてアナポリス海軍兵学校を創設後，駐英公使（1846～49），駐独公使（1867～74）を務めた。

汎ゲルマン主義
Pangermanismus

1860年代以降のドイツに強まった国粋主義の一形態。ドイツ民族に共通した祖先・国民意識を強調し，一帝国に統合することを主張した。90年代後半からは，全ドイツ連盟がこの主張の急先鋒となり，植民地政策・艦隊建設を喧伝した。とりわけ中欧・バルカン半島への進出（3B政策*）を思想的に後押しし，汎スラヴ主義*と衝突した。ゲルマン民族の優越，反ユダヤ主義など，主張の多くがナチスに継承された。

▶世界政策，第一次世界大戦，バグダード鉄道，ボスニア・ヘルツェゴヴィナ併合

反穀物法同盟
Anti-Corn Law League

1839年，穀物法*の撤廃を目標に結成されたイギリスの圧力団体。マンチェスター*の綿業者コブデンとロッチデールの綿紡績業者ブライトの指導のもと，集会やビラ，新聞を通じて穀物法の弊害と撤廃による生活改善を訴え，広範な支持を獲得し

た。46年撤廃の実現に伴い解散。穀物法の撤廃は自由貿易の趨勢を決定づける象徴的出来事であったが、大陸の穀物輸出能力は低く、期待された穀物価格の劇的な低下は生じなかった。
♦自由貿易主義

汎スラヴ主義　Pan-Slavism

オーストリア＝ハンガリーやオスマン帝国支配下の西スラヴ，南スラヴ系の民族運動のなかで，スラヴの連帯と統一を謳い民族解放闘争を意味づけるために導入された用語。1848年にはプラハで汎スラヴ会議を開催。他方，ロシア社会思想上は，クリミア戦争敗北と汎ゲルマン主義*に刺激されて，ロシアを盟主としたスラヴ諸民族（ポーランドを除く）の統一を主張する思潮を指す。ポゴディーンやダニレフスキーが代表的論者。
♦スラヴ派

ハンソン
Hansson, Per Albin　1885〜1946

スウェーデンの政治家。社会民主党青年団に入り，労働運動に身を投じる。1925年には社会民主党の指導者となり，32年の選挙で，首相に就任。大胆な財政政策，農民への援助，公共事業を含んだ危機対応政策を提案し，農民党の同意を取り付けた。第二次世界大戦*でも中立を維持したが，対ドイツ関係維持などを通じて間接的にナチス・ドイツを援助したため，国民の批判を受けた。戦後再組閣するが，首相在任中に没した。

反（対抗）宗教改革
Counter Reformation

宗教改革*に対抗して行われたカトリック改革の総称。ローマ教皇とスペインのハプスブルク家*が中心的役割を果たす。その具体的な内容は，トリエント公会議*で教皇の至上権とカトリックの教義を再確認し，内部の綱紀粛正を行い，イエズス会を中心に積極的な海外伝道に乗り出し，異端審問制度*の設置や禁書目録の作成を通して反カトリック的な人物や書物を取り締まった。
♦グレコ，ジェズイット教団（イエズス会）

"万人の万人に対する闘争"
war of all against all

いかなる政治的権威も存在しない自然状態をあらわすホッブズ*の言葉。ホッブズによれば，自然状態の人間は，各々が自己保存の本能に従って行動するため，相互不信と不断の競争に駆り立てられ，「万人の万人に対する闘争」という悲惨な戦争状態に帰着する。この状態を克服するためには，自己の権利の一部を相互に譲渡して社会契約を結び，この契約を保証する絶対的な主権的権力（リヴァイアサン）に従うことを主張した。

◆社会契約説

反連邦派（アンチ＝フェデラリスト）
Anti-Federalists

合衆国憲法草案の反対者達に対して，賛成者の連邦派*がつけた呼称。連邦派は商工業的利益を代表して中央政府の権限を強化することを擁護したが，反連邦派は農業的利益を代表して主権を持つ諸邦の連合を主張した。反連邦派は憲法草案に反対したが，憲法は連邦派の主導の下で成立した。この二派はアメリカ史上最初の政党となったが，反連邦派は自らをリパブリカンと呼んだ。

◆アメリカ合衆国憲法，民主党，ワシントン

ビアンキ
Bianchi, Michele　1883～1930

イタリアの政治家，ファシスト。革命的サンディカリズムに傾斜したが，第一次世界大戦*時には参戦論者となり国際主義革命行動ファッショに参加。初代ファシスト党書記長に就任（1921）し，ローマ進軍（1922）の際に，バルボ*，デ・ボーノ，デ・ヴェッキの4人からなる軍事行動の最高指令部を構成。

◆ファシズモ，ムッソリーニ

ピウス9世
Pius IX　1792～1878

ローマ教皇（在位：1846～78）。教皇就任当初，ジョベルティ*の予言した革新的な教皇と思われたが，1848年の革命的気運のなかで反動化しローマを脱出（1849）。ローマ共和国*を破ったフランス軍に守られローマに復帰（1850）。ローマがイタリア王国に併合されると「ヴァチカンの囚人」と称しイタリア政府と断交（1870）。ドイツ帝国では中央党を支援し，ビスマルク*の文化闘争*を誘引。

◆イタリア統一戦争

ピエモンテ立憲運動

ウィーン体制下，スペインとナポリの立憲革命（1820）の影響をうけて，サルデーニャ王国のピエモンテで起こった立憲運動（1821）。憲法制定を唱えるカルロ・アルベルト公を中心にカルボナリ*党員から官僚，将校，市民に至る幅広い同調者を得て決起するも，国王軍とオーストリア軍に鎮圧される。結局，憲法の制定は，カルロ・アルベルトのサルデーニャ王即位（1831）後の1848年のこと。

◆ウィーン会議

東インド会社（イギリス）
East India Company

1600年エリザベス1世*によって設立され，アジアとの貿易独占権を与えられた会社。中国の茶やインドの木綿織物などを本国にもたらして「生活革命」を引き起こす一方，

東インド

1757年プラッシーの戦いでフランス勢力を駆逐するなど，インド征服の先兵として強大な軍事力を誇った。産業革命*の進行とともに自由貿易の要求が高まり，1833年会社の独占権は廃止され，58年セポイの反乱を機に解体された。
♦東インド会社（オランダ）

東インド会社（オランダ）
Vereenigde Oost-Indische Compagnie

東インドで活動しているオランダの各企業が統合され，1602年，合同東インド会社が設立された。東インド会社の権利には，喜望峰の東からマゼラン海峡の西に至る全海域での条約締結，自衛戦争遂行，要塞構築，貨幣鋳造などが含まれていた。ジャワ島に根拠地をおき，日本の銀，銅，中国の絹，インドの綿，インドネシアの香辛料などの貿易で，大きな利益を稼いだ。会社は1798年に解散した。
♦東インド会社（イギリス）

ピーコ・デッラ・ミランドラ
Pico della Mirandola　1463〜94

イタリアの人文主義者。モデナ近郊のミランドラ伯の公子。ヨーロッパ各地に遊学し，古典哲学から自然科学まで幅広い学問を習得する。1482年，フィレンツェ*でフィチーノ*と親交，86年，ローマで『900の論題』を発表。異端の嫌疑をうけるがメディチ家*に庇護され，31歳の若さで病没。著書『人間の尊厳について』（1486）では自由意志を強調するルネサンス的人間観を表明。
♦サヴォナローラ，人文主義（ヒューマニズム）

ピサロ
Pizarro, Francisco　1475頃〜1541

スペインの征服者。1513年バルボア*の遠征に参加。ペルーのインカ帝国の情報を耳にし，スペイン王カルロス1世から征服の許可を得る。31年，180余名を率いてインカ帝国に至り，皇帝アタワルパをはじめ1万人以上のインディオ*を殺害して帝国を滅ぼす（1533）。その後スペイン人どうしの内乱で暗殺される。コルテス*ほどインディオの改宗に熱心ではなかった。
♦カール5世，ペルー征服

ビザンツ帝国の滅亡
Byzantine Empire　1453

ビザンツ帝国はローマ帝国の東半分として395年に成立。首都はコンスタンティノープル（イスタンブール）。西ローマ帝国滅亡後勢力拡大。7世紀後半以後はイスラム勢力との戦いに力を使う。オスマン帝国はコンスタンティノープルを攻略するが，ボスフォラス海峡正面からの攻撃は守りが堅くて失敗。帝都の中心部につながる金角湾入り口には鎖がめぐ

らされ侵入不可能。メフメト2世は軍艦を山越えさせて湾に入ることを命じる。山越えした艦隊からの砲撃によって，ビザンツ軍の防衛網は破れ，帝国は崩壊。

ビスマルク

Bismarck [-Schönhausen], Otto Eduard Leopold Fürst von 1815～98

ユンカー*出身の保守的政治家。1860年代初頭のプロイセン憲法紛争*を機に首相となる（在任：1862～90）。「現下の問題は鉄と血（軍事力）により解決される」という演説を行って軍備拡張を強行，普墺戦争*，普仏戦争*を遂行してドイツ帝国*を創建，初代の帝国宰相となった（在任：1871～90）。内政上はカトリック勢力や社会主義者を「帝国の敵」として弾圧する一方で，社会保険制度を導入して労働者への懐柔策をとり，外交政策としては，ドイツの国際的地位の確保と，フランスの報復阻止を念頭に置いた大国間の勢力均衡をはかった。ヴィルヘルム2世*と衝突して90年に職を辞した。

◆ ヴィルヘルム1世，三帝同盟（独・墺・露），社会主義者鎮圧法，小ドイツ主義，新時代（ノイエ・エーラ），鉄血政策，ピウス9世，文化闘争，ベルリン会議，ベルリン会議（コンゴ会議）

ピット（小）

Pitt, William (the Younger) 1759～1806

イギリス・トーリ党*の政治家。首相（在任：1783～1801, 1804～06）。同名の父「大ピット」も首相経験者。父譲りの演説の巧みさで注目され，1782年大蔵大臣に就任，翌83年には史上最年少の24歳で首相に指名された。通算20年にも及ぶ政権の前半は，アメリカ独立革命*後の復興期にあたり，減債基金の設定や不要官職の削減などの行財政改革，関税の軽減による貿易の振興に努めた。政権後半はフランス革命*の衝撃が周辺諸国を襲った時期であり，第1～3回対仏大同盟*（1793, 99, 1805）の結成，アイルランド合同（1800），国内の急進主義運動に対する強圧政策など，国制の安定化を最重要課題とした。

ヒトラー

Hitler, Adolf 1889～1945

ナチス・ドイツの独裁者。オーストリアに生まれ，青年時代は美術を志し，1913年ミュンヘンに移住。第一次世界大戦*が始まるとドイツ軍に入隊した（ドイツ市民権の取得は32年）。19年ドイツ労働者党（後のナチ党）に入党，21年党首となる。23年11月ミュンヘン一揆*を起こして投獄されたが，出獄後は合法的で，活発な政治宣伝活動を展開，世界恐慌による混乱に乗じて議会でナチ党

を躍進させた。33年1月首相となり，34年8月以降「総統*」を名乗って第三帝国*の建設を進めた。社会主義者への弾圧，ユダヤ人の虐殺など非人道的行為を重ね，対外的には39年9月ポーランドに侵攻，第二次世界大戦*を引き起こした。45年5月ベルリンで自殺。
◆国民社会主義ドイツ労働者党，『わが闘争』

火の十字団
Croix de Feu

1927年に第一次世界大戦*で戦争十字勲章を受けた人びとによって組織され，フランスで戦間期における最大の極右勢力となった団体のこと。31年ラ・ロック大佐が指導権を掌握してから大衆的極右団体へと変化し，34年の2月6日事件で注目されるなど，当時最も強力なファシズム運動と目されて警戒されていた。36年，ブルム*人民戦線*政府によって解散させられると，フランス社会党 le Parti social français を名乗り，数十万人を組織する大政党となった。

百日天下
Cents-Jours　1815.3.20〜6.22

ナポレオンがエルバ島を脱出して確立した支配。ルイ18世に対する国民の不満，ウィーン会議*での列強の対立を知ったナポレオンは，エルバ島を脱出して再び皇帝として支配した。列強は第7回対仏同盟を結成して対抗し，6月ナポレオンはワーテルローの戦い*に破れて失脚，10月セントヘレナ島に流された。
◆ナポレオン1世

『百科全書』
Encyclopédie

フランス18世紀の全27巻からなる大百科事典。ディドロ*，ダランベール*が編集責任者となり，ヴォルテール*，モンテスキュー*，ルソー*，ケネー*ら264人の執筆者を動員して，1751年から72年にかけて刊行された。全体としての思想的統一はみられないが，いずれも理性の力を信じ，進歩主義の立場に立っていて，カトリック教会や絶対王政に対して批判的で，啓蒙思想*の発展に大きな役割を果たした。

ピューリタン（清教徒）
Puritans

カトリックとプロテスタントの中道を志向したイギリス国教会*体制を不十分とし，徹底した教会改革によって，この世に「清らかな教会」を実現しようとした人々につけられたあだ名。その大半はカルヴァン*主義者であるが，国教会の枠内での「純化」を目指す長老派*から，国教会から分離して「純化された」会衆組織の樹立を説く分離派まで非常に幅広い人々が含まれており，厳密に定義することは難しい。

♦『天路歴程』、ピルグリム＝ファーザーズ

ピューリタン革命
Puritan Revolution

1640〜60年のピューリタン*を中心としたイギリスの革命。ただし、イギリスでは「革命」の呼称はほとんど用いられず、単に the Civil War（内乱）と呼ばれる。40年長期議会*は、国王チャールズ1世*の専制政治を阻止するべく一連の改革立法を成立させたが、国王が議会弾圧を強行したため、42年議会派と国王派の間に内戦が勃発。2度の内戦は、兵士・民衆を掌握した急進ピューリタン率いる議会派の勝利に終わり、49年国王を処刑、王政と貴族院を廃止して共和制を樹立した。53年議会派の指導者クロムウェル*が護国卿に就任、ピューリタニズムに基づく強権政治を展開したが、彼の死後政局は混乱し、60年王政復古*を迎えた。

♦人民協約、長老派、ディガーズ、独立派（イギリス）、平等派（レヴェラーズ）

ビヨー＝ヴァレンヌ
Billaud-Varenne, Jean-Nicolas 1756〜1819

フランスの政治家。パリ高等法院の弁護士だったが、革命思想の影響を受けてジャコバン・クラブに加入。1792年国民公会議員に選出されて、山岳派に加わり、93年公安委員会の一員となる。過激派のエベール派に近かったものの、ロベスピエール*派によるエベール派とダントン*派の弾圧に加担。その後テルミドール反動*（94.7）の首謀者の一人となったが、95年ギアナに流刑される。

平等派（レヴェラーズ）
Levellers

民衆の政治的権利を追求した、イギリス・ピューリタン革命*期の急進的政治党派。1645年頃からリルバーン*、オーヴァトンらを指導者に、ロンドンの手工業者、職人を中心に組織され、やがて新型軍*の兵士の間に浸透。47年人民協約*を提出して、人民主権に基づく独自の共和制構想を披露し、クロムウェル*ら独立派*の軍首脳部と対立した。49年平等派兵士の反乱を契機に徹底的に弾圧され、急速に衰退した。

♦普通選挙権

ピョートル1世（大帝）
Peter I (the Great)　1672〜1725

ロシアのツァーリ*（在位：1682〜1721、親政は1689から）、最初の皇帝（在位：1721〜25）。アレクセイ帝の末子。国家と社会の改革に取り組み、絶対主義国家建設と近代化を推進。内政では、県制導入、官庁再編、教会の国家機構化、新都建設、貴族の勤務義務、人頭税導入など統治機構の改革を推進するとともに、

重商主義的政策を採用して商工業を振興，さらに西欧の文物や習慣，科学，技術，教育の移入をはかった。対外政策ではアゾフ海攻略，北方戦争*，ペルシア遠征など四辺への拡張をはかった。これらによりロシアは大国として認知された。
♦ロマノフ朝

ピール
Peel, Robert　1788～1850

イギリスの政治家。大綿業者の長男で，トーリ党*内きっての自由派。1809年下院議員に当選し，内相時代（1822～27, 28～30）には警察制度の近代化やカトリック教徒解放法*の成立など数々の業績を残す。34年首相（在任：1834～35, 41～46）に就任，タムワース宣言で改革路線を打ち出し，党の近代化に着手した。46年に穀物法*撤廃を実現させた後は，支持者と共に党を離れてピール派を組織，第三党的存在となった。
♦保守党（イギリス）

ピルグリム＝ファーザーズ
Pilgrim Fathers

1620年メイフラワー号に乗って北米ニューイングランドに移住した人々。巡礼始祖とも。その中核は，08年にジェームズ1世*の迫害を逃れてオランダに亡命していた分離派のピューリタン*41名で，分離派教徒でない乗客を交えてメイフラワー契約を船内で結び，新しいピューリタン社会の建設を誓い合った。最初の冬に食糧不足と病気で半数を失いながらも，ニューイングランド最初の植民地プリマスを創設した。

ピルニッツ宣言
Pillnitzer Konvention

1791年8月27日，フランス革命*の進展に対する危惧から，ハプスブルク家*の皇帝レオポルド2世とプロイセン王フリードリヒ＝ヴィルヘルム2世が共同でフランス革命干渉の態度を示した宣言。ヴァレンヌ逃亡事件*でフランス国王の地位が危うくなると，その王妃マリー・アントワネットの兄であったレオポルド2世がフランスへの軍事介入をヨーロッパの各君主に呼びかけた。このことが革命戦争のきっかけとなった。
♦ヴァルミーの戦い

ヒルファーディング
Hilferding, Rudolf　1877～1941

ウィーン生まれのドイツの経済学者，政治家。医学生の頃社会主義に親しみ，カウツキーらと知り合った。1906年ベルリンに出て，ドイツ社会民主党*の党学校教員，党機関紙「前進」の編集者を務めた（1907～15）。『金融資本論』（1910）を著して金融支配の歴史的意味を論じ，党内での経済理論家としての地位を確立した。第一次世界大戦*が勃発するとオーストリアの軍医として従軍したが，戦争には反対した。戦後ド

イツ市民権を取得し，独立社会民主党に参加，ヴァイマル共和国*では蔵相を2度務めた（1923，28～29）。ヒトラー政権成立後国外に逃れ，党の亡命者集団を指導したが，41年パリでゲシュタポに逮捕・処刑された。

ヒンデンブルク
Hindenburg, Paul von Beneckendorff und von　1847～1934

ドイツの将軍，ヴァイマル共和国*大統領（在任：1925～34）。第一次世界大戦*勃発後，軍司令官としてタンネンベルクの戦い*でロシア軍に大勝，国民的英雄になるとともに，大戦中は軍事的な独裁者でもあった。共和国時代には右翼のシンボル的存在となり，大統領に就任。1930年以降は大統領政府の性格を強めて議会機能を低下させ，33年1月ヒトラー*を首相に任命し，ナチ党政権に道を開くことになった。
▶国民社会主義ドイツ労働者党，シュリーフェン計画，第三帝国，ルーデンドルフ

ファシズモ
Fascismo

ファシズムのイタリア語形。語源的には古代ローマの執政官が所持した団結を象徴する木の束「ファスケス」に由来。19世紀末にはイタリアの急進的政治集団を「ファッショ」（複数形は「ファッシ」）と呼ぶようになったが，ムッソリーニ*が1919年に「戦闘ファッシ」を創設し，22年に初のファシスト政権を樹立して以来，一般的には20年代から40年代にかけての暴力的な独裁政治体制を「ファシズモ」の名で呼ぶ。イタリアのほかには，ドイツのナチズム，日本の軍国主義もファシズムの一形態といえる。ヴェルサイユ条約*に不満をもつ後進資本主義国のなかから生まれ，民族主義や反社会主義・反民主主義を唱え，世界大恐慌*に際しては対外侵略に活路を見出そうとした。
▶クローチェ，ローマ進軍

ファショダ事件
Fashoda Incident [英]　Incident de Fachoda [仏]　1898

スーダン南部のファショダで英・仏両勢力が衝突した事件。イギリスはカイロとケープ植民地*を結ぶ縦断政策を，フランスはソマリーランドからセネガルを結ぶ横断政策を追求しており，スーダンはその交差点となった。98年イギリスがファショダを占領したフランスに撤退を要求して緊張が高まるが，フランスが譲歩し，スーダンはイギリス・エジプトの保護下におかれることになった。

ブーア（ボーア／ブール）人
Boers

オランダ語で「農民」を意味する，ケープ植民地*のオランダ系移住民の子孫。アフリカーナーとも。イギ

リスによる土地改革や奴隷制廃止に反発し，1830年代後半から40年代初頭にかけて北部へと大移動（グレート・トラック）を行い，先住民を征服しつつトランスヴァール共和国とオレンジ自由国を建国した。1902年南アフリカ戦争*の結果，両国ともイギリスの王領地となるが，ブーア人には先住民への優越を前提とする自治権が与えられた。

フィウメ併合

フィウメはイタリア人が多いアドリア海北端の港市で，イタリア統一時にオーストリア領だったため「未回収のイタリア」*の一部。第一次世界大戦*後ユーゴとのあいだにフィウメ問題が浮上すると，ダヌンツィオ*は武力でフィウメ占領（1919）。しかし国際連盟*はフィウメを自由市（1920）としたため，イタリア国民の支持を得たいムッソリーニ*はユーゴと交渉して併合（1924）。ファシスト政権初の外交的勝利であった。
♦ファシズモ

フィチーノ
Ficino, Marsilio 1433~99

イタリアの人文主義者。フィレンツェ*近郊の出身。コジモ・デ・メディチの庇護下で勉学をつみ，神学と哲学の融合をめざす新プラトン主義の伝統を15世紀のフィレンツェに復活させる。1462年にカレッジのメディチ家*別荘に設立されたプラトン・アカデミーの主宰者となる。プラトン全集のラテン語訳を完成（1477）したほか，主著に『プラトン神学』（1482）がある。
♦ピーコ・デッラ・ミランドラ

フイヤン派
Feuillants

フランス革命*期の憲法制定国民議会，立法議会の党派。自由主義貴族や上層ブルジョワを代表し，当初バルナーヴ*らの三頭派として発足。1789年秋頃から憲法制定国民議会を支配して革命を推進したが，91年6月のヴァレンヌ逃亡事件*後ラファイエット*派と合流して，フイヤン派を形成した。以後，急進派を弾圧し，91年憲法に体現される自由主義的な立憲君主政の確立に努めた。立法議会でもはじめは多数派を形成していたが，やがてジロンド派*に圧倒された。

フィルマー
Filmer, Robert 1589~1653

イギリスの政治思想家。チャールズ1世*に仕え，ピューリタン革命*では王党派として活躍。王権神授説*の代表的な論者であり，国王の絶対的支配権の根拠を神がアダムに与えたとされる家父長権に求め，王＝家父長とする国王家父長説を展開した。革命中に執筆した『家父長権論』は，王政復古*期の1680年に

出版され，王党派の間で高く評価されたが，ロック*の『統治論二編』*によって徹底的に論破された。

フィレンツェ
Firenze

イタリア中部トスカーナ地方の都市。ルネサンス*文化発祥の地。古代ローマ都市フロレンティアに起源。12世紀にコムーネ（自治都市）宣言をし，13世紀に毛織物業と金融業で発展。新興の大商人層が封建貴族から政権を奪い，徹底した共和政治を実現したが，新興勢力のなかから銀行家のメディチ家*が台頭し，1434～94年，1512～27年，1530～1737年，メディチ家が単独で支配した。

フィンランドの独立

フィンランドはバルト海北岸に位置する。13世紀にスウェーデンに併合され，以降，スウェーデンから大きな文化的影響を受けた。しかしナポレオン戦争により，全領土がロシア領となった。19世紀からフィンランドの独立への動きは活発になった。1917年にロシアで十月革命が起こり，ソヴェト政権が樹立すると，フィンランドでは独立論が強まり，スヴィンフヴドを首班とする内閣は12月6日に独立を宣言し，18年に共和政を施行し，フィンランドは初めて独立国家となった。

♦ニスタットの和約，ロシア革命

フーヴァー
Hoover, Herbert Clark 1874～1964

アメリカ合衆国第31代大統領（在任：1929～33）。ハーディング，クーリッジ*両共和党*政権下で商務長官を務め，1928年の大統領選挙で共和党から当選。世界大恐慌*の勃発に際し当初は連邦政府の介入に消極的だったが，景気の悪化に伴って失業救済事業など積極的な施策に着手，国際経済の分野でも「フーヴァー＝モラトリアム」*を提唱した。だが恐慌の克服に失敗し，32年の選挙で北した。

♦スミス（アルフレッド）

フーヴァー＝モラトリアム
Hoover Moratorium 1931.6

アメリカの大統領フーヴァー*が発した政府間債務の１年間支払い猶予宣言。1929年アメリカに始まった金融恐慌は，31年には中部ヨーロッパ諸国の金融恐慌に発展し，ドイツは賠償支払い不能と金融恐慌の危機に直面した。フーヴァーの目的は主にこのドイツ金融恐慌の防止にあったが，結局ドイツ金融恐慌を抑止できず，金融恐慌はイギリスにも波及して世界大恐慌*はさらに激化した。

封じ込め政策
Containment Policy

1940年代末期のアメリカの対ソ外交政策。国務省政策企画部長ジョー

ジ・F・ケナンが，1947年『フォーリン・アフェアーズ』誌7月号に匿名で「ソ連の行動の源泉」と題する論文を発表，ソ連の進出を阻止するには世界的な規模でソ連の周辺国に対し経済的・軍事的援助を与え，ソ連の封じ込めに成功すればソ連は内部から崩壊すると主張した。アメリカの対ソ外交政策はほぼこの方針の下に実施された。
♦冷たい戦争（冷戦），マルタ会談

フェリー
Ferry, Jules-François-Camille 1832～93

フランスの弁護士，政治家。1880年代のオポルテュニスト体制の指導者の一人として，文相（在任：1879, 82），首相（在任：1880～81，83～85）を務め，初等教育の義務化・世俗化・無償化（フェリー法）によってカトリック教会の関与のもとにあった初等教育を国家の手中に収めた。また労働組合結成の自由，言論・出版の自由化など一連の共和主義改革を行うとともに，傷ついたフランスの威信の回復を図るために，チュニジアの保護国化（1881），マダガスカル遠征（1883），トンキンの保護領化（1884），清仏戦争（1884～85）などの積極的な植民地政策を展開した。だが，急進派からは対独復讐熱を海外にそらすものと糾弾された。
♦オポルテュニスム

フェリペ2世
Felipe II 1527～98

スペイン王（在位：1556～98）。国王カルロス1世（皇帝カール5世*）の子。父からスペインのほか，ミラノ，ナポリ，シチリア，サルデーニャ，ネーデルラント，中南米を継承。未曾有の版図は「太陽の沈むことのない帝国」と称され，スペインの黄金時代を現出。イタリア戦争の勝利（1559），レパントの海戦*の勝利（1571），ポルトガル併合（1581）の一方で，オランダ独立戦争*勃発（1568），無敵艦隊*の敗北（1588）により帝国は衰退のきざしを見せた。
♦アルバ公，異端審問制度，オラニエ公ウィレム

フォイエルバッハ
Feuerbach, Ludwig (Andreas) 1804～72

ドイツの哲学者。はじめ神学を志したが，後にベルリンのヘーゲル*の下で哲学を学ぶ。いわゆるヘーゲル左派を形成するが，次第にドイツ観念論*を批判して唯物論へと向かった。神学を哲学的に批判し，キリスト教の神は人間がその完成を求める努力の投影と定義して，自然主義的人間学を打ち立て，このなかに宗教と神学を取り込もうとした。三月革命*期には宗教的権威を批判して革命家たちに歓迎され，その人間学は初期マルクス*・エンゲルス*に

影響を及ぼした。主著『キリスト教の本質』(1841), 『将来の哲学原理』(1843)。

普墺戦争
Preußisch-Österreichischer Krieg

ドイツ連邦*の主導権をめぐるプロイセンとオーストリアの戦争。ビスマルク*が小ドイツ主義的なドイツ統一を明確にし，軍備拡張を行おうとしたことから，オーストリアを刺激，開戦にいたった。プロイセンの勝利により，オーストリアが統一問題から排除され，ドイツ連邦が解体。プロイセンはハノーファーなどを併合して領土を拡大するとともに，新たに創建された北ドイツ連邦*の盟主となって，ドイツ統一の基盤ができた。

♦ オーストリア=ハンガリー二重帝国，ガシュタイン協定，小ドイツ主義，シュレースヴィヒ=ホルシュタイン問題，大ドイツ主義，鉄血政策，フランツ=ヨーゼフ1世，モルトケ

フォード
Ford, Henry　1863〜1947

アメリカの実業家，自動車王。1903年フォード自動車会社を設立，08年に最初の大量生産車となったT型自動車を開発。14年には工員に1日8時間労働を採用するとともに，同種産業の平均を2倍以上も上回る日給5ドルを支給することを発表，世間を驚かせた。しかし経営戦略の面において，市場の変化を無視してT型車へ固執したため，やがて階層別の多車種生産に乗り出したGMとの競争で敗れた。

プガチョーフの反乱
the Revolt of Pugachev

1773〜75年にロシア南部で起こったコサック*，バシキールなど辺境の諸民族，ロシア人農民の反乱。指導者エメリヤーン・プガチョーフ（1742頃〜75）はドン・コサック下層の生まれで，従軍して将校になったが逃亡。1773年，ロシア皇帝ピョートル3世を僭称，農民解放，土地付与などを掲げて反乱を起こした。反乱参加者は総計200万ともいわれ，一時は南ウラルを支配したが，政府軍に鎮圧された。

♦ エカチェリーナ2世，ラージンの反乱

武器貸与法
Lend-Lease Act　1941.3.11

第二次世界大戦*におけるアメリカの対連合国軍事援助法。同法によって大統領は，国防上必要とみなされる場合，外国政府に対して武器・軍需物資を提供できる権限をもつことになった。同法の実現によってアメリカは事実上中立を放棄し，連合国の一員として戦争に関与していった。大戦終結までに総額約500億ドルが連合国に貸与され，連合国が戦

争を遂行する上で大きな役割を果たした。

フーゲンベルク

Hugenberg, Alfred　1865〜1951

ドイツの政治家，経済人。19世紀末の民族主義団体「全ドイツ連盟」の設立に参加，早くから極右的な活動に携わった。1908〜18年クルップ*の重役を務めた後，フーゲンベルク・コンツェルンを設立，新聞・出版・映画産業に多大な影響力をもち，ヴァイマル共和国*の反体制勢力を担った。国家人民党の党首としてナチ党と結び，ナチス政権成立時に入閣したが，すぐさまヒトラー*と衝突して辞任した。

フス

Hus, Jan 1369?〜1415

ボヘミア（現在のチェコ）の宗教改革者。イギリスの宗教改革者ウィクリフの教義を信奉し，1398年プラハ大学の教授となる。ローマ・カトリック教会の世俗化を批判し，1410年プラハ大司教および教皇に相次いで破門を宣告された。14年コンスタンツ公会議*に召喚され，異端と断罪されて翌年火刑に処せられた。ボヘミアでは反ドイツ的な政治態度に結びついていたため，処刑後にフス戦争が起こり，その教義も認められることになった。チェコ語文学の発展にも寄与した。
▶宗教改革

普通選挙権

universal suffrage

身分・性・財産などで制限されることなく，一定年齢に達したすべての者に与えられる選挙権。イギリスの場合，男子普通選挙権を求める運動は，ピューリタン革命*での平等派*の主張にまでさかのぼることができるが，本格化するのは1830〜50年代のチャーティスト運動*である。女性の参政権運動もミル（ジョン・ステュアート）*の活動を機に60年代に開始され，1928年に21歳以上の男女に対する完全普通平等選挙権が実現した。

復活祭危機（デンマーク）

ヴェルサイユ条約*（1919）で，北部シュレースヴィヒが，ドイツからデンマークに復帰することになったことに不満を抱く人々が政府与党を批判し，国王クリスチャン10世が，サーレ内閣に退陣を要求した。ところが1920年3月にサーレ内閣が辞職し，新しい内閣を組閣するまでの間に国王がサーレに政権にとどまるよう求めなかったために，急進左翼党・社会民主党が反発し，国王の行為を憲法違反であるとみなした。これらの一連の出来事を，復活祭危機という。

復古王政（フランス）

Restauration　1814, 15〜30

第一帝政*崩壊後，ブルボン家の

ルイ18世が復位して成立した政治体制。ルイ18世は，憲章（シャルト）を公布して，カトリックを国教とし，神授権の原理に基づいて強大な権力を掌握したが，一方では，二院制を採用するとともに，法の前の平等，所有権，出版の自由などを認めた。だが，1824年に過激王党派（ユルトラ）の指導者でもあったシャルル10世が即位して反動政治を進めると，議会との対立が深まり，七月革命*（1830）が勃発して復古王政は崩壊した。

フート
Hut, Hans 1490頃〜1527

南ドイツで活動した再洗礼派*の説教師。1520年代前半，製本・書籍仲介業に従事していたが，その後ミュンツァー*の「永遠の同盟」に加入，農民戦争にも参加した。しかしその後，アウクスブルクで再洗礼派に改宗，バイエルン，シュヴァーベン，オーストリアで説教師として活動した。27年ニコラスブルクの宗教討議にフープマイアー*とともに参加するが，逮捕され，いったん脱出するも再逮捕後に火刑に処せられた。

腐敗選挙区
rotten borough

産業構造の変化に伴う人口流出によって有権者が激減したにもかかわらず，下院議員を選出し続けたイギリスの都市選挙区。中世以来の選挙区規定が踏襲されたため，人口に見合った議席配分がなされず，マンチェスター*やバーミンガムなどの新興工業都市に議員選出権がない一方で，有権者が50名に満たない都市選挙区が全体の4分の1にも及び，買収などの腐敗行為が蔓延した。1832年の選挙法改正*により，そのほとんどは廃止された。

ブハーリン
Bukharin, Nikolai Ivanovich 1888〜1938

ソ連の革命家，政治家。中等学校時代から革命運動に関与，第一次革命時にロシア社会民主労働党*入党，ボリシェヴィキ*きっての理論家。十月革命後，ブレスト講和に反対。党政治局員，コミンテルン*議長を歴任。一国社会主義*を主張，スターリン*とともにトロツキー*に対立したが，1920年代末に右翼偏向と批判され失脚，一時復活するが38年に反革命容疑で処刑。89年名誉回復。
▶粛清（ソ連），ブレスト＝リトフスク条約

普仏戦争
Preußisch（Deutsch）-Französischer Krieg 1870〜71

プロイセンとフランスとの戦争。独仏戦争ともいう。エムス電報事件*をきっかけに1870年7月19日，フランスのナポレオン3世*がプロイセンに宣戦を布告。9月2日にセ

ダンでフランス軍が降伏、パリには共和制が樹立された。71年1月18日ヴェルサイユ宮殿*鏡の間でドイツ皇帝戴冠式が行われ、2月、両国間に平和協定が、5月に講和条約が結ばれ、フランスはアルザス・ロレーヌの大半を割譲した。
♦ アルザス・ロレーヌ問題、鉄血政策、ドイツ帝国、ビスマルク、モルトケ

フープマイアー
Hubmaier, Balthasar 1485?～1528

宗教改革*期のドイツの神学者。アウクスブルクの貧しい家庭に生まれたが、大学で自由七科目、神学を修め、後にインゴルシュタットで神学部教授となる。1520年ハプスブルク家領の村で主任司祭となり、ツヴィングリ*の教義に沿った宗教改革を行った。25年以降、再洗礼派*の指導的人物となるが、同村が再カトリック化することでチューリッヒへ逃れた。その後異端として逮捕され、火刑に処せられた。
♦ フート

ブラウン
Brown, John 1800～59

アメリカの熱狂的な奴隷制廃止論者。1855年にカンザス準州が奴隷制度をめぐる争点となった時、彼は子どもたちを連れて移住し、オサワトミーでゲリラを組織、56年にポタワトミー川で奴隷制度拡大派の5人を殺害した。北部へ戻って一躍ヒーローとなり、59年10月に21人を率いてヴァージニア州のハーパーズ・フェリーを占領した。彼は奴隷の蜂起を期待したが、捕らえられて反逆罪で絞首刑となった。
♦ 黒人奴隷制（アメリカ）

プラグマティズム
Pragmatism

アメリカの代表的哲学。19世紀後半にアメリカの哲学者・論理学者C・S・パースが唱え、その後20世紀前半に主としてアメリカを中心に、W・ジェームズ、J・デューイ、G・H・ミードなどが継承・発展させた思想。その中心となる思想は、現実の生における具体的な行為のなかで精神活動が果たす役割を見る視点に重心を置いて、そこから科学論・道徳観・存在論を改変し直そうとするものである。

ブラジルの独立（1822）

1807年のナポレオンによるポルトガルの首都リスボン攻略とともに、ポルトガル王室はブラジルに脱出した。15年ブラジルは王国に昇格し、ポルトガルとブラジルは連合王国を結成して両地域は対等の立場に立った。ナポレオンの失脚後解放された本国の要請により、21年ドン・ジョアン6世は皇太子ドン・ペドロを残してリスボンに戻った。ドン・ペド

ロは22年独立を宣言し，ドン・ペドロ1世として帝位についた。
♦ナポレオン1世

プラハの春
Pražské jaro 1968

第二次世界大戦*後，ソ連の支配下におかれた東欧で起こった自由化運動の一つ。1956年，スターリン*の死をきっかけにして自由化の波は，東ヨーロッパ全体に広がる。68年，ドプチェクがチェコ共産党第一書記に就任。検閲廃止などの民主化実行。同年6月，「人間の顔をもった社会主義」を目指す「2000語宣言」が知識人によって出された。ソ連は「反革命」と断定。8月，ワルシャワ条約機構*統一軍を投入。ドプチェク逮捕。検閲の復活。ソ連軍の駐留などの，「正常化」を行った。ソ連共産党書記長ブレジネフは介入を，「制限主権論」（ブレジネフ・ドクトリン）によって説明した。

ブラマンテ
Bramante, Donato 1444～1514

イタリアの建築家。ウルビーノ出身。ミラノ公ルドヴィコ・スフォルツァに仕え，レオナルド・ダ・ヴィンチ*を通じてブルネレスキ*の初期ルネサンス建築を学ぶ。1499年，ローマに移り，1506年，教皇ユリウス2世からサン・ピエトロ大聖堂*の設計を依頼される。巨大なドームをいただく中心部の十字形プランは盛期ルネサンスの代表的建築であるが，彼自身は完成を見ないで死去。

ブラン
Blanc, Jean Joseph Charles Louis 1811～82

フランスの社会主義者。1839年に『労働の組織』を発表し，国家が資金を援助して生産協同組織を作り，経済的無秩序の源泉である自由競争をなくして，労働者の地位を改善することを説いた。48年の二月革命*後の臨時政府の一員となり，労働者の代表と雇用者の代表を集めた「リュクサンブール委員会」*の議長としてこのプランの実現に努めたが，挫折，六月蜂起*後イギリスに亡命した。

フランクフルト国民議会
Frankfurter Nationalversammlung

三月革命*勃発後の1848年5月18日，フランクフルトのパウロ教会で開かれたドイツで最初の国民的議会。議員は各邦から男子普通選挙により選ばれ，統一国家の創設と憲法制定が議論の焦点となった。49年3月自由主義的・民主的憲法が決議され，プロイセン王が立憲君主としてドイツ皇帝となることが予定されたが王はこれを拒否，反動的風潮が強まるなかで議会が解散し，憲法の制定に至らなかった。
♦フリードリヒ＝ヴィルヘルム4世

フランクリン

Franklin, Benjamin　1706～90

アメリカの政治家，外交家，科学者。ペンシルヴェニア植民地議会書記，同議会議員，イングランド駐在代理人を務め，1775年に第2回大陸会議*代表に選ばれて以後アメリカの独立に尽力した。76年には独立宣言起草委員に選ばれて独立宣言*に署名。76～85年フランスに派遣されて米仏同盟の締結やパリ条約*の交渉にあたった。87年合衆国憲法制定会議代表としてその制定に貢献した。
♦アメリカ独立革命

フランコ

Franco, Bahamonde　1892～1975

スペインの独裁者。軍人の家庭に生まれ，着々と軍人の道を歩み，1935年モロッコ方面軍司令官，統合参謀長に就任。ところが翌36年人民戦線*政府が成立するとカナリア諸島方面軍司令官に左遷されたため，人民戦線派に不満をもつ右派の保守勢力の支持を背景に軍事蜂起し，ここにスペイン内乱が勃発。はじめフランコ将軍の反乱軍は劣勢であったが，独伊枢軸国の軍事支援を得て（米英は不干渉），39年には政府軍を破ってマドリードを占拠し内乱に終止符を打つ。スペイン内乱は第二次世界大戦*の前哨戦の性格をもつが，フランコは大戦中は中立を保ち，戦後も75年の死去まで独裁体制を維持した。

ブーランジェ事件

Affaire Boulanger　1887～89頃

第三共和政*下のフランスで発生したブーランジェ将軍を中心とする反政府運動。ブーランジェは陸軍大臣（在任：1886～87）として，軍の共和主義的改革，対独強硬姿勢，労働者のストへの同情などで国民の支持を集めたが，危険を感じた政府によって解任され，左遷された。その後，一部の急進派や王党派などのオポルテュニスト体制に不満を抱く諸勢力がブーランジェを擁立して，憲法改正と議会解散を要求する運動を展開，88年の補選で相次いで勝利した。89年1月パリの補選で圧勝すると，支持者はクーデターを画策。しかし本人がベルギーに逃亡してしまい，運動は急速に衰退した。

フランス

France, Anatole ［Jacques-Anatole-François Thibault］　1844～1924

フランスの小説家，評論家。懐疑主義と厭世主義を豊かな教養と明快かつ皮肉やユーモアにあふれた文体で包んだ作風が特徴。批評家としては，客観批評に反対し，印象批判を主張。ドレフュス事件*では，ドレフュスを擁護し，やがて政治や社会への関心を深めて社会主義に傾斜。だが，フランス革命*の恐怖政治*を題材とした『神々は渇く』（1912）では，革命家の狂信を批判している。

フランス革命

Révolution française 1789～99

フランスの市民革命。財政改革に対するアリストクラートの反抗に直面した王政府は1789年5月5日三部会*を召集，採決方法をめぐる対立から三部会は国民議会に転じ，7月14日のバスティーユ牢獄襲撃*をきっかけにして全国で発生した都市の民衆革命や農民革命を背景にして，8月封建的特権の廃止や人権宣言*が採決され，旧体制は解体された。その後革命は立憲王政の制度化と崩壊（89末～92.8），共和政の確立から，モンターニュ派*の独裁を中心にして革命が急進化する段階（92.8～94.7），ブルジョワ的共和政期（94.7～99.11）を経て，ブリュメール18日のクーデター*で終わった。フランス革命は複合革命であったが，総体としては，旧体制を解体して国民主権の原則に基づく近代的国民国家を確立し，資本主義の全面的展開にふさわしい法的・制度的前提条件をつくりだしたブルジョワ革命といえる。

♦アンシャン・レジーム（旧制度），恐怖政治，公安委員会，シュレースヴィヒ＝ホルシュタイン問題，総裁政府，大西洋革命論，統領制，ナポレオン1世，ワシントン

フランソワ1世

François I 1494～1547

フランス国王（在位：1515～47）。即位後イタリア戦争に介入し，1515年にミラノを奪還したが，ハプスブルク家*のスペイン王カルロス1世と神聖ローマ皇帝位を争って敗れ（1519），再度のイタリア遠征ではパヴィアの戦い（1525）に大敗して，一時マドリードに幽閉され，北イタリアの支配権を失った。その後もイギリスのヘンリ8世*，トルコのスレイマン大帝などと結んで，カール5世*（＝スペイン国王カルロス1世）と覇を競い合った。国内では，ブルターニュ公領やブルボン公領の王領への統合，行政・財政制度の整備，公文書へのフランス語の使用やフランスの教会に対する教皇権の制限など王権の強化に努めた。また，文芸を保護し，フランス・ルネサンスの発展に寄与した。

フランツ・フェルディナント

Ferdinand, Franz 1863～1914

オーストリア皇太子。皇帝フランツ＝ヨーゼフ1世*の甥。ハプスブルク帝国内のハンガリー人同質化に対応してスラヴ諸民族を加えた三重王国を主張。このことが南スラヴ人の民族主義を代表するセルビア人を刺激し，1914年6月28日，セルビア人青年によるサライェヴォでの皇太子夫妻暗殺事件につながった（サライェヴォ事件*）。オーストリアとセルビアが対立を深め，第一次世界大戦*の直接の契機となった。

♦ボスニア・ヘルツェゴヴィナ併合

フランツ=ヨーゼフ1世
Franz Joseph I 1830～1916

オーストリア皇帝（在位：1848～1916）。三月革命*中に即位し，革命を鎮圧。1866年普墺戦争*に敗れてドイツ統一問題から手を引き，67年にはマジャール人との妥協から二重帝国を成立させ，ハンガリー王を兼ねた。バルカン半島では汎ゲルマン主義*を強め，1908年ボスニア・ヘルツェゴヴィナを併合，妻エリザベートの殺害，甥フランツ・フェルディナント*の暗殺に見舞われ，自らは第一次世界大戦*中に没す。
♦ オーストリア=ハンガリー二重帝国，ボスニア・ヘルツェゴヴィナ併合

プランテーション（大農園）（アメリカ）
Plantation

植民地や従属地域で，奴隷や経済的隷属状態にある労働力によって作物を生産する大土地所有形態。アメリカでは17世紀初め頃から白人年季奉公人を投入して発達し，同世紀半ば以後は黒人奴隷を労働力として使用。独立革命頃までは煙草生産が行われていたが，19世紀にイギリス産業革命による綿花の需要の急増，綿繰機の発明，西漸運動の展開によって，南部で綿花プランテーションが発達した。
♦ ヴァージニア，黒人奴隷制（アメリカ），13植民地

ブリアン
Briand, Aristide 1862～1932

フランスの政治家。弁護士出身のジャーナリストで，労働運動に関心を寄せ，ゼネストによる社会改革を支持した。だが，社会主義者ミルランの入閣を支持して立場を転換させ，1906年に文相となって以来，11回の首相を含めて25回も入閣。第一次世界大戦後は国際平和に関心を示し，25年以後は外相として，ロカルノ条約*（1925），ドイツの国際連盟加入（1926），パリ不戦条約*（ブリアン=ケロッグ条約，1927）を実現させるなど，ドイツとの協調を中心とした安全保障体制の確立に努めた。29年にはヨーロッパ連合構想を提起するなど，ヨーロッパ統合の先駆者でもある。

フーリエ
Fourier, François Marie Charles 1772～1837

フランスの社会思想家。富裕な商家の出身だが，1793年に破産して以来，行商や店員をしながら思索を深め，鋭い社会・経済批判を展開した。フーリエは，生産と消費の共同組織「ファランステール」を基礎にした農業中心の社会を理想社会として構想したものの，私的所有制度や資本の収益性は認めており，啓蒙によってこうした社会の実現が可能だと考えていた。初期社会主義者だが，近年，その宇宙論・歴史観・革命構

想・言語体系が現代思想の各分野から注目されている。主著『四運動および一般運命の理論』(1808),『農業協同組合理論』(1822)。
◆空想的社会主義

フリードリヒ＝ヴィルヘルム1世
Friedrich Wilhelm I 1688～1740

プロイセン国王（在位：1713～40）。プロイセンの軍事的大国化を図り，「軍隊王」とも呼ばれた。いわゆるカントン制度を敷き，国家への国民の奉仕という観念を強めて，後の一般兵役義務の原型を作った。国内統治とその改革にもっぱら専心し，財政改革，官僚機構と義務教育制度の整備に努めた。こうした国家改革と整備が，子のフリードリヒ2世（大王）*の活躍の基盤となった。
◆ホーエンツォレルン家

フリードリヒ＝ヴィルヘルム4世
Friedrich Wilhelm IV 1795～1861

プロイセン国王（在位：1840～61）。キリスト教的ゲルマン主義の国家理想をもち，王権神授説を信奉した。前近代的な身分国家観念が強かったことから，1849年にフランクフルト国民議会*から申し出のあったドイツ皇帝位への即位を拒否した。この直後にプロイセン，ザクセン，ハノーファーからなる三王同盟を結成してドイツ統一を目指すものの，オーストリアの干渉にあって挫折した。

フリードリヒ2世（大王）
Friedrich II [der Große] 1712～86

プロイセンの絶対主義を完成に導いた国王（在位：1740～86）。即位後，父王の残した常備軍でオーストリア継承戦争*，七年戦争*を戦い，ハプスブルク家*のマリア・テレジア*を抑えてシュレージエンを領有，プロイセンをヨーロッパの大国へと押し上げた。1772年以降，ポーランド分割*に参加。内政では重商主義政策の促進，教育・文化・芸術の振興に努め，典型的な啓蒙専制君主であった。
◆"君主は国家第一の僕"，サン＝スーシ宮殿，フリードリヒ＝ヴィルヘルム1世，ホーエンツォレルン家

プリモ・デ・リベラ
Primo de Rivera 1870～1930

スペインの軍人，独裁者。軍人として米西戦争*やモロッコ遠征で活躍。第一次世界大戦*後の不況，社会混乱のなかで，1923年政治に介入し，国王の支持を得てクーデターを敢行。翌24年，唯一の政党である「愛国同盟」を結成し独裁体制を樹立。しかし経済政策に失敗し，支持勢力であった教会と軍も離反し，30年に辞任後パリで客死。息子ホセ・

アントニオはファランヘ党の創立者。

ブリューゲル
Bruegel（または Bruehgel）, Pieter　1525頃〜69

フランドルの画家。フランス・イタリアを旅行後，アントワープ*に帰国。1563年にはブリュッセルに移り，死ぬまでこの地を離れなかった。ブリューゲルは数年間イタリアに滞在しながらも，イタリア・ルネサンスの様式を導入しようとはせず，生涯フランドルの民衆文化や伝統を宗教画，風景画，寓意画，風俗画に表した。代表作として，「ネーデルラントの諺」，「十字架を担うキリスト」，「農民の踊り」などがある。

ブリューニング
Brüning, Heinrich　1885〜1970

ドイツの政治家。キリスト教労働組合書記長（在任：1921〜30）とともに中央党の国会議員（1924〜33）を務め，1929年同党議員団長になった。ヒンデンブルク*大統領により首相に任命され（1930.3〜32.5），議会を排して大統領の権限に依拠した政治を行った（大統領内閣）。大統領緊急令を発し，デフレ政策により財政再建を行おうとした。シュライヒャー将軍の策謀で退陣。34年に亡命，戦後帰国した。
◆ヴァイマル共和国（ワイマル共和国）

ブリュメール18日のクーデター
le 18 Brumaire　1799.11.9

ナポレオンが総裁政府*を倒して権力を掌握したクーデター。この日は革命暦第8年ブリュメール18日にあたるのでこう呼ばれる。総裁政府は左右からの脅威にさらされて動揺を重ねていた。ナポレオンは体制の安定を求める有産市民らの世論を背景に，軍隊の力を用いてクーデターを行い，三人の統領からなる統領政府を樹立し，第一統領として実権を握った。
◆統領制（フランス），ナポレオン1世

ブルクハルト
Burckhardt, Jakob　1818〜97

スイスの歴史家。バーゼル出身。ベルリン大学などで神学・歴史学・美学を学んだ後，バーゼル大学教授（1858〜93）として文化史を講じる。名著『イタリア・ルネサンスの文化』（1860）において，ルネサンス*を単なる美術史上の概念にとどまらない一個の時代概念として把握する。ほかに『ギリシア文化史』（1898〜1902）『世界史的考察』（1905）などの著作がある。ランケの弟子，ニーチェの友人。

ブルシェンシャフト（ドイツ学生同盟）
Burschenschaft

解放戦争中，「国民的統一と自由」，

立憲体制の実現を求めて結成された学生団体。「体操の父」ヤーンや愛国詩人アルントに感化された学生が1815年にイェーナで結成，17年には全ドイツ的なヴァルトブルク祭を開催し，全ドイツ・ブルシェンシャフトへと発展した。メッテルニヒ*によって弾圧，禁止・解散させられる。三月革命後に形を変えて再興されるが，その後民族主義的傾向を強めた。
♦ カールスバート決議

フルトン
Fulton, Robert　1765～1815

アメリカにおける蒸気船開発の先駆者。独学で絵画や機械学や数学を学ぶ。1786年ロンドンに渡り運河や船舶の改良に従事，96年『運河航行の改良論』を著してその計画をデー川で実施させた。97年から1806年までフランスに滞在し潜水艇および水雷艇の実験を行った。06年アメリカに戻り，翌年8月蒸気船クラーモント号を進水させてハドソン川のニューヨーク＝オルバニー間に定期航行させた。

ブルネレスキ
Brunelleschi, Filippo　1377～1446

イタリアの建築家。フィレンツェ*出身。1401年の洗礼堂の門扉のコンクールに敗れたのち，ローマで古代建築を学び，半円アーチを多用する古典様式を復活させる。18年のフィレンツェ大聖堂のドームのコンクールに優勝してドームを建設（1420～36）。それは初期ルネサンス*の代表的建築となる。ほかにフィレンツェの捨児養育院，パッツィ家礼拝堂など。遠近法の発見者でもある。
♦ アルベルティ，ドナテッロ，ブラマンテ

ブルボン朝
Les Bourbons

フランスの王朝。1589年ブルボン家のアンリ4世*が即位して開かれた。ルイ13世，ルイ14世*，ルイ15世，ルイ16世があいついで国王となり，ルイ14世時代には絶対王政が確立して最盛期を迎えた。しかし，やがて王政の動揺が進んで，フランス革命*が勃発し，1792年9月王政の廃止に伴ってブルボン朝の支配は中断した。その後1814年の王政復古でルイ16世の弟がルイ18世，シャルル10世として王位についたが，30年の七月革命*でブルボン朝の支配は最終的に終わった。

ブルム
Blum, Léon　1872～1950

フランスの文芸批評家，政治家。高等師範学校卒業後，ソルボンヌで法律を学び，参事院に勤務するかたわら文芸批評に携わり名をなした。ドレフュス事件*ではジョレス*らとともに活動して，社会主義に接近

し，第一次世界大戦*後，社会党の下院議員となった。1920年の党分裂後は機関紙『ポピュレール』で健筆をふるうなど，社会党の指導者として活躍し，35年7月には急進社会党，共産党とともに，反ファシズム・反恐慌の人民戦線*を結成した。36年5月の総選挙で勝利し，第一党となった社会党の党首として第一次人民戦線内閣を組織した。工場占拠ストを背景に有給休暇制，週40時間労働制，フランス銀行の改革，ファシスト団体の解散などの諸改革に取り組み，「ブルムの実験」といわれているが，保守派や経営者の巻き返しや，スペイン戦争への不干渉政策をめぐる人民戦線派内の対立もあって，37年6月に辞職。38年第二次内閣を成立させたものの，三週間の短命に終わった。

フレシネ

Freycinet, Charles-Louis 1828～1923

フランスの政治家。鉱山・鉄道関係の技師を務め，国防政府の時代（1871）にはガンベッタの片腕として活躍した。1876年に上院議員となり，77～79年には公共事業大臣として鉄道や運河の建設を中心とする大規模な公共事業計画（フレシネ・プラン）を立案し，実施にあたった。その後も，陸軍大臣や外務大臣などを歴任している。

ブレスト＝リトフスク条約

Treaty of Brest-Litovsk

第一次世界大戦*末期の1918年3月3日，十月革命で成立したソヴェト・ロシアがドイツ，オーストリア＝ハンガリー，ブルガリア，トルコと締結した単独講和条約。ソヴェト政府は「平和に関する布告」*で即時講和を提唱，同盟国とは休戦協定を結んで講和交渉を行ったが，政権維持のために同盟国への領土割譲と60億金マルクの賠償を含む講和を受け入れた。ドイツ革命の勃発により同年11月13日にソヴェト側が破棄。
◆トロツキー，レーニン，ロシア革命

プレハーノフ

Plekhanov, Georgy Valentinovich 1856～1918

ロシアの革命家，思想家。小地主の子に生まれ，学生時代にナロードニキ*に参加，総割替派の指導者。1880年に亡命してマルクス主義グループ「労働解放団」を結成，ロシア・マルクス主義の父と称される。ロシア社会民主労働党*創立と新聞『イスクラ』創刊に参加したが，レーニン*と対立し，メンシェヴィキ*の指導者になった。第一次世界大戦*時には祖国防衛派の立場をとった。非連続的二段階革命を主張，十月革命に否定的態度を取った。
◆ロシア革命

フレンチ・アンド・インディアン戦争

French and Indian War 1754～63

七年戦争*の一環として，北米大陸でイギリスとフランスが衝突した戦争。数で劣るフランス軍はインディアン諸部族と連合，オハイオ川の領有をめぐってイギリス軍と対峙した。当初はフランスが優勢であったが，大ピットの指導のもと攻勢に転じたイギリスは，1759年フランス領西インド諸島を占領，翌年にはカナダの中心都市モントリオールを陥落させた。63年パリ条約*で講和が成立し，フランスはカナダをイギリスに譲渡した。

♦アン女王戦争

プロイセン改革

Preußische Reformen

対ナポレオン戦争での敗北を契機として始まったプロイセン王国の近代化に向けた一連の改革。シュタイン・ハルデンベルクの改革ともいう。1807年に始まり，農民解放，都市自治の推進，ツンフトの廃止と営業の自由の導入，ユダヤ人の解放，さらに軍制，教育制度の改革など国家と社会のあらゆる領域に及んだ。しかしウィーン体制の成立により改革は停滞し，この後も官僚とユンカーが実権を握り続けた。

♦シュタイン，ハルデンベルク

プロイセン憲法紛争

preußischer Verfassungskonflikt 1860～66頃。

軍備拡張をめぐり，プロイセン国王ヴィルヘルム1世*と政府，これと議会の民主派との間に生じた政治的衝突。軍制改革政府案を下院議会は一旦承認したものの，1861年ドイツ進歩党*が結成されて議会選挙で躍進を遂げると，これに反対し政府との衝突にいたった。62年ビスマルク*が首相となり，議会の承認なしの予算を強行しようとしたことから国家体制のあり方をめぐる紛争へと発展した。普墺戦争*を経て自由主義勢力が分裂，事後承諾を求めた免責法案が可決されて終息した。

♦新時代（ノイエ・エーラ），鉄血政策

ブロック経済

Bloc Economy

本国と植民地，自治領を特恵関税制度などで結びつけ，排他的な地域経済圏を形成する経済政策。世界大恐慌*に対処するため，1932年オタワ会議*でイギリス帝国内にポンド＝ブロックが形成されたのを皮切りに，フランスのフラン＝ブロック，ドイツのマルク＝ブロック，アメリカのドル＝ブロックなどが成立した。世界経済のブロック化は，世界貿易量の大幅な減少を招き，第二次世界大戦*の遠因ともなった。

ブロック・ナシオナル
Bloc national 1919～24

第一次世界大戦*直後のフランスで成立した右翼・中道連合体制。1919年、なお高揚しているナショナリズムを背景に、反共産主義、ヴェルサイユ条約*の厳格な実施を共通の目標とする右翼・中道連合が総選挙で勝利し、政権を担った。20年春の革命的ストの鎮圧、ドイツの賠償金の支払いを求めてのルール占領*（1923～25）など強硬策をとったが、ドイツの受動的抵抗、国際世論の批判、財政難に直面し、24年の選挙で左翼連合に敗れて解体した。

フロンティア学説
Frontier Thesis

アメリカの歴史学者フレデリック・J・ターナーが唱えた学説。1893年の論文「アメリカ史におけるフロンティアの意義」において初めて発表され、その後のアメリカ史研究に著しい影響を与えた。19世紀末までのアメリカには西部にフロンティア（辺境地域）があったため、フロンティアの環境に適応した社会や文化が新しく生まれ、個人主義が育ち、アメリカ民主主義が発達した、という説。

フロンドの乱
Fronde 1648～53

フランスの内乱。王権による中央集権化が進むなか、財政政策をめぐる政府とパリ高等法院*を中心とする法服貴族との対立が契機となって勃発した。この反乱は、貴族の抵抗にパリ民衆が加担した「高等法院のフロンド」（1648～49）、地方貴族を中心にして各地で展開された「貴族のフロンド」（1650～53）からなり、これに戦乱で生活を脅かされた「民衆のフロンド」が介在していた。しかし、この反乱は、基本的には国王の中央集権化に対する貴族勢力の反乱であり、反乱の鎮圧後、絶対王政の確立が進んだ。フロンドとは、子供の石投げ遊び（パチンコ）という意味である。

文化闘争
Kulturkampf

ドイツ帝国*創建後の1870年代、反プロイセン的・反皇帝的カトリック教会に対して、ビスマルク*が国家的な統制で対処しようとした政治闘争。71年にプロイセン文部省にカトリック部局が設けられ、文化闘争の始まりとなった。同年末には帝国法として「教壇条項」が成立、さらに学校監督法、五月法などによりカトリック教会の権限が大きく抑制された。しかし、カトリック側の強力な抵抗とともに、社会主義者への対処といったことから妥協が図られ、また保守的なピウス9世*が死去したこともあって、80年頃に終息した。
♦社会主義者鎮圧法

米英戦争（1812年戦争）

War of 1812　1812. 6. 18～1814. 12. 24

1812年にアメリカとイギリスとの間で起こった戦争。直接の契機は、ヨーロッパでのイギリス・フランス間の戦争により、中立国としてのアメリカが両国による海上での権利侵害に直面したことにある。しかし重要な要因として、西部や南部出身の議員達が、西部への進出の障害となるインディアンの排除を望んで対イギリス戦争を強硬に主張したことがある。この戦争の結果アメリカの経済的自立への道が開かれた。

◆ジャクソン、連邦派（フェデラリスト）

米西戦争

Spanish-American War　1898. 4. 25～12. 10

スペイン領キューバの独立戦争に起因するアメリカ・スペイン間の戦争。1895年にキューバで第二次独立戦争が始まるとスペインは大軍を派遣して鎮圧作戦に訴えた。キューバに戦略的関心を抱いていたアメリカは98年一方的に介入し、米西戦争が始まった。パリ講和条約で、キューバの独立、グアムとプエルト・リコのアメリカへの割譲、フィリピンのアメリカによる領有が決まった。

◆プリモ・デ・リベラ、門戸開放・機会均等、ローズヴェルト（セオドア）

平和に関する布告

Decree of Peace

1917年の十月革命によるソヴェト政権樹立をうけて、社会主義革命に反対する右派エスエル、メンシェヴィキ*が離脱した後の第2回全ロシア・ソヴェト大会が、革命政権の基本政策として「土地に関する布告」などとならんで発したアピールの一つ。第一次世界大戦*参戦諸国に講和交渉の即時開始を呼びかけるとともに、講和の条件として無併合、無賠償、民族自決を掲げ、さらに秘密条約公表と公開外交、休戦協定即時締結を求めた。

◆社会革命党（エスエル）、ブレスト＝リトフスク条約、レーニン、ロシア革命

ペイン

Paine, Thomas　1737～1809

アメリカ独立革命*に貢献した政治評論家。イギリスの職人の家に生まれ、1774年にアメリカに渡る。76年に『コモン＝センス』*を匿名で出版。当時本国との対立は戦争状態に発展していたが、植民地のほとんどの人々は和解を信じていた。この小冊子は、本国からの独立による植民地の利益と世襲君主制打破の意義を具体的に平明な文章で説き、人々の独立への気運を促した。87年にはフランスに渡り、国民公会議員も務め、『人間の権利』を発表して革命を擁護した。

ペギー

Péguy, Charles　1873～1914

フランスの詩人, 思想家。貧しい家庭に生まれ, 高等師範学校時代に社会主義に傾倒して, ドレフュス派の一員として活躍したが, ジョレス*らと対立。1900年ドレフュス派の精神擁護を掲げて『半月手帖』を創刊し, 様々な問題を取り上げたが, ドイツの脅威を前に, 08年にカトリックに改宗。人類救済の慈愛を追求して, 戯曲『ジャンヌ・ダルクの慈愛の神秘』(1910), 『聖なる嬰児の神秘』(1912) などを著した。しかし, 第一次世界大戦*に従軍して戦死。社会主義と愛国主義, 共和主義と教会の間を揺れ動いた当時の世代の典型的人物といえよう。

ヘーゲル

Hegel, Georg Wilhelm Friedrich　1770～1831

ドイツの哲学者でドイツ観念論の大成者。シュトゥットガルト生まれ。ニュルンベルクでのギムナジウム校長を経て, 1818年フィヒテの後任としてベルリン大学教授となる。観念論を徹底することで, 絶対的イデー(理念)が個人という主観的精神, 家族・社会といった客観的精神, 芸術・宗教・哲学といった絶対的精神という形をとって弁証法的に展開するとした。欲求の体系である市民社会の矛盾は, 国家において解消するとして当時のプロイセン絶対主義が肯定された。その学派の左派グループにはフォイエルバッハ*やマルクス*がいる。主著『精神の現象学』(1807), 『エンツィクロペディー』(1817)。

♦ドイツ観念論

ベーコン

Bacon, Francis　1561～1626

イギリスの哲学者, 政治家。父はエリザベス1世*の重臣ニコラス・ベーコン。コモン・ロー*をめぐる国王ジェームズ1世*とクック*との対立に際して国王大権を擁護, 王の信頼を得て急速に出世し, 1618年に大法官にまで栄進した。ところが, 21年に収賄罪に問われて失脚, 以後は著述活動に専念した。主著『新オルガヌム』(1620) は, アリストテレスの演繹論理を批判し, 新たな学問方法論として実験・観察に基づく帰納法を提唱, イギリス経験論*の祖と呼ばれている。特にその科学技術による自然支配の理念 (「知は力なり」「自然はそれに従うことによってのみ征服できる」) は, イギリス王立協会*の設立として具現化された。

ベートーヴェン

Beethoven, Ludwig van　1770～1827

ドイツの作曲家。ボンに生まれ, 14歳で宮廷楽団員となる。22歳のときウィーンにわたりハイドンに師事,

ピアニスト，作曲家として名を成した。その後難聴が進んだものの創作意欲は衰えることがなかった。人間の内面性・情熱を表現し，その独創性は当時から高く評価され，音楽家たちにとっての模範となった。代表作に交響曲『英雄』『運命』，ピアノ・ソナタ『悲愴』など。

ベートマン＝ホルヴェーク
Bethmann Hollweg, Theobald von 1856～1921

ドイツの政治家。プロイセン王国，帝国の内相を経て，帝国宰相兼プロイセン首相（在任：1905～17）。サライェヴォ事件*に際してセルビア人への強硬姿勢をとり，オーストリアに加勢。イギリスとの調停が不首尾のままロシア・フランスに宣戦。大戦中は和平工作を模索したが，軍部の圧力に抗しきれず無制限潜水艦戦*に同意するなど，指導力を発揮できぬまま辞任に追い込まれた。
♦第一次世界大戦

ペトラルカ
Petrarca, Francesco 1304～74

イタリアの詩人，人文主義*者。亡命フィレンツェ*人を父にアレッツォで生まれる。1312年，教皇庁のあるアヴィニョンに移住。ボローニャ大学で法律を学ぶも，アヴィニョンを拠点にイタリア各地を転々としながら文学研究に専念。アヴィニョンでのラウラとの出会い（1327）が，イタリア語の詩集『カンツォニエーレ』（1327頃～74）の霊感源となる。ダンテ*のベアトリーチェと同様，ラウラは「永遠の恋人」の典型である。以後，ソネット（十四行詩）の詩形は西欧で絶大な人気を博す。また彼はキケロやセネカなどの写本の発見と校訂に努め，古典研究に没頭したために「人文主義の祖」とも呼ばれる。
♦サルターティ，チョーサー，ボッカッチョ

ベーベル
Bebel, August 1840～1913

ドイツの社会主義者。1864年にライプツィヒで旋盤工親方となり，その頃W・リープクネヒトと知り合った。66年共同でザクセン人民党を創設，翌年には北ドイツ連邦*国会議員となり政治活動を展開した。第一インターナショナル*との結びつきを強め，69年リープクネヒトと共同で社会民主労働党を創設，その議長となる。75年ラサールを中心とした全ドイツ労働者協会と合同し，社会主義労働者党を結成，その指導にあたった。
♦社会民主党（ドイツ）

ベーメン（ボヘミア）反乱
1618～19

三十年戦争*の発端となったベーメン地方（現在のチェコ周辺）のチェク人プロテスタント貴族の反乱。

ハプスブルク家*領の下で信仰の自由を得ていたチェク人貴族は，17年ベーメン王のフェルディナントが旧教へ改宗し，その自由を制限しようとしたことから反乱を起こした。反乱は押さえ込まれたが，このことが新旧両派の対立を神聖ローマ帝国全土に拡大する契機となった。

ベリンスキー
Belinsky, Vissarion Grigoryevich　1811～48

19世紀ロシアの文芸批評家。軍医の息子。モスクワ大学在学中に農奴制を批判する戯曲を書いたために放校。ヘーゲル*と後にはフォイエルバッハ*の影響を受けて文芸批評家として活動，『祖国雑記』などを舞台に文壇を指導しツルゲーネフ*，ドストエフスキー*らを送り出した。リアリズムと文学の社会性を強調，ロシア社会の現実を批判してチェルヌィシェフスキー*らの先駆となった。

ベルギーの独立
1815年のウィーン会議*で，ベルギーはオランダに統合され，ウィレム1世（在位：1815～40）を国王とするネーデルラント王国の一部となった。1830年7月，フランスで七月革命が起こると，それに触発され，ブリュッセルをはじめとするベルギー各地で暴動が発生した。ベルギーはフランスとイギリスの支持で独立を認められ，永世中立国となった。次いで三権分立と議会制を定めた憲法を制定し，ドイツからレオポルド1世（在位：1831～65）を国王として迎え入れた。

ベルグソン
Bergson, Henri　1859～1941

フランスの哲学者。コレージュ・ド・フランス教授，国際連盟*知的協力国際委員会会長など歴任。ベルグソンの哲学は唯心論的実在論に属し，直感，持続，自由，創造，生を尊重して，主知主義や機械論を批判した。その影響は20世紀初頭の文化全般に及んでいる。主著『意識に直接与えられたものに関する試論』（別名『時間と自由』）(1889)，『哲学的直観』(1932) など。

ペルー征服
スペインによるインカ帝国征服のこと。13世紀初めクスコに住み着いたインカ族は，1440年頃から軍事力による領土の拡大を開始した。1531年に黄金を求めてピサロ*に率いられたスペインの征服者たちがペルーに到着，奸計によりインカ皇帝アタワルパを捕らえて処刑し，33年クスコを支配下に収めた。これによりインカ帝国は滅び，スペインの支配が始まった。36年にインカの反乱が勃発してスペイン支配に激しく抵抗したが，72年に終息して征服が完了した。

ベルリン会議

Berliner Kongreß 1878

1878年7月，ビスマルク*がバルカン問題をめぐり，イギリス，オーストリア＝ハンガリー，ロシア，オスマン帝国*（トルコ）各国代表を集めて開いた会議のこと。露土戦争*によるロシアのバルカン半島への南下を押しとどめ，逆にイギリスはキプロス島，オーストリアはボスニア・ヘルツェゴヴィナに領有権を得た。これによりドイツ・オーストリアとロシアの関係が悪化。バルカン半島の安定化には必ずしも作用しなかった。

◆サン＝ステファノ条約，三帝同盟（独・墺・露），3B政策，ボスニア・ヘルツェゴヴィナ併合

ベルリン会議（コンゴ会議）

Berlin Conference

ドイツのビスマルク*の提唱で，1884年11月から85年2月まで，ベルリンで欧米列強によるアフリカ分割のための会議が開催された。これがベルリン会議で，アフリカ分割の原則を定め，既得の権益を調整し，それを国際的に承認させようと試みた。参加国は英仏独など14カ国にのぼり，ベルリン条約を締結した。アフリカ大陸沿岸で領土併合を行う場合，両者間で利害の調整ができるようにすることなどが決められ，アフリカ分割はますます進行した。

◆コンゴ自由国（ベルギー領），レオポルド2世

ベルリンの壁

Berliner Mauer 1861～89/90

西ベルリン市を取り囲むようにして東ドイツ政府が設けた軍事的遮断壁。東西に分裂して国家が成立した1949年以降もベルリン市は4カ国統治が続いていたが，ソ連統治地区（東ベルリン）と東ドイツから米英仏占領地区（西ベルリン）への逃亡者が絶えず，その阻止を目的として建設された。東西冷戦の象徴であったが，89年東ドイツ政府が通行の自由を承認して意味をなさなくなり，両ドイツの統一により撤去された。

◆ドイツ統一，ドイツ民主共和国，ドイツ連邦共和国，ベルリン封鎖，ホーネッカー

ベルリン封鎖

Berliner Blockade

1948年6月24日から49年6月12日まで，米・英・仏が占領・管理していた西ベルリンをソ連が封鎖し，一切の交通を遮断したこと。48年6月西ドイツで通貨改革が実施され，ソ連がこれに反発したことによる。西ベルリンの食料を確保するため西側は大空輸を実施，一年近く続いてようやく封鎖が解除された。しかしドイツはますます東西冷戦の最前線に立つことになり，ドイツとベルリンそれぞれの東西への分裂が決定的となった。

♦ドイツ民主共和国，ドイツ連邦共和国，ベルリンの壁

ベルリン＝ローマ枢軸
Achse Berlin-Rom

1936年10月ナチス・ドイツとファシスト・イタリアの間で結ばれた外交上の政治提携。＜枢軸＞はムッソリーニの演説で用いられた。両国はともに国際連盟および英・仏に対立していたことから，イタリアのエチオピア侵略をドイツが支持するなど外交上の提携を深めた。39年5月には軍事同盟へと発展し，第二次世界大戦の背景をなした。後に日本が加わり，いわゆる枢軸国が形成された。
♦ストレーザ戦線，日独伊三国同盟

ペレストロイカ
Perestroika

ロシア語原義は「建て直し」を意味したが，1980年代後半以降はゴルバチョフ*のソ連共産党書記長就任後の改革運動を指す。公開性原則（グラスノスチ），政治的多元主義の承認など民主化を志向する政治改革，経済自由化，新思考外交による冷戦終結を内容とし，ソ連と世界の体制に巨大な影響を与えた。ペレストロイカの進行とともに当初目指された社会主義の枠内の改革はいきづまり，91年のソ連共産党解散と連邦崩壊をもたらした。
♦エリツィン，ソヴェト社会主義共和国連邦，ソ連邦解体，冷たい戦争（冷戦），マルタ会談

ベンサム
Bentham, Jeremy　1748～1832

イギリスの哲学者，法学者。善悪の判断基準を快楽の量に求める「功利の原理」を唱え，功利主義*哲学を確立した。また限定的普通選挙や秘密投票などの議会改革，パノプティコン（一望監視装置）による刑務所の改良など，急進改革運動の理論的支柱として尽力。そのほとんどは成果をあげなかったが，チャドウィックら優れた後継者を残した。ロンドン大学ユニヴァーシティ・コレッジの創設にかかわり，ここに彼のミイラが保存されている。
♦"最大多数の最大幸福"

ヘンリ
Henry, Patrick　1736～99

アメリカ独立革命*期の政治家。通貨規制法に反対し，印紙法*反対決議案で全アメリカに著名となり，1775年にはイギリスへの武力抵抗を主張して，「我に自由を与えよ，しからずんば死を」（Give me liberty, or give me death!）の名文句で知られる演説を行った。76～79年，84～86年にはヴァージニア邦知事を務めた。87年には合衆国憲法案の批准に反対し，憲法本文修正と権利章典の追加を主張した。
♦アメリカ合衆国憲法

ヘンリ7世
Henry VII　1457〜1509

イギリス・テューダー王朝*の国王（在位：1485〜1509）。父系はウェールズ豪族，母系はランカスター家。バラ戦争*で国王リチャード3世を破って即位，ヨーク家の娘と結婚してランカスター・ヨーク両家を合同し，内戦に終止符を打った。戦後も王権はなお不安定で，ヨーク派の反乱・策謀が絶えなかったが，バラ戦争で疲弊した国内秩序の回復と王権の強化に努め，絶対王政の基盤を築いた。

ヘンリ8世
Henry VIII　1491〜1547

イギリス・テューダー王朝*の国王（在位：1509〜47）。ルター*の宗教改革*を批判し，教皇から「信仰の擁護者」の称号を頂くほどの熱心な旧教徒であったが，王妃との離婚問題をめぐって教皇と決裂，1534年国王至上法*によってイギリス国教会*を成立させた。38〜40年には修道院解散を断行，国土の4分の1にも及ぶ広大な所領を没収し，疲弊した国庫の再建を果たすなど，典型的な絶対主義*君主として君臨した。

ホイッグ党
Whig Party

トーリ党*と並ぶイギリスの名望家政党。自由党*の前身。王弟ジェームズの排除に動いた議員たちにトーリが付けたあだ名（スコットランドの「暴徒」の意）に由来し，王権の制限と議会主権，宗教上の寛容を唱える。トーリ党とともに最初の政党といわれるが，両党の対立要点は単にイデオロギー的なものであり，トーリが地主利害を，ホイッグが商工業利害を代表するといった根本的な利害の対立があったわけではない。

『法の精神』
De l'esprit des lois

フランスの啓蒙思想*家モンテスキュー*の主著（1748年出版）。イギリスの議会君主政を理想として，三権分立や中間団体の役割を積極的に評価する議論を展開して後世に大きな影響を与えた。また，法を，風土・社会構造・経済・習俗・宗教などの関係の総体とみなすそのとらえ方は，法社会学的研究の先駆として高く評価されている。

ホーエンツォレルン家
Hohenzollern

ドイツを代表する王家のひとつ。11世紀後半，南独シュヴァーベンの貴族ツォレルン伯にはじまり，1415年フリードリヒ6世（1世）がブランデンブルク選帝侯に封ぜられた。1618年プロイセン公国を併合，1701年にプロイセン王国の王家となる。18世紀にオーストリアのハプスブルク家に対抗する勢力へと発展し，1871年ヴィルヘルム1世*がドイツ

皇帝に即位すると，1918年まで同家がこれを世襲した。
◆フリードリヒ＝ヴィルヘルム1世，フリードリヒ2世（大王）

ホーキンズ
Hawkins [Hawkyns], John 1532～95

イギリスの私拿捕船*長，海軍軍人。1562年からアフリカの黒人奴隷をスペイン領アメリカ植民地に運び，砂糖を本国に持ち帰る新商法（三角貿易*）に従事，収益をあげた。73年には海軍財務官となり，88年スペイン無敵艦隊*の襲来では司令官として活躍，騎士に叙された。その後も従弟のドレイクとともに私拿捕船隊を率いてスペイン商船の襲撃を続けるが，95年船上で病没した。

保守革命
konservative Revolution

第一次世界大戦*後のドイツに起こった保守的知識人らによる精神的・政治的運動。ドイツの文化的伝統に基づいて魂・精神を称揚したが，一般的な反動的潮流とは一線を画そうとした。ヨーロッパ近代の自由主義・合理主義（理性・啓蒙・人権）を拒否する一方で，近代的テクノロジーを賛美するという精神態度を有していた。その思想はナチズムにも流れ込み，ドイツ近代の特有のあり方を示しているとみなしうる。
◆シュペングラー，シュミット

保守党（イギリス）
Conservative Party

イギリス二大政党の一つ。トーリ党*の後身。議会改革をめぐるトーリ党の分裂を機に，ピール*の指導のもと保守党として再編成され，穏やかな改革路線を掲げた。穀物法*撤廃をめぐって再び分裂し低迷するが，ディズレーリ*の指導で時代状況に対応した近代政党へと再建され，自由党*との間に二大政党政治を展開。20世紀初頭に自由統一党を吸収し，第一次世界大戦*後は自由党に代わって台頭した労働党*と政界を二分している。

ボストン茶会事件
Boston Tea Party 1773.12.16

北アメリカ植民地で起こった茶船襲撃事件。1773年に制定された茶法は，経営難に陥っていた東インド会社に対し北アメリカ植民地での茶の独占販売権を与えたが，植民地人たちはこれを重商主義体制の強化ととらえて広範な反対運動を展開した。同年12月16日夜ボストン港で最初の実力行使が行われ，急進派がインディアンに変装して茶船を襲撃し，茶箱342箱を破壊して海中に投棄した。
◆アダムズ

ボスニア・ヘルツェゴヴィナ併合

1908年オーストリアがセルビア人居住地域であったボスニア・ヘルツェゴヴィナを併合して国際問題へと

発展した。オーストリアは、1878年のベルリン会議*で元来オスマン帝国の支配下にあった両州の行政権を手に入れたが、青年トルコ党の革命が起こると同地域を併合した。これに対し、南スラヴ系諸部族を統合しようとしていたセルビア人が反発、ロシアが同調してバルカン半島の緊張が高まり、サライェヴォ事件*につながった。
♦汎ゲルマン主義、フランツ・フェルディナント、フランツ=ヨーゼフ1世

ボスフォラス・ダーダネルス海峡
Strait of Bosphorus-Dardanelles
バルカン半島と対岸のアナトリアの間を隔てる海峡。地理的にはアジアとヨーロッパの境界。北がボスフォラス。ほぼ300km離れて南がダーダネルス(ヘレスポント)。両海峡の中間はマルマラ海。古来ギリシア人の植民・交易がこの海峡を通って行われた。ペルシア軍は舟橋をつくり、ヘレスポントをわたってギリシアに攻め込んだ。アレクサンダー大王は逆にこの海峡をわたり、アジア遠征を行った。近代になるとこの海峡を通って地中海に南下するのがロシアの夢であり、それを阻止しようとして戦争が勃発した。現在海峡は中立地帯となっている。ボスフォラスには、1973年に橋がわたされた。
♦サン=ステファノ条約、露土戦争

ボッカッチョ
Boccaccio, Giovanni 1313~75
イタリアの作家、人文主義*者。フィレンツェ*商人の子。商業の見習いのためにナポリに赴くが、その地で文学を修業。1340年頃、フィレンツェに戻り、48年の黒死病に遭遇。これが『デカメロン』*執筆の契機となる。ペトラルカ*とも親交をむすび、古典研究に没頭。またダンテ*の理解者としても知られ、ダンテの伝記を執筆し、『神曲』*の講義も行った。
♦チョーサー

ポツダム宣言
Potsdam Declaration 1945.7.26
第二次世界大戦*中の1945年7月17日から開かれたポツダム会談で協議されたうえ、同年7月26日に米英中三国政府首脳の連名で日本に対して発せられた降伏勧告の宣言。日本政府はこの宣言を、天皇制の護持に疑点があるなどの理由で一度は拒否したものの、8月6日と9日の広島と長崎への原爆投下、8日のソ連の対日参戦とますます絶望的な状況へ追いやられたため、8月14日ついに受諾した。
♦カイロ会談

ボッティチェッリ
Botticelli, Sandro 1445~1510
イタリアの画家。フィレンツェ*出身。フィリッポ・リッピ、ヴェロ

ッキオの弟子。初期ルネサンス*の代表的な画家であるが，中世的装飾性に特徴がある。1470年代からロレンツォ・デ・メディチの新プラトン主義サークルに加わり，神話を主題にした「春」「ヴィーナスの誕生」「パラスとケンタウロス」などを描く。晩年はサヴォナローラ*の影響をうけ，神秘的な宗教画に傾く。
♦メディチ家

ホッブズ
Hobbes, Thomas　1588～1679

イギリスの哲学者，政治思想家。スペイン無敵艦隊*の襲来の噂におびえた母が早産して生まれたといわれ，恐怖とともに生まれたがゆえに自分は平和を求めるのだと書き残している。1629年に平和への願いを託してトゥキュディデスの『ペロポネソス戦争史』を翻訳し，1651年には代表作『リヴァイアサン』を執筆，強大な国家権力（リヴァイアサン）による秩序の安定を説いた。その絶対主権論ゆえに専制君主制の擁護者とみなされ，ピューリタン革命*の際には11年間に及ぶフランスでの亡命生活を余儀なくされたが，亡命先では無神論者とみなされたことが原因で革命政権下の本国に逆亡命，王政復古*後は王の厚遇を得る一方で，著書の出版を禁止されるなど，生涯を複雑な政治的立場で過ごした。
♦社会契約説，"万人の万人に対する闘争"

北方戦争
Great Northern War　1700～21

バルト海地方の覇権をめぐる，スウェーデンとロシア，ポーランド，デンマークなどとの戦争。バルト海地方の覇権を握っていたスウェーデンに対し，ロシアはバルト海に海港を求めており，対決は必至であった。1700年に戦争が始まると形勢は当初スウェーデン有利のうちに進んだが，09年のポルタヴァの戦いでロシア軍に敗れて以降逆転し，18年，スウェーデン国王カール12世は戦死し，21年にニスタットの和約*でスウェーデンのロシアに対する敗北が確認された。
♦バルト海帝国，ピョートル1世（大帝）

ボナパルティズム
Bonapartisme

フランスの第一帝政*，第二帝政*に代表されるような統治形態，あるいはそうした政治体制の確立を目指す政治運動。2つの帝政はともに議会政治の危機を背景にして，体制に不満を抱く農民や民衆（労働者），あるいは秩序と安定を求めるブルジョワや名望家の広範な支持に依拠して成立，フランス革命*の原理を基本的に認め，人民主権の原理に基づく人民投票的民主主義と，権威と秩序の確立を目指す権威主義を結合させた独裁的個人統治体制であった。そこでは経済的繁栄や軍事的

栄光などフランスの栄光が追求された。従来, 例外国家論が提起されたが, 近年では近代ブルジョワ国家の一形態とみなされている。政治運動としてのボナパルティズムは19世紀末でほぼ終わるが, ブーランジスムやドゴール*体制をボナパルティズムの一形態とする見解もある。
◆ナポレオン１世, ナポレオン３世

ホーネッカー
Honecker, Erich　1912〜94

ドイツの政治家。ヴァイマル末期に共産党に入党, ナチ時代は監獄生活を送った。戦後東ドイツの社会主義統一党政治局員となり, 1976年党書記長兼国家評議会議長に就任, 事実上の国家元首となった。保守的な社会主義路線を追求し, 89年夏の自由化・民主化の要求に対処できずに更迭された。91年, ソ連に亡命, ベルリンの壁での射殺命令の罪を問われてドイツに送還されたが, 結局病気を理由にチリへの出国が認められた。
◆ドイツ民主共和国, ベルリンの壁

ホブソン
Hobson, John Atkinson　1858〜1940

イギリスの経済学者。『産業の生理学』(1889)で過少消費と過剰貯蓄の理論を展開して当時の正統派経済学に挑戦,「異端の経済学者」と呼ばれる。この過少消費・過剰貯蓄の理論をもとに帝国主義*を分析したのが古典的名著『帝国主義論』(1902)で, 帝国主義の推進力として過剰貯蓄の投資先を求める金融業者らの存在を指摘した。近年は帝国主義の社会的・文化的側面を論じた同書の第二部が注目されている。

ホームステッド (自営農地) 法
Homestead Act　1862.5.20

アメリカで, 公有地の無償交付を要求する西部の農民の声に応えて制定された自営農民育成のための法律。一家の家長または21歳以上のアメリカ市民に対し, ５年間居住・開墾した場合, 160エーカー (約65ha) の公有地の占有権を認めるというもの。農民育成・西部開拓に大きな役割を果たしたが, 投機業者などによる利潤追求も激甚を極め政治的腐敗をもたらした。

ポーランド自主管理労組"連帯"
Niezależny Samorządny Związek Zawodowy "Solidarność"

ポーランド統一労働者党と, それを通じるソ連の支配に反対するポーランドの政治的・社会的運動。1980年頃よりポーランド各地で共産党の支配に反対する運動が強まり, それらを統合する形で同年９月17日に"連帯"発足。11月10日には正式に登録が認められた。中心になったのはグダンスクのレーニン造船所。やがて900〜1000万の労働者 (労働人

口の80％）が加盟。その代表は上記造船所の電気工ワレサ*。国民の権利擁護，集会・信教の自由，経済の非中央集権化，共産党特権階級の排除などを求める。政府は戒厳令で対抗を試みるが，失敗。1989年6月には共産圏で最初の自由選挙。最初の非共産党政府マゾヴィェツキ政権の誕生。この動きがポーランドのみならず，ソ連東欧全体の共産主義の基盤を崩すことになった。

ポーランド分割

ポーランドの隣国，プロイセン，ロシア，オーストリアにより，三次にわたり行われたポーランド領の分割。第一次：1772年8月，プロイセンの主導により実施。第二次：1793年，ポーランド新憲法（1791年5月3日の）発布に反対するロシアの主導の下，プロイセンが参加して実施。これに対してコシチューシコ*の蜂起が起こり，蜂起を鎮圧するために1795年10月，第三次の分割が3カ国によって行われ，ポーランドは1918年11月の第一次世界大戦*終了まで国家喪失。

◆エカチェリーナ2世

ボリシェヴィキ
Bolshevik（Party）

ロシア社会民主労働党*のレーニン*に指導された一派，語義上は多数派を指す。ボリシェヴィキは，事実上の結党大会である第2回党大会（1903）で非妥協的な前衛党組織論と武装革命を主張するレーニンを支持する人々が多数を得て成立，これに対立したのがマルトフを中心とするメンシェヴィキ*である。ボリシェヴィキは十月革命を指導してソヴェト社会主義国家の確立に成功，一党支配体制を樹立した。

◆コミンテルン（第三インターナショナル），ロシア革命

ボリーバル
Bolívar, Simón　1783～1830

南アメリカ独立運動の指導者，大コロンビア共和国大統領（在任：1819～30）。1819年に現在のベネズエラ，コロンビア，エクアドルから成る大コロンビア共和国の独立を宣言。ペルーでの指導権も握り，25年ボリビア共和国を独立させた。26年にはラテン・アメリカ諸国の国際会議を開催したが，この頃から各共和国内の対立が激化し，30年には大コロンビア共和国も3国に分離解体した。

ホルティ
Horthy, Miklos　1868～1957

ハンガリーの政治家，軍人。1918年オーストリア＝ハンガリー海軍提督。19年クン*の共産政府打倒の軍を指揮。20～44年，ハンガリー王国の摂政。事実上全権掌握。親ドイツ政策をとり，防共協定に加盟。39年9月ドイツ軍のポーランド侵略に際

しては，ドイツ軍のハンガリー領通過を拒否。41年の対ソ戦には協力。44年6月ハンガリーからのユダヤ人の強制収容所移送を中止させる。戦後，ポルトガルに亡命。

ポルトガル革命

1974年，サラザール体制を倒壊させた青年将校団の革命。サラザールは軍事独裁政権の蔵相（1926）を経て，首相に就任（在任：1932～68），ファシスト的独裁体制を樹立し，第二次世界大戦＊では中立を保ったが，戦後アフリカ植民地戦争を起こし，68年に引退。後継者のカエタノも戦争を継続したため，74年4月，戦争に反対する青年将校団がスピノラ将軍を擁立してクーデターを敢行。半世紀に及ぶサラザール体制に終止符をうった。

ホロコースト
Holocaust

第三帝国＊期，ナチスにより行われたユダヤ民族の組織的な大量殺戮。旧約聖書から取られたギリシア語起源の言葉で，すべて焼き尽くすの意。「ショアー」はヘブライ語。1935年ニュルンベルク法が成立してユダヤ系市民は公職・自由職業から追放され，水晶の夜＊以降，強制収容所＊へ集められた。ヴァンゼー会議＊を経て，アウシュヴィッツ＊などの収容所での殺戮が行われることになった。犠牲者は全体で600万人にのぼったと言われる。

ま

マキァヴェッリ
Machiavelli, Niccolò 1469～1527

イタリアの政治家，思想家，歴史家，劇作家。フィレンツェ*出身。サヴォナローラ*処刑後の1498年，フィレンツェ共和国の書記官として軍事と外交を担当。民兵創設に尽力し，フランス王，神聖ローマ皇帝，ローマ教皇など各国の元首と会見する。1512年のメディチ家*復帰で失職し，失意のうちに著作に専念。『君主論』*（1532）ではイタリアを統一する強力な君主の出現を待望し，『ディスコルシ』（1531）ではローマ共和政を賛美する。宗教や道徳にとらわれない政治独自の力学があることを主張した点で近代政治学の祖とされる。ほかに『戦争の技術』（1521），『フィレンツェ史』（1532），『マンドラーゴラ』（1524）など。
♦ グイッチャルディーニ

マクドナルド
MacDonald, James Ramsay 1866～1937

イギリスの政治家，首相（在任：1924, 29～35）。スコットランドの農業労働者の子として生まれる。1894年独立労働党*に参加し，労働代表委員会の結成に貢献，1900年その初代書記に選出される。11年労働党*党首に就任，第一次世界大戦*に際して反戦論を提唱したため一時期党首を辞任するが，13年間にわたって党を統率，2度の労働党内閣を実現させた。31年保守党*に担がれて挙国一致内閣の首班に就任，世界大恐慌*の克服に努めたが，党からは除名された。
♦ マクドナルド挙国一致内閣

マクドナルド挙国一致内閣
National Goverment

1931年，世界大恐慌*克服のため，マクドナルド*を首班に保守党*，自由党*，労働党*3党で組織されたイギリスの連立内閣。ただし労働党員の大半は連立に反対で，マクドナルド以下の連立参加者を党から除名，後に自由党も分裂したため，実質的には保守党主導の内閣であった。失業手当の削減を含む緊縮政策を実施するとともに，19世紀以来の伝統的な経済政策である金本位制と自由貿易を放棄，保護貿易体制へと転換した。

マクマオン

MacMahon, Edme Patrice Maurice, comte de　1808～98

フランスの軍人，政治家。第二帝政*下のクリミア戦争*，イタリア統一戦争*で活躍し，元帥となった。普仏戦争*ではスダンで敗れて一時捕虜となったが，やがて政府軍司令官としてパリ・コミューン*の鎮圧にあたった。ティエール*失脚後，正統王党派の支持者だったマクマオンは，王党派の支持を受けて1873年に大統領に就任，「道徳秩序」体制を確立して反動政治を推進した。だが，75年1月には共和国の組織を規定したヴァロン修正案が僅差で成立し，76年の下院選挙で共和派が勝利すると，強権を発動して下院を解散（5月16日事件）。しかし，10月の総選挙で共和派が再び勝利し，マクマオンは辞職を余儀なくされた（79.1）。これ以後，大統領は議会解散権を行使することはなく，第三共和政*の議会主導体制が確立した。

マクマホン宣言

MacMahon Declaration

1915年イギリスのエジプト駐在高等弁務官マクマホンが，メッカのシャリーフ（太守）フサインに出した宣言。イギリスは中東での戦局を有利に運ぶためにアラブの民族運動指導者へ接近，マクマホンがフサインとの往復書簡の中で，戦争協力と交換に戦後のアラブ独立国家の樹立を認めた。これを受けてアラブの対トルコ蜂起が開始されたが，バルフォア宣言*，サイクス＝ピコ協定*とも矛盾する空手形であった。

マーシャル＝プラン

Marshall Plan　1948～52

正式にはヨーロッパ復興計画 European Recovery Program（ERP）。第二次世界大戦*で荒廃したヨーロッパに対するアメリカの援助計画。この計画の実施をめぐって1947年6～7月パリで英仏ソ外相会議が開かれたが，すでに冷戦が始まっていたため，ソ連と東欧諸国は結局計画への参加を拒否した。西欧16カ国が受け入れ，ヨーロッパ経済協力機構を設立。西欧諸国の経済復興に貢献したが，冷戦の激化と共に軍事援助の色彩を強めた。

▶コミンフォルム（共産党・労働者党情報局），冷たい戦争（冷戦）

マゼラン

Magellan, Ferdinand　1480頃～1521

ポルトガル出身の航海者。1517年スペインに移住。東回りでポルトガルが到達していた香料諸島に西回りで行くことを国王カルロス1世に提案して援助を得る。19年出発，南米大陸南端にある現在のマゼラン海峡を通り太平洋を横断，21年フィリピン着。マゼランはそこで戦死したが，一行は香料諸島に寄って22年帰国。

出発は約270名，帰国はわずか18名。この最初の世界周航により地球が球形であることが実証された。

◆カール5世，地理上の発見

マッツィーニ

Mazzini, Giuseppe 1805～72

イタリア統一運動の指導者。ジェノヴァ出身。ジェノヴァ大学卒業後カルボナリ*に参加して逮捕され，マルセイユに亡命中，同志とともに青年イタリア*を結成（1831）。共和主義によるイタリア統一という理念をかかげる。一時ローマ共和国*の指導者となるもフランス軍に敗れて亡命（1849）。以後，共和主義路線は非現実的となり，サルデーニャ王国が統一の主導権を握る。

◆ジョベルティ，リソルジメント

マニュファクチュア

Manufacture［英・仏］ Manufaktur［独］

家内工業と工場制機械工業との中間に位置する生産形態で，工場制手工業と訳される。賃金労働者を工場に集め，分業による協業を通じて商品生産を行い，生産性を飛躍的に高めた。馬車製造のように，大工・指物師・鍛冶工など異種の手工業者によって分散生産された部品を一カ所に集め組み立てる場合と，針製造のように，同種の手工業者間に分業作業が導入される場合の2形態がある。マルクス*は，16世紀半ばから1770年代までを「本来のマニュファクチュア時代」と呼び，マニュファクチュアが資本制生産の支配的な形態であったとしているが，技術的な制約から家内工業を圧倒するには至らなかった。

マリア・テレジア

Maria Theresia 1717～80

オーストリアの大公妃。父皇帝カール6世*の布告によりハプスブルク家*の全所領を相続，ハンガリー，ベーメン両国女王（在位：1740～80）となるが，これを契機にオーストリア継承戦争*が起こり，シュレージエンを失った。神聖ローマ皇帝位を夫フランツ1世，子ヨーゼフ2世*に確保しつつ，実質上の権限を握り，フランス・ブルボン家と手を結んでオーストリアの国際的地位の維持に務め，国内改革を推し進めた。

◆外交革命，七年戦争

マルクス

Marx, Karl Heinrich 1818～83

ドイツの社会主義思想家。後の革命思想に多大な影響を残した。ラインラントのトリーアでユダヤ人家庭に生まれたが，幼い頃プロテスタントに改宗。ボン，ベルリン大学で法学，哲学，歴史学を修め，イェーナで学位を取得。当初大学での教授職を志望するが，ケルンで『ライン新聞』の編集に携わり，官憲に追われる身となる。1843年パリに亡命し，

ここでエンゲルス*と出会い、共同で社会主義思想を形成してゆく。48年両者の共同執筆による『共産党宣言』*を発表。直後にドイツで三月革命が起こるとケルンに戻るが、革命が挫折に終わると再度ロンドンに亡命、終生を過ごした。ここで主著『資本論』(第1巻, 1867) が執筆された。

♦第一インターナショナル, バクーニン, フォイエルバッハ, ヘーゲル, 唯物史観, リカード, レーニン

マルサス

Malthus, Thomas Robert 1766～1834

イギリスの経済学者。ゴドウィンら急進主義思想に対する反発から、1798年に『人口論』を発表、貧困と悪徳の原因を社会制度ではなく人口の幾何級数的増加と食糧の算術級数的増加の不均衡にあるとした。両者の均衡を保つためには、晩婚や禁欲などの「道徳的抑制」が必要であると提唱したが、ここから新マルサス主義と呼ばれる産児制限論が生まれ、労働者階級に対する社会改良運動に影響を及ぼした。

マルタ会談

Multa Conference 1989.12.2～3

ブッシュとゴルバチョフ*による米ソ首脳会談。これより前、ゴルバチョフが1986年以来改革政策(ペレストロイカ*)をとっており、これに対してアメリカもトルーマン以来の「封じ込め政策」*をやめてソ連を国際社会に組み入れていく方針を打ち出した。こうして米ソが接近し、この会談となった。会談では「長い平和の時代」に入ったことを確認し、戦後40年にわたった冷たい戦争*は終結した。

マルヌの戦い

batailles de la Marne 1914.9

参謀長ジョッフルが指導するフランス軍が、ベルギーを突破して進軍してきたドイツ軍をマルヌ河畔で阻止した第一次大戦中の戦い。この後、独仏両軍は対峙することになり、短期決戦を想定したシュリーフェン計画*は挫折して、長期戦となった。

マンチェスター

Manchester

イギリス中西部、ランカシャー地方の工業都市。古くから経済活動の活発な市場町であったが、18世紀には奴隷貿易*の拠点リヴァプールの後背地という地の利から綿工業が定着した。西インド諸島から得られる安価な原綿と豊富な水力・石炭を基礎に産業革命*の中心地となり、人口も19世紀初頭から半ばにかけて4.5倍に急増、イギリスを代表する巨大都市へと成長した。19世紀中葉には反穀物法同盟*など自由主義運動の地盤となる。

"未回収のイタリア"
Italia irredenta

イタリア統一後もオーストリア領にとどまったトリエステ、イストリア、南ティロルなどのイタリア人居住地域。イタリア人が奪回を要求してつけた呼称。三国同盟*の一国イタリアが第一次世界大戦*で連合国側に立って参戦するのは、オーストリアから「未回収のイタリア」を奪回するのが主目的。1919年、トリエステ、南ティロルはイタリア領となるも、フィウメはダヌンツィオ*が武力で占領。

◆フィウメ併合、リソルジメント

ミケランジェロ
Michelangelo Buonarroti 1475～1564

イタリアの彫刻家、画家、建築家。フィレンツェ*人の父の任地カプレーゼ出身。10代半ばでロレンツォ・デ・メディチに才能を見出され、メディチ邸にひきとられて新プラトン主義の感化を受ける。ローマで「ピエタ」(1499)、フィレンツェで「ダヴィデ」(1504)を完成し、盛期ルネサンス*の代表的彫刻家となる。画家としてもローマのシスティーナ礼拝堂に天井画「天地創造」(1508～12)と壁画「最後の審判」(1534～41)を制作。建築家としてもサン・ピエトロ大聖堂*の造営などに携わる。ヴァザーリ*は「神のごときミケランジェロ」に古代芸術をも凌駕するルネサンス芸術の頂点を見出した。

◆メディチ家、ラファエロ、レオナルド・ダ・ヴィンチ

ミシュレ
Michelet, Jules 1798～1874

フランスの歴史家、作家。パリの貧しい印刷業者の子。貧困のなかで勉学し、高等師範学校教授やコレージュ・ド・フランス教授を歴任。しかし、ルイ・ナポレオンの皇帝即位に反対してすべての公職を失い、在野のまま著作活動を続けた。歴史を宿命と戦う人間のドラマとみなし、その歴史叙述は古文書を中心とした各種史料による厳密な実証に基づきつつも、あたかも叙事詩のごとく展開される。また、「人民」や「国民」への深い愛が示されており、共和派の青年らに大きな影響を与えた。主著『フランス史』(1833～67)、『フランス革命史』(1847～53)、『海』(1861)、『山』(1868)、『女』(1859)など。諸事件のみならず、過去の生活のすべての側面に関して深い関心を寄せたことから、アナール学派の祖とも仰がれている。

ミズーリ協定
Missouri Compromise 1820

アメリカでミズーリの連邦加入の際、黒人奴隷制*をめぐって南部奴隷州と北部自由州の間に成立した協定。当時マサチューセッツ州から分

離して連邦加入を申請していたメーンを自由州とし，ミズーリは奴隷州として認めるが，同州を除いて今後北緯36度30分以北に奴隷州をつくらないということで南北の妥協が成立した。この妥協は，1854年のカンザス＝ネブラスカ法＊の成立により破棄された。
◆ドレッド・スコット判決

ミドハト憲法
Constitution of Midhat Paşa
オスマン帝国＊宰相（在任：1872, 76～77）ミドハト＝パシャによって制定された憲法。帝国最初の憲法であり，二院制議会と責任内閣制をとった。露土戦争＊を口実に1878年停止。トルコの近代化を求める青年トルコ＊の運動はこの憲法の復活を目標の一つに掲げた。1908年の青年トルコ革命によって復活。

南アフリカ（ブーア）戦争
Boer War 1899～1902
イギリスとブーア人＊の国トランスヴァール共和国・オレンジ自由国との戦争。トランスヴァールの豊かな金・ダイヤモンド鉱の支配を目指すイギリスの代表的な帝国主義＊戦争であるが，ブーア人の執拗なゲリラ戦に苦戦を強いられ，兵力45万と戦費2億3000万ポンドを投じてようやく勝利を得た。しかし，劣悪な環境の強制収容所で2万人もの婦女子を死亡させたことが国際的な非難を受け，外交的に孤立状態に陥った。
◆チェンバレン（ジョセフ），南アフリカ連邦

南アフリカ連邦
Union of South Africa
ケープ植民地＊，1843年併合のナタール植民地，1902年南アフリカ戦争＊で獲得した旧トランスヴァール共和国と旧オレンジ自由国を統合して，10年に成立した大英帝国内の自治領。当時人口の7割近くを占めた黒人には，原則として参政権を認めず，イギリス系人とブーア人＊（人口の2割程度）の優越を法的に制度化し，後のアパルトヘイト＊政策の原型を確立した。61年イギリス連邦＊から離脱，南アフリカ共和国となる。

ミュール紡績機
spinning mule
1779年にイギリスの発明家S・クロンプトンが考案。ハーグリーヴズ＊のジェニー紡績機とアークライト＊の水力紡績機＊の原理を結合させ，細くて丈夫な糸を紡ぐことを可能にした。当初は手動であったが，1825年にはR・ロバーツによって自動ミュール紡績機へと改良され，人間の作業は機械の監視と糸継ぎだけとなった。ミュールとはロバと馬をかけ合わせた混血動物ラバの意味で，二つの原理の折衷的な性格を表現している。

ミュンツァー

Müntzer [Münzer], Thomas 1490頃～1525

宗教改革*期の宗教思想家で，後に宗教的・社会的革命運動の指導者。初めルター*の教義を支持していたが，神の言葉が精神を通じて直接顕現し，地上の神の国において福音が実現することを主張し，ルターの説を否定。自説を実現するために1525年初頭，南独のミュールハウゼンで農民・下層市民を扇動してキリスト者による平等な「神の国」を打ちたてようとした。農民戦争の指導者として逮捕・処刑された。

◆ドイツ農民戦争，フート

ミュンヘン一揆

Hitlerputsch

1923年11月，ナチ党率いるヒトラー*が，ルーデンドルフ*と共に共和国打倒を目指してミュンヘンで起こした武装デモ。ヒトラー一揆とも呼ばれる。カップ一揆*後，バイエルンは右翼・保守派がせめぎあっている状況で，ヒトラーが首都ベルリンを撃つことを主張し国民革命を宣言，ミュンヘン市内を行軍したが，バイエルン政府により鎮圧された。ヒトラーは逮捕・投獄されたが，出獄後は合法的活動へと転じた。

◆ゲーリング，国民社会主義ドイツ労働者党，シュターレンベルク，突撃隊（SA）

ミュンヘン会談

Münchner Konferenz

1938年9月，チェコスロヴァキアのズデーテン地方をドイツに割譲することを取り決めた会談。英仏独伊の4首脳だけが集まり決定された。東方への拡大を目指すヒトラー*は，ドイツ系住民の多いこの地方の割譲をチェコスロヴァキア政府に要求し，最後通牒を突きつけた。英首相チェンバレン（ネヴィル）*が対独宥和策を示すことで戦争は回避できたが，翌年3月ヒトラーがチェコスロヴァキアを解体し，宥和策は破綻した。

◆オーストリア併合，宥和政策

ミラボー

Mirabeau, Honoré Gabriel Riqueti, compte de 1749～91

フランスの政治家。父は著名な重農主義*経済学者。軍人となるが，まもなく除隊し，著述業に従事。自由主義貴族として人気を博すようになり，1789年エクスの第三身分*から三部会*議員に選出され，自由主義貴族を指導，国王による国民議会への圧力に対して「銃剣によらざれば退場せず」と抵抗。人権宣言*の起草にかかわるなど，憲法制定国民議会で大きな影響力をもった。だが，憲法問題で国王の絶対的拒否権を要求して革命の急進化に反対し，さらに，90年末からは宮廷から買収されて手先となって働き，人望を失った。

ミル（ジェームズ）
Mill, James 1773～1836

イギリスの哲学者。ベンサム*の弟子・友人として功利主義*の熱心な信奉者となり，プレースやリカード*らとともに哲学的急進派（ベンサム学派）と呼ばれる学派を形成，功利主義に基づく政治改革を推進した。主著『イギリス領インド史』（1817～18）の成功によって東インド会社*の要職に就いたが，インド社会を徹底的に野蛮視したそのインド論は，その後のイギリス人のインド観と統治政策に多大な影響を及ぼした。

ミル（ジョン・ステュアート）
Mill, John Stuart 1806～73

イギリスの哲学者，経済学者。ミル（ジェームズ）*の長男であり，功利主義*の後継者となるべく父から厳格な英才教育を施された。10代にして指導的な功利主義の論客となるが，それまでの自由放任主義を修正し，社会全体のためには個人の自由が制限されうると国家干渉を含めた社会改革を提唱した。1865年に下院議員となり，選挙法改正*やアイルランド土地問題などに尽力，特に女性参政権運動に奔走し，男女同権へ向けての先駆的役割を果たした。

ミルトン
Milton, John 1608～74

イギリスの詩人。若き頃から詩人としての頭角を現すが，ピューリタン革命*に共感して共和政府のラテン語担当秘書官に就任。革命を聖戦とみなし，国王チャールズ1世*の処刑を正当化する「偶像破壊者」（1649）や「イギリス国民弁護論」（1651）など一連の論文を発表し，共和制擁護の論陣を張った。王政復古*以降は詩作に専念，『失楽園』*（1667）や『復楽園』（1671）などの傑作を残し，イギリス4大詩人の一人に数えられる。

ミール（農村共同体）
Mir

ロシアの農村共同体を指し，オプシチナ等とも呼ばれる。起源は，古代以来の歴史的連続性を主張する学説とツァーリズムによる創出を主張する学説がある。ミールは家長から構成される村会で村長その他の各種役人を選出，税・義務の配分や土地割替，裁判，相互扶助など多様な活動を行った。農奴解放*以前のミールは国家と領主支配の補佐・代行機関としての機能も強かったが，20世紀になると自治的性格を強め農民運動の拠点となった。
♦ゲルツェン

ミルラン
Millerand, Alexandre 1859～1943

フランスの政治家。クレマンソー*に協力し，1885年下院議員当選。

当初急進派に属していたが、やがて社会主義に移行し、ジョレス*らと行動をともにした。ドレフュス事件*によって政治的危機が深まるなか、ワルデック＝ルソー*内閣（1899～1902）に商工相として入閣し、社会主義者のあいだに入閣支持派（ジョレス派）と反対派（ゲード*派）との激しい論争を呼ぶ原因となった。その後、統一社会党（1905）にも加入せず、右傾化していった。

ミレー

Millet, Jean François 1814～75

フランスのバルビゾン派画家。ノルマンディーの農家出身で、パリに出て裸婦などを描いていたが、1849年からパリ近郊のバルビゾンに移り住み、敬虔な信仰に支えられて、貧しい農民の生活を好んで描いた。代表作は「晩鐘」「落穂拾い」。

民主党

Democratic Party

アメリカにおける二大政党の一つ。その起源は憲法制定期の反連邦派*にまで遡る。1800年代までに民主共和党と称するようになり、28年頃民主党となった。南北戦争*における南部の敗北で野党の地位に立った。世界大恐慌*期に復興・救済・改革を唱えたニューディール*は低額所得者層の広範な支持を獲得、民主党を多数党化することに成功した。しかし、1960年以降の急激な平等化に対する反動として社会が保守化すると、民主党の支持基盤は弱体化した。
◆共和党

無制限潜水艦戦

uneingeschränkter U-Bootkrieg

第一次世界大戦*中、ドイツ軍がイギリスの経済に打撃を与えるために潜水艦を用いて行った作戦。敵船とみなしうるものは艦船と商船の区別なく、中立国船も含めて警告なしに砲撃の対象とした。1915年5月以降数次にわたって実施されたが、所期の成果をあげなかった。これにより被害者を出したアメリカの世論を沸騰させ、17年4月、ためらっていた同国を参戦させる結果となった。
◆ベートマン＝ホルヴェーク、ルーデンドルフ

ムッソリーニ

Mussolini, Benito 1883～1945

イタリアの独裁者。もと社会党員であったが第一次世界大戦*中に除名され軍国主義者に転向。戦後ミラノで戦闘ファッシを結成（1919）、ローマ進軍*により政権を奪取する（1922）。統領、首相、陸・海・空軍大臣を兼任（1922～43）。その間フィウメ併合*（1924）で領土を広げ、ラテラーノ条約*（1929）で教皇庁と和解し、世界大恐慌*が始まるとエチオピアに侵攻して併合（1936）、スペイン内乱を機にナチス・ドイツと組んでベルリン＝ローマ枢軸を結

成（1936），さらに日独伊三国同盟*（1937）を結ぶ。第二次世界大戦*中は各地で連敗し，解任・逮捕（1943）。いったんドイツに救出されるも，ミラノ近郊でパルチザンに銃殺される。

▶ アビシニア戦争，エチオピア侵攻，コラディーニ，ダヌンツィオ，バドリオ政権，バルボ，ビアンキ，ファシズモ

無敵艦隊（アルマダ）

Invincible Armada

当時最強を誇ったスペイン艦隊。1588年，スペイン王フェリペ2世*が，宗教的に対立するエリザベス1世*のイギリス制圧を目指して130隻の大艦隊を派遣。これを迎撃するイギリス艦隊は80隻ほどであったが，悪天候も加わり，無敵艦隊は半数以上を失い，ドーバー海峡を北上して敗走。これを一般にアルマダ戦争という。大国スペインの衰退と小国イギリスの隆盛を予感させる象徴的事件であった。

ムハンマド＝アリ

Muhammad Ali 1769〜1849

アルバニア出身のオスマン帝国*の軍人，政治家。ナポレオンのエジプト侵入を迎え討つため，帝国より派遣される。フランス軍敗退後，エジプト総督となる。ギリシア独立戦争ではオスマン帝国支持。その代償としてシリア総督の地位要求。拒否され，フランスの支持を得てオスマン軍と戦う。イギリスの介入により，ロンドン会議でトルコの有利に解決される。産業をおこし経済改革。行政・教育・軍事面での近代化につとめる。

メアリ1世

Mary I 1516〜58

イギリス・テューダー王朝*の女王（在位：1553〜58）。ヘンリ8世*と第一妃キャサリンの間に生まれ，母の影響で熱心なカトリック教徒として育つ。1553年初の女王として即位し，カトリックへの復帰を望んで新教徒約300人を火刑に処すなどの弾圧を実施，「血に飢えたメアリ」と呼ばれる。56年スペイン皇太子フェリペ（後のフェリペ2世*）と結婚するが，子宝に恵まれず，新教徒で異母妹のエリザベスが王位を継いだ。

名士会

Assemblée des notables

大革命前のフランスで，三部会*が召集されないとき臨時に召集された国王の諮問機関。聖職者・貴族・上層ブルジョワのなかから国王が指名したもので構成された。三部会がしばしば国王の意に反する決定を行ったので，かわりに名士会が召集されたが，1627年以降は召集されなくなった。しかし，1787年諸改革に対する特権身分の抵抗を打破するため

に召集され，名士会が王政府の提案に抵抗すると，国王は，88年末，89年5月に三部会を開催する約束を余儀なくされた。

明白なる天命（マニフェスト・デスティニー）
Manifest Destiny

1840年代にアメリカの領土拡張を正当化するために使用されたスローガン。45年，ジョン・L・オサリバンが『デモクラティック・レビュー』誌掲載のテキサス併合を支持する論文において，アメリカの領土を太平洋岸にまで拡大することは神が予定した「明白なる天命」であると主張した。その後一般的にアメリカの帝国主義を示す代名詞として使用されるようになった。

名望家民主主義

財産と教養をもち，社会的名声を得ている名望家層（イギリスのジェントルマン，ドイツのユンカーや教養市民層など）による政治支配体制。ヨーロッパでは，民主主義＝統治するにふさわしい資質をもたない大衆が支配する「衆愚政治」というプラトン以来のイメージが根強く，政治参加の資格は財産と教養とに恵まれ，事柄に対する理性的な判断能力を有する者（名望家層）に限定されなければならないと考えられてきた。この理念を制度的に保証したのが，納税額などを参政権の条件とする制限選挙制度と，議員歳費の欠如であり，資産と余暇をもたぬ下層民衆は合法的に議会政治の世界から閉め出された。19世紀末の大衆社会の到来とともに政治参加の機会は漸次拡張され，今日の大衆民主主義へと移行した。

◆ジェントリ

名誉革命
Glorious Revolution

王政復古*により即位したチャールズ2世*，ジェームズ2世*の両王が，専制政治とカトリック復活を企図したため，1688～89年イギリスで生じた革命。88年ジェームズ2世に長男が誕生したのを機に，トーリ*・ホイッグ*両党の指導者7名がオランダ総督ウィレムに武力介入を要請，王は戦わずしてフランスへ亡命し，翌年ウィレムと妻メアリが権利の宣言*を承認して共同王位に就いた。無血のうちに革命が達成されたため「名誉」革命と呼ばれるが，スコットランドとアイルランドでは革命に対する武力抵抗が発生し，特にアイルランドは廃王ジェームズによる王位奪回の拠点となったため徹底的に弾圧され，イギリスによるアイルランドの植民地化がいっそう促進された。

◆ウィリアム3世

メキシコ革命
La Revolución Mexicana

メキシコの民族主義的社会革命。

1910年11月マデロが武装闘争を宣言，翌11年5月ディアス*打倒に成功した。しかし13年2月にウエルタ将軍が反革命クーデターに成功し，マデロは虐殺された。これに対しカランサが革命再開を宣言，14年7月ウエルタの追放に成功した。17年に民主的・民族的憲法を制定。その理念に基づく基本的な改革はほぼ40年までに遂行された。

メキシコ征服（**1521**）

先住民インディオ*はメキシコ湾岸からオアハカ盆地にかけてオルメカ文化，ユカタン半島にマヤ文化，中央高原にトルテカ文化，アステカ文化を築き上げたが，1521年にコルテス*に率いられたスペイン軍に征服され，以後スペインの支配下に置かれた。農業，鉱山開発，都市建設などに動員された先住民は，過酷な労働とスペイン人が持ち込んだ天然痘など未知の病気のために，16世紀を通じて人口を激減させた。

メキシコの独立（**1810～21**）

独立運動は，本国スペインがナポレオンによって侵略されたことを契機として，1810年9月16日の「ドローレスの叫び」で始まった。独立の父イダルゴ神父によって率いられ，イダルゴが処刑された後モレロスによって引き継がれて，13年チルパンシンゴの議会で独立宣言がなされた。この初期独立運動はやがて挫折したが，21年のコルドバ条約で独立を達成。イトゥルビデの帝政を経て24年に連邦共和国となった。

♦ナポレオン1世

メッテルニヒ

Metternich, Klemens Wenzel (Nepomuk Lothar) Fürst von 1773～1859

オーストリアの政治家。外交官の子としてドイツのコブレンツに生まれる。フランス駐在オーストリア大使を経て，ナポレオン戦争敗北後の1809年外相となった。ナポレオン1世*に対しては現実的な政策をとり，オーストリア皇帝の娘マリー・ルイーゼとの結婚を仲介，フランスとの平和関係を維持した。しかしナポレオンの失脚後，ウィーン会議*を主宰して復古的なウィーン体制を打ち立て，のち宰相となってヨーロッパの自由主義・国民主義運動を抑圧，保守反動の中心人物となった。48年の三月革命*時に失脚，イギリスに亡命し，その後ウィーンに戻るものの政治的威信を回復しえなかった。

♦カールスバート決議，ドイツ連邦，ブルシェンシャフト（ドイツ学生同盟）

メディチ家

Medici

イタリアの名家。フィレンツェ*の支配者，ルネサンス*文化のパトロンとして有名。1434～94年，1512

～27年，1530～1737年，フィレンツェを支配。ジョヴァンニ（1360～1429）がメディチ銀行創業，その子コジモ（1389～1464）が政治権力を確立。コジモの孫ロレンツォ（1448～92）の時代にフィレンツェ・ルネサンスは絶頂を迎える。同家からは教皇レオ10世とクレメンス7世，フランス王妃カトリーヌとマリを出す。
▶ヴァザーリ，『君主論』，サヴォナローラ，サン゠バルテルミの虐殺，ドナテッロ，ピーコ・デッラ・ミランドラ，フィチーノ，ボッティチェッリ，マキァヴェッリ，ミケランジェロ

メランヒトン

Melanchthon（本名：Schwartzerd(t)), Philipp　1497～1560

ドイツの人文学者，神学者。ヴィッテンベルク大学のギリシア語教授，1519年以後ルター*の協力者となり，その思想の体系化に尽力した。また教育制度や領邦教会制*を整え，自然権や市民的正義の自律性を強調した。しかしカトリックとの妥協をはかろうとして，ルター派内の対立を生み出すことにもなった。主著『神学綱要』（1521）はプロテスタント神学の基本書の一つ。

メルカトル

Mercator, Gerhardus　1512～94

フランドル生まれの地理学者。1530年にルーヴァン大学を卒業し，パレスチナやフランドルの地図を作製するようになった。54年にそれまでよりも正確な大ヨーロッパ縮尺図を完成。69年に，正角円筒図法で描いた世界地図が羅針盤での航海に好都合であった。これは，メルカトル図法として，今日でも使われている。生涯を通じて非常に多くの地図を作製し，販売したが，それらをまとめたメルカトル地図帳が，彼の死後，息子の手によって出版された。
▶カール5世

免罪符▶贖宥状

メンシェヴィキ

Menshevik（Party）

ロシア社会民主労働党*の一派。1903年のロシア社会民主労働党第2回党大会でボリシェヴィキ*に対立して成立，少数派を意味する。マルトフ，プレハーノフ*らに指導され，ロシアにおける即時の社会主義革命の可能性を否定して，自由主義的ブルジョワジーとの協調を主張。二月革命では社会革命党*や立憲民主党と臨時政府に参加。条件が未成熟だと考えて十月革命に反対，その後非合法化された。
▶レーニン，ロシア革命

モア

More, Thomas　1478～1535

イギリスの政治家，人文主義*者。弁護士として活躍する一方，人文主

義に傾倒してエラスムス*らと親交を結ぶ。『ユートピア』*（1516）執筆後は政界に入り，外交使節や大蔵大臣などを歴任，1529年には俗人として初めて大法官職に就任したが，32年ヘンリ8世*の離婚を認めず官を辞した。その後も国王至上法*に異議を唱えるなど宗教改革*に抵抗したが，反逆罪のかどでロンドン塔に幽閉され，35年処刑された。

モズリー

Mosley, Oswald Ernald　1896～1980

イギリスの政治家，ファシスト。準男爵の家系に生まれ，弱冠22歳で下院議員に当選，第二次マクドナルド*政権では閣外大臣を務めた。政策に対する不満から離党し，1932年イタリアのファシスタ党をモデルにイギリス・ファシスト連盟を結成，最盛時の党員は2万人を数えた。その後，次第にナチスへと接近し，ユダヤ人排撃や暴力活動を展開するに及んで支持を失い，対独戦突入とともに投獄され，党も壊滅した。

◆ファシズモ

「モナ・リザ」

Monna Lisa

レオナルド・ダ・ヴィンチ*の代表作。「謎の微笑」によって世界で最も有名な絵画のひとつ。フィレンツェ*滞在中の1503～05年頃に制作し，終生手許に置いて加筆。フィレンツェ市民ジョコンドの妻エリザベッタ（愛称モナ・リザ）がモデル，とヴァザーリ*は伝えるが不確か。モデル問題のほかにも喪服説，妊娠説，自画像説など，現在も議論が絶えない。背景の風景も神秘的。現在，パリ，ルーヴル美術館蔵。

モーラス

Maurras, Charles　1868～1952

フランスの作家，政治家。ミストラルやバレス*，ルナンらの影響を受け，理性と秩序を重視して古代ギリシアをこよなく愛し，新古典主義に属した。ドレフュス事件*を契機に，新王党主義に転じて，1899年に結成された思想団体アクシオン・フランセーズ*の中心的指導者となり，1905年に戦間期を通じて最大の極右リーグの一つとなる同名のアクシオン・フランセーズ（1905～44）を結成。モーラスは「完全ナショナリズム」（伝統主義とナショナリズムの総合）を掲げて精力的な活動を展開し，ブルム*人民戦線*内閣を激しく攻撃するなど，1900年代から30年代の若者に大きな影響を与え，右翼の精神的支柱となった。

モルトケ

Moltke, Helmuth Karl Bernhard Graf von　1800～91

プロイセンの軍人。メクレンブルクの貴族出身で，デンマークで士官教育を受けた後，プロイセン軍に奉

職。早くから軍事顧問を務め、その後30年にわたり参謀総長として活躍した（在任：1857～88）。1864年のデンマーク戦争を皮切りに軍事作戦を指揮し、普墺戦争*、普仏戦争*で華々しい成果を収め、ドイツ統一に軍事面から貢献。近代的な軍編成・指揮系統の工夫により近代兵学を大成させた。
♦ モルトケ（甥）

モルトケ（甥）
Moltke, Helmuth Johannes Ludwig von 1848～1916

プロイセン出身の軍人。1906年以後、参謀総長。小モルトケと称される。大モルトケの甥としてヴィルヘルム1世*および2世の信頼が厚く、異例の昇進を遂げた。1914年第一次世界大戦*が勃発すると、前任者シュリーフェンの立てたフランス・ロシアとの二正面作戦（シュリーフェン計画*）を修正して実行に移すが、同年9月のマルヌの戦いで惨敗、皇帝により解任された。
♦ モルトケ

モロッコ紛争
Marokkokrisen

第一次：1905～06年。英仏協商*によりモロッコでのフランスの優先権が認められると、ドイツ皇帝ヴィルヘルム2世*がタンジールに上陸してドイツの影響力を誇示しようとしたが、英仏の協力で阻止された。

第二次：1911年。ヴィルヘルム2世が再度軍艦をアガディール港に派遣して示威行動を起こすが、コンゴの一部を得たにとどまった。結局モロッコに対するフランスの支配が固まり、ドイツは外交的に孤立することになった。
♦ 世界政策

モロトフ゠リッベントロップ秘密議定書
Molotov-Ribbentrop Pact

独ソ不可侵条約*付属秘密文書として1939年8月および9月に2度にわたってソ連首相モロトフとドイツ外相リッベントロップの間で締結。東欧における独ソの勢力範囲を確定した。これによりポーランドはドイツ勢力圏とソ連圏に分割され、バルト三国*やフィンランド、ベッサラヴィアなどはソ連勢力圏とされた。以降ソ連はバルト三国への軍事的圧力を強め40年8月には併合、三国は独立を喪失。
♦ ソヴェト社会主義共和国連邦、ソ連・フィンランド戦争、バルト三国併合

門戸開放・機会均等
Open Door Policy

1899年と1900年にアメリカの国務長官ジョン・ヘイが表明した対中国・極東基本政策。米西戦争*の結果フィリピン、グアムを獲得し、ハワイを併合したアメリカは、本格的

な中国進出に乗り出したが，中国はすでに列強によって分割されておりアメリカの通商利害は脅威にさらされていた。このような状況下でアメリカは，中国における平等な通商権・関税権・鉄道敷設権をすべての国家に与えるよう要求した。

モンターニュ派
Montagnards

フランス革命*期の革命的急進派。この名称は，立法議会で，議場の最も高いところ（モンターニュ＝山）に席を占めていたことに由来しており，山岳派ともいう。民衆と結びついて，1792年8月10日事件*を指導して王政を打倒，93年5月31日〜6月2日の蜂起でジロンド派*の指導者を追放して政権を奪取した。主流派はロベスピエール*派で，革命の危機を前に，公安委員会*を中心とする独裁体制を確立し，戦争遂行や改革に取り組むとともに，反革命派に対する恐怖政治*を行った。だが，革命の危機が弱まり，派内のエベール派やダントン*派を粛清して体制が揺らぐと，94年7月のテルミドール反動*が勃発し，衰退した。
♦ヴァントーズ法，ジャコバン派

モンテスキュー
Montesquieu, Charles-Louis de Secondat, baron de la Brède et de 1689〜1755

フランスの啓蒙思想*家。貴族の家に生まれ，1714年にボルドー高等法院の評定官となる。そのかたわら，文学など幅広い研究を続け，絶対王政期のフランスにおける非合理的な政治・社会・思想を風刺した『ペルシア人の手紙』(1721) で有名となり，26年以後は執筆活動に専念して代表的啓蒙思想家として活躍した。とりわけ『法の精神』*(1748) は，イギリスの議会君主制を理想として，三権分立や中間団体の役割を積極的に評価し，後世に大きな影響を与えた。また，法を，風土・社会構造・経済・習俗・宗教などの関係の総体とみなすそのとらえ方は，アナール学派の方法にも通じるものがある。

モンテーニュ
Montaigne, Michel Eyqeum de 1533〜92

フランス・ルネサンスを代表する思想家。ボルドー近郊のモンテーニュの貴族出身で，ボルドー高等法院*の評定官を務め，1571年に引退して『随想録』*を書き始め，80年に初版刊行。81年にボルドー市長に選出され（〜1585），国王アンリ3世と結びつきながらも，ユグノー戦争*の調停に奔走した。彼の思想の根底には，「私は何を知っているだろうか（ク・セ・ジュ）」という懐疑主義があるが，先入観をしりぞけて人間の生活と精神を客観的に観察し，真実をとらえようとする強い精神にあふれている。モラリスト文学

の祖といわれる。

モンロー

Monroe, James 1758～1831

アメリカ合衆国第5代大統領（在任：1817～25）。1782年にヴァージニア議会議員となり，翌年大陸会議*への代表に選出される。その後連邦上院議員，フランス公使，ヴァージニア州知事，ルイジアナ購入（1803）の特使，国務長官，陸軍長官などを歴任して，1816年大統領に選出，20年に再選された。ナショナリズムの興隆を背景にフロリダ購入（1819），モンロー宣言*（1823）などを行った。

モンロー宣言

Monroe Doctrine 1823

アメリカ合衆国第5代大統領モンロー*が出した宣言。モンローは，スペインから独立したラテン・アメリカ諸国にヨーロッパ諸国が干渉すること，また西半球においてヨーロッパ諸国が植民地を拡大することに反対した。モンロー主義はその後時代の推移とともに拡大解釈されるようになり，とりわけ20世紀に入ると，アメリカのみがラテン・アメリカ諸国に干渉することを正当化する原理となった。

♦孤立主義，トルーマン゠ドクトリン

や

矢十字党
Nyiláskeresztes Part

1939年に設立されたハンガリーのファシストグループ。39年5月の総選挙では第2党となる。39年9月の大戦勃発後,首相テレキはこの党を解散させる。44年,ドイツがハンガリーを占領したとき,この党は再び公認される。44年10月から45年4月までハンガリー政府を事実上動かす。45年2月,ソ連赤軍がハンガリーに侵入したとき,この党もドイツ軍とともに国外へ脱出。

ヤルタ会談
Yalta Conference 1945.2.4〜11

第二次世界大戦*末期,ローズヴェルト(フランクリン)*,チャーチル*,スターリン*の米英ソ三国首脳が戦後処理の基本方針について協議した会談。ドイツへの無条件降伏の要求,戦後ドイツの米ソ英仏四国による占領,国際連合*の設立などについて合意した。さらに秘密協定として,ドイツ降伏後3カ月以内のソ連の対日宣戦布告,樺太南部と千島列島のソ連への譲渡などが取り決められた。

♦サンフランシスコ会議,日ソ中立条約

ヤング案
Young Plan

1930年に成立したドイツの戦争賠償支払い計画。24年に成立したドーズ案*は,賠償総額・支払期限を取り決めない暫定的なものであったことからその解決を目指し,アメリカのヤングが委員長となった専門委員会が29年に設置され,計画が立案・採択された。支払い総額は358億マルク,支払期限は1988年までとされたが,世界大恐慌*により実施が困難となり,31年フーヴァー=モラトリアム*が発表されて支払い猶予となり,翌年廃止された。

唯物史観
historischer Materiarismus

マルクス主義の根本的学説で,人間社会の発展は経済的諸関係に基づくとされる。史的唯物論ともいう。人間が自然と対峙するなかで物質的生産力を発展させ,道具や機械といった生産手段とその諸関係(下部構造/土台)が上部構造としての法秩序や政治組織,文化,宗教をも規定する。生産手段の革新・生産力の発

展が生産関係と矛盾をきたすと、これを変革し、上部構造全体の変革すなわち階級闘争に至る。こうして歴史はおおよそ原始共産制・奴隷制・農奴制・資本制の形をとって段階的に発展し、最後に社会主義・共産主義社会の実現が期待される。20世紀の後半に至るまでその影響力は多方面に及んだ。

♦『共産党宣言』, マルクス

宥和政策
Appeasement Policy

1930年代にファシズム諸国の膨脹主義に対してイギリス、フランスがとった妥協政策。イギリスのチェンバレン（ネヴィル）*首相がヒトラー*のチェコスロヴァキア・ズデーテン地方の割譲要求を承認したミュンヘン会談*が典型例。軍拡による経済混乱を回避し、自立志向を強める自治領諸国を繋ぎ止めるためにも、イギリスは平和の維持を最優先課題とし、自国の利害が直接脅かされない限り、ファシズム諸国の侵略姿勢に寛大な態度をとった。

ユグノー
huguenot

フランスにおけるカルヴァン派信徒の呼称。16世紀半ば以降、南フランスの職人や自由業者、農民を中心に急速に勢力を拡大し、ユグノー戦争*（1562〜98）ではカトリック勢力と激しく戦ったが、ナントの勅令*（1598）で信仰の自由を認められた。しかしその後も抑圧は続き、1685年ルイ14世*がナントの勅令を廃止したため、多くのユグノーは亡命を余儀なくされた。

ユグノー戦争
Huguenot 1562〜98

王権をめぐる政治闘争と結びついたフランスの宗教戦争。1559年フランソワ2世が即位して外戚のカトリックの指導者ギーズ家が主導権を握ると、ブルボン家など反ギーズ派はユグノー*派に接近して対抗。62年ギーズ派によるユグノー虐殺事件を契機に、ついに内戦に発展。72年にはサン＝バルテルミの虐殺*も起こった。スペイン、イギリスも介入して国際戦の様相を呈し、国内は荒廃したが、ブルボン家のアンリ4世*が即位して、みずからカトリックに改宗するとともに、98年ナントの勅令*を発布してユグノーの信仰の自由を認め、内戦は終結した。

ユーゴー
Hugo, Victor Marie 1802〜85

フランスの詩人、小説家。戯曲『クロムウェル』（1827）の序文でロマン主義*宣言を行い、ロマン主義文学の理論的中心として活躍をした。思想的には、王党的・カトリック的思想の持ち主であったが、七月革命*後自由主義に転じ、1848年の二月革命*後は民主主義的、人道主

義的傾向を強めた。二月革命後憲法制定議会議員に選出されたが，51年ナポレオンのクーデターに反対して，亡命。亡命中は著作活動に専念し，ナポレオンを激しく批判した『小ナポレオン』(1852)，『懲罰詩集』(1853)，『レ・ミゼラブル』(1862)などの傑作を発表し，国民詩人とうたわれた。70年帝政崩壊後帰国し，71年国民議会，76年上院に選出され，民主的共和国を支持した。

『ユートピア』
Utopia

1516年（ラテン語版，英訳版は1551年）に発表されたモア*の代表作。ユートピアとはモア自身によるギリシア語からの造語で「どこにもない場所」を意味する。哲学者ヒスロディ（くだらないことをしゃべる男の意）が語る理想社会ユートピアでの体験談を通じて，羊の飼育のための囲い込み*や盗みに対する刑罰の不当な重さなど，当時のイギリス社会を痛烈に批判した。文学形式による政治的現実の批判というユートピア文学の祖型となる。

ユトレヒト条約
Utrecht

スペイン継承戦争*（1701〜13）の講和のため，1713年4月にユトレヒトで結ばれた条約。この条約で，スペイン王位は，フランスがスペインを統合しないという条件のもとでルイ14世*の孫のフェリペ5世に与えられた。イギリスは，スペインからジブラルタル，ミラノを，フランスからハドソン湾地方，ニューファンドランド，ノヴァ・スコシアを獲得した。この条約でイギリスはルイ14世のヨーロッパ制覇の野望をくじき，海外支配における優位を獲得した。
▶アン女王戦争

ユトレヒト同盟
Unie van Utrecht

オランダ独立戦争*中の1579年1月に，ワロン諸州がアラス同盟を結成したのに刺激を受けて，同月，ホラント，ユトレヒト，ゼーラント，フリースラント，フローニンゲン，ヘルデルラントの7州とフランドルとブラバントの幾つかの諸都市が加盟し，ユトレヒト同盟が結ばれた。これらの都市は「永久に一州のごとく」スペイン軍との戦争を継続することを約した。やがてこの規約は，オランダ共和国の基本法となった。
▶オラニエ公ウィレム

ユンカー
Junker

プロイセンのエルベ川以東に多くみられた大土地所有貴族。18世紀まで同地域に存在していた農場領主が農民解放を通じて自らもより近代的な土地所有・農業経営者へと姿を変じることになった。当初からプロイ

センの軍部・官僚機構に与り，プロイセンを中心に統一国家が形成されるとドイツ国家の中心的地位を占めた。ヴァイマル共和国*の成立でその封建的諸特権は失ったものの，保守勢力として力を振るい，第二次世界大戦*後に東ドイツでの農業改革により姿を消した。
♦農場領主制，農民解放（プロイセン），ビスマルク

ヨークタウンの戦い
Yorktown Campaign　1781. 8. 30〜10. 19

アメリカ独立戦争においてアメリカ側の勝利を決定づけた戦闘。イギリス軍はヨークタウンに要塞を築き，一方ワシントン*指揮下のアメリカ軍はフランス援軍と連合してヨークタウンに迫った。フランス艦隊により海上封鎖されて退路を遮断されたイギリス軍と，アメリカ・フランス連合軍との間で最後の戦闘が行われ，イギリス軍が降伏して独立戦争は事実上終了した。
♦アメリカ独立革命

ヨーゼフ2世
Joseph II　1741〜90

オーストリアおよび神聖ローマ帝国の皇帝（在位：1765〜90）。フランス啓蒙思想*に親しみ，フリードリヒ2世*と並ぶ典型的な啓蒙専制君主となった。1780年に母マリア・テレジア*が亡くなって以後，改革志向を強めた。農奴解放*，拷問の禁止，官僚機構の改革など反封建的で中央集権的な改革政策を進めようとしたが，貴族の抵抗にあい必ずしも成果をあげなかった。ポーランド分割*に参加するなど外交政策も積極的であった。

予定説
Prädestinationslehre

人間の救済は，神の予定した意志にのみ依存するとしたキリスト教の一教義。一般にはカルヴァン*の根本教義として知られる。神はその至上の測りがたい思し召しにより各人に永遠の生か永遠の劫罰かをすでに決めているが，しかし人は現世にある間これを知りえないとされる。ここから信徒には厳しい規律と禁欲が要求され，さらには神の栄光を顕すものとして現世での勤労が重視されることとなり，近代資本主義社会の勤労精神が発展したとされる。

ヨーロッパ共同体（EC）
European Community [英]
Communauté Européenne [仏]
Europäische Gemeinschaft [独]

ヨーロッパにおける地域統合機構であるヨーロッパ経済共同体（EEC）*，ヨーロッパ石炭鉄鋼共同体（ECSC）*，ヨーロッパ原子力共同体（EURATOM）の総称。これら3つの機構の理事会，委員会が統合されて，1967年7月に正式に発

足。ECは関税同盟を完成させ，共通通商政策や外交政策の調整を図るなど協力関係を強化し，93年に成立したヨーロッパ連合（EU）*の中核となっている。欧州委員会，理事会，欧州議会，司法裁判所などの機関をもち，99年からは通貨統合が始まるなど，国民国家を超えた地域協力機構として発展している。加盟国は，フランス，西ドイツ（現在はドイツ），オランダ，ベルギー，ルクセンブルク，イギリス（1973）など15カ国。

ヨーロッパ経済共同体（EEC）
European Economic Community

1958年に発足したヨーロッパの経済協力機構。ヨーロッパ石炭鉄鋼共同体（ECSC）*の成功を受け，57年に調印されたローマ条約に基づいて，ヨーロッパ原子力共同体（EURATOM）とともに成立。加盟国間の物資，資本，労働力の移動を完全に自由化して経済統合を図るとともに，政治統合も追求され，米・ソに対抗する第三勢力として発展，67年にはヨーロッパ石炭鉄鋼共同体，ヨーロッパ原子力共同体と統合してヨーロッパ共同体（EC）*が成立した。発足時の加盟国は，フランス，西ドイツ，イタリア，オランダ，ベルギー，ルクセンブルクの6カ国。
♦ヨーロッパ連合（EU）

ヨーロッパ石炭鉄鋼共同体（ECSC）
European Coal and Steel Community

フランス外相シューマンの提唱に基づいて，1952年にフランス，西ドイツ，イタリア，オランダ，ベルギー，ルクセンブルクによって結成された石炭と鉄鋼の生産と取引に関する国際管理機関。石炭，コークス，鉄鉱石，鉄鋼の関税や貿易制限を撤廃して共同市場を実現することを直接の目的としているが，フランス・ドイツ間の協調を図るという政治目的もあった。この成功が刺激となって，ヨーロッパ経済共同体（EEC）*が成立。今日のヨーロッパ連合（EU）*の先駆といえる。
♦ヨーロッパ共同体（EC）

ヨーロッパの火薬庫
European powder magazine

第一次世界大戦*前のバルカン半島状況の比喩。バルカン諸民族のナショナリズムとともに，諸民族相互の対立がからんでいた。オスマン帝国に対して行われた第一次バルカン戦争*，その分け前をめぐる第二次戦争など。その背後には半島のスラヴ勢力の盟主となろうとするロシアの力，また，ベルリンからバルカンを経て中東にのびるドイツの野心，オーストリアの支配に対する小国からの反発があり，一触即発の状況であった。

ヨーロッパの協調
Concert of Europe

ウィーン体制下,列強間で形成された国際協調およびそれについてのコンセンサスをいう。絶対主義時代以降,諸国間には対立と協調の両面をはらむ複雑な国際関係が生まれたが,それは列強間での勢力均衡(バランス・オブ・パワー)に基づいて安定維持が図られた。ウィーン体制により再編された協調体制は,ギリシアやラテン・アメリカの独立,1848年の諸革命により再び動揺し,ビスマルク体制の成立で崩壊した。
◆ウィーン会議,四国(五国)同盟,神聖同盟

ヨーロッパ連合(EU)
European Union [英]
Union européenne [仏]
Europäische Union [独]

ヨーロッパ連合条約(別称マーストリヒト条約,1992年2月調印)に基づいて1993年に成立したヨーロッパ地域統合機構。ヨーロッパ石炭鉄鋼共同体(ECSC)*の結成(1952)を契機とするヨーロッパ地域協力機構は,ヨーロッパ経済共同体(EEC)*,ヨーロッパ共同体(EC)*の結成へと発展し,さらに,東欧革命(1989),東西ドイツの統合(1990),ソ連崩壊(1991)などの国際政治の大きな変動を受け,ヨーロッパ中央銀行の創設,単一通貨(ユーロ)の導入,共通の外交・安全保障政策の確立を目指してヨーロッパ連合が結成された。ヨーロッパ連合は国民国家の主権を制約する側面を有しており,21世紀の国家や国際社会の有り様を展望するときその帰趨は重要な意味を有しているといえよう。本部はブリュッセルに置かれ,加盟各国の閣僚からなる閣僚理事会と各国政府から選任された委員からなる欧州委員会の2つを執行機関とし,その上に欧州理事会(加盟国首脳会議)が設置されている。当初,EC加盟国12カ国で発足したが,95年にオーストリア,スウェーデン,フィンランドが加盟して15カ国に拡大した。なお,2004年には北・東欧諸国10カ国の加盟が予定されているほか,トルコなど3カ国も加盟を目指しており,加盟国は今後さらに拡大することが予想される。

ら

ライ
Ley, Robert 1890～1945

ドイツの政治家，ナチ党幹部。化学博士。1924年ナチ党に入党，25年ラインラント大管区指導者，28年プロイセン邦議会議員，32年国会議員となる。ナチス政権成立後，労働組合を強制的に統一し，ドイツ労働戦線を指導した。34年ナチ党全国組織局長に就任。第二次世界大戦が始まると，ドイツ人・外国人労働者を戦時労働力としてその管理にあたった。終戦直後に逮捕され，45年10月ニュルンベルクの獄舎で自殺。
♦歓喜力行団

ライプツィヒの戦い（諸国民戦争）
Battle of Leipzig [英] Bataille de Leipzig [仏] 1813.10

プロイセン，オーストリア，ロシア，スウェーデンの連合軍がナポレオンを破った戦い。解放戦争中最大の戦いで，諸国民戦争ともいう。当初ナポレオン軍が優勢であったが，やがて劣勢に転じ，ナポレオンはからくも敗走した。この戦いを契機にライン同盟*は瓦解して，ナポレオン軍はライン川以西に撤退。翌年連合軍はパリを占領し，ナポレオンは失脚した。

ライプニッツ
Leibniz, Gottfried Wilhelm Freiherr von 1646～1716

ドイツの哲学者，数学者。微分・積分学を独自に創始し，その数学・自然科学的認識を神学と結びつけようとした。主著『単子論』（1714）では世界の基本的な要素として「モナド（単子）」を前提し，これは神によって予定調和的に結びつきあっているとされた。ベルリン科学アカデミーの院長を務めるなどドイツの学術発展に寄与した。他に『弁神論』（1710）。

ライン同盟
Rheinbund

ライン連邦ともいう。1806年7月，ナポレオン1世*の保護と指示のもとに作られたドイツ諸国の同盟。これにより神聖ローマ帝国が崩壊した。当初16カ国で構成され，後に20カ国となるが，オーストリア，プロイセンは参加していない。諸君主の主権は維持されたが，各国でナポレオン法典*を受け入れるなど国家の近代

化が促進され，ナポレオンは中欧地域への影響力を強めた。解放戦争の始まりとナポレオンの没落により1813年に解体した。

▶アウステルリッツの戦い

ラインラント進駐
Rheinlandbesetzung

1936年3月，ヒトラー*の命令によりドイツ国防軍が非武装地帯のラインラント——ライン川の両岸50kmにわたる地帯——に進駐，占領したこと。この地帯の非武装はヴェルサイユ条約*で取り決められ，ロカルノ条約*で確認されていた。しかし36年2月仏ソ相互援助条約が締結されると，ヒトラーはロカルノ条約違反として進駐を決定。英仏は阻止行動を起こさず，このことがヒトラーの対外行動を増長させたとも言われる。

▶再軍備宣言（ドイツ）

ラージンの反乱
the Revolt of (Stenka) Razin

1670～71年のロシアの農民・コサック*の反乱，プガチョーフの反乱*とならぶロシア農民戦争のひとつ。ステパン＝ラージン (?～1671) 率いるドン＝コサック下層によるカスピ海・ペルシア遠征に端を発し，逃亡農民・奴隷・非ロシア系諸民族を加えた軍勢がドンからヴォルガを攻めのぼった。反乱は反農奴制的性格を帯び，占領地では領主の処刑とコサック的自治の導入がはかられたが，政府軍によって制圧。ラージンはモスクワで処刑。

羅針盤
Compass

磁石の指極性を利用して船などで方位を測定する器具。羅針儀，コンパスともいう。中国で発明され宋代に実用化されたものが，おそらくアラブ人の手によって12世紀末にヨーロッパに伝わり，14世紀初頭にイタリア人フラヴィオ・ジョーヤが磁針を一支点で支える乾式羅針盤に改良。これで正確な方位がわかるようになり，大洋航海が可能になった。つまり大航海時代*の幕開けを準備した器具のひとつと言えよう。

ラダイト運動
Luddite Riots

1810年代にイギリスの繊維産業地帯で頻発した，労働者による機械破壊運動。伝説的人物ネッド・ラッド (Ned Ludd) の名で破壊が行われたことにちなむ。機械の導入を敵視する手工業職人たちの時代錯誤的な運動というよりも，対仏戦争と機械化の影響による労働条件の悪化に対する労働者たちの抗議運動という性格が強い。実際，雇用主に要求を呑ませるために生産手段を破壊することは，労働者たちの伝統的な争議行為であった。革命化することを恐れた政府により徹底的に弾圧され，17

年ごろには消滅。

ラーテナウ

Rathenau, Walter　1867～1922

ドイツの実業家，自由主義的政治家。父は大電気会社AEGの創業者。第一次世界大戦前からその経営に携わり，大戦中は陸軍省に戦時原料局を設置して活躍，軍部とのつながりも深かった。戦後ドイツ民主党に加わり，パリ講和会議では政府の経済政策顧問官を務め，その後復興大臣を経て，1922年外務大臣となる。ラパロ条約*の締結に努めたが，直後に，反ユダヤ主義的急進右翼により暗殺された。社会・文化哲学の著述家としても有名であった。

ラテラーノ条約

Patti Lateranesi

1929年，ムッソリーニ*が教皇ピウス11世と結んだ条約。教皇の宮殿ラテラーノで調印された。イタリア王国によるローマ併合（1870）以来，歴代教皇は「ヴァチカンの囚人」と称してイタリア王国と断交状態にあったが，ムッソリーニはカトリック教会の支持を得るために条約を結んで教皇と和解。この和解により，イタリア王国はローマ市の一画にヴァチカン市国の独立を認め，カトリックを唯一の国教とし，見返りに教皇はファシスト政権を承認。

♦ピウス9世，リソルジメント

ラパロ条約

Rapallo Vertrag

1922年4月16日，ドイツとソ連の間で結ばれた条約。ジェノヴァでの世界経済復興のための国際会議開催中，両国代表により結ばれ，突然発表された。ソヴェト政権を承認した最初の条約となった。戦争賠償の相互放棄，ドイツ側の債権放棄，最恵国待遇の適用を取り決め，両国の関係改善を促しただけでなく，その国際的地位の回復にも寄与するものであった。イギリス・フランスには衝撃をもって受け止められた。

♦ラーテナウ

ラファイエット

La Fayette, Marie Joseph Paul Yves Roch Gilbert du Motier de　1757～1834

フランスの軍人，政治家。貴族の家に生まれ，軍人となって，アメリカの独立戦争に義勇兵として参加。1789年三部会*議員に選出され，憲法制定国民議会では自由主義貴族の指導者としてイギリス流の立憲君主政の確立に努めた。7月のバスティーユの襲撃事件後パリ国民軍司令官に指名され，人権宣言*の起草にも加わった。だが，シャン・ド・マルス事件（1791）で民衆を弾圧して支持を失い，8月10日事件*（1792）後亡命。一時政界を引退したが，復古王政で復活し，七月革命*ではルイ・フィリップ*を即位させるなど，

自由主義派の指導者として活躍した。

ラプア運動（フィンランド）
Lapua Movement

1929〜31年の，フィンランドの暴力的極右運動。29年，フィンランドの南西部の村ラプアでフィンランド共産党の集会が開催されると，保守的な農民がこれに暴行を加えるという事件が発生した。そして共産党の全面的な非合法化を要求する運動が活発になった。保守色の濃いスヴィンフッヴド内閣が誕生し，ラプア運動の要求を聞き入れ，反共法を成立させた。しかしラプア運動は31年には下火となり，合法的な活動を目指す政党愛国人民同盟に取って代わられた。

ラファエロ
Raffaello Sanzio　1483〜1520

イタリアの画家。ウルビーノ出身。ペルジーノの弟子。1504年以降はフィレンツェ*でレオナルド・ダ・ヴィンチ*の影響を受け，08年以降はローマでミケランジェロの影響を受ける。「大公の聖母」「ひわの聖母」「美しき女庭師」など古典的調和のとれた甘美な聖母の画家として高名。ローマ教皇からはヴァチカン宮殿の壁画を依頼され，「アテナイの学堂」（1509〜11）など盛期ルネサンス*美術の傑作を残す。
♦サン・ピエトロ大聖堂

ラブレー
Rabelais, François　1483頃〜1553

フランス・ルネサンス*時代の人文主義者。医師，作家，司祭など様々な職業を経験し，イタリアなど諸国を遍歴。エラスムス*などの人文主義者とも交流し，大作『ガルガンチュアとパンタグリュエルの物語』（1532〜64）を著した。この作品は，リアリズムと象徴主義，人文主義的博識と喜劇的要素を織り交ぜた巨人父子の武勲物語だが，社会を厳しく風刺し，スコラ哲学やカトリックを批判している。このため，異端，危険思想家とみなされた。

ラ＝マルセイエーズ
La Marseillaise

フランスの国歌。1792年4月革命軍将校ルージェ・ド・リールが北方ライン軍の進軍歌として作詞・作曲。同年7月，対オーストリア戦争に出発するマルセイユの義勇兵が，この歌を歌いながらパリに入ってきて一躍全国に広まったのでこう呼ばれる。95年に国歌とされ，第二帝政*期に一時「シリアへの出発」にとって代わられたが，1879年に改めて国歌と定められた。

リカード
Ricardo, David　1772〜1823

イギリス古典派経済学の完成者。主著『経済学および課税の原理』

(1817)では、スミス（アダム）*の労働価値説を継承して、商品価値はその商品の生産に投下された労働量（労働時間）によって規定されると説き、マルクス*に多大な影響を与える。また比較生産費説（各国がそれぞれの得意な生産物に特化し、それらを自由に交換すれば双方にとって利益となる）に基づく国際分業論を展開し、自由貿易主義*に理論的支柱を提供した。

力織機
power loom

1785年にカートライト*が発明。畜力（後に蒸気力）を動力として織布工程を機械化し、15歳の児童が同じ時間内に熟練織布工が手織機で織る布の3倍半を織ることを可能にした。しかし、品質面では手織に劣り、粗大綿布の生産に限定されたこともあって、その普及は遅々として進まなかった。19世紀初頭に重要な改良が加えられた結果、1820年代から安価な手職工と競合しつつ本格的に普及し始め、19世紀半ばには工場制生産が確立された。
◆産業革命

リシュリュー
Richelieu, Armand-Jean du Plessis de　1585〜1642

フランスの政治家。貴族の出身で司教となったが、やがて宮廷に登用され、1624年以後はルイ13世時代の事実上の宰相として絶対王政の基礎を築いた。内政においては、ユグノー*の政治的特権を奪ってその勢力を打破したほか、貴族勢力の抑圧、官僚制の整備を行うなど中央集権化に努めた。対外的には、ハプスブルク家*に対抗してフランスの勢力拡大に努め、三十年戦争*ではプロテスタント側に立って参戦した。

リスト
List, Friedrich　1789〜1846

ドイツの経済学者。1817年テュービンゲン大学で国家学の教授に就任。ヴュルテンベルク邦議会議員も務め、関税撤廃を唱えたが、これにより22年官憲に逮捕・拘留された。この後アメリカへと渡り、32年アメリカ領事として帰国。ドイツ全土での鉄道建設、ドイツ関税同盟*の創設を主張、同時に自由貿易主義*的態度から転向し、国家による産業保護を唱えて国民経済学を創始。その業績は死後に高く評価されるようになった。

リスボン
Lisbon

ポルトガルの首都であり、近代においてはヨーロッパの代表的港湾都市でもあった。イベリア半島のほぼ西端に位置する。1415年にリスボンを拠点とするセウタの攻略により、ヨーロッパの大航海時代*と帝国主義*は始まる。大航海時代において、ポルトガル船はここを根拠地として

商業活動・探検を行った。ポルトガル王マヌエル2世（在位：1495〜1511）の頃にリスボンは港湾都市として最盛期を迎え，東洋からの香料を求めて，ヨーロッパ中の商人が集まった。

♦アルバ公

理性の崇拝
Culte de la Raison　1793〜94

フランス革命*期の非キリスト教化運動の頂点をなす運動。フランス革命では教会財産の国有化，聖職者民事基本法の制定，戸籍管理，あるいは地名や暦の世俗化にまで及ぶ多様な非キリスト教化運動が推進された。1793年11月10日理性の神殿と改称されたパリのノートルダム寺院で理性の祭典が開催されたのを皮切りに，以後数カ月間各地で理性の祭典が開催された。これはエベール派が主導し，それと民衆の民俗的エネルギーが結合して生じた運動であった。

リソルジメント
Resorgimento

イタリア国家統一運動。「リソルジメント」とは「再生」を意味するイタリア語。ナポレオン*のイタリア支配（1800〜15）を機にナショナリズムが覚醒し，ウィーン体制下で自由主義運動と結びついて展開。はじめカルボナリ*と青年イタリア*が運動の中心であったが，やがてサルデーニャ王国（首相カヴール*）の国家主導型の運動に移行する。サルデーニャはオーストリアを破って北中部イタリアを併合。最後にガリバルディ*が征服地の南部をサルデーニャ王ヴィットーリオ・エマヌエーレ2世*に献上してイタリア王国が誕生（1861）。その後，ヴェネツィア（1866）とローマ（1870）の併合で統一が完成。「未回収のイタリア」*問題を残す。

♦イタリア統一戦争，ウィーン会議，ナポレオン3世，マッツィーニ，ラテラーノ条約，ローマ共和国

リュクサンブール委員会
Commission du Luxembourg

フランスで二月革命*後設置された労働問題の調査委員会。正式には「労働者のための政府委員会」といい，リュクサンブール宮殿に設置されたのでこう呼ばれる。委員長ルイ・ブラン*。経営者と労働者の代表によって構成され，あらゆる労働問題に関する調査・研究，法の立案などを目的としたが，労働時間の制限などの成果をあげたものの，実際は諮問機関にすぎず，5月15日の騒擾の結果廃止された。

領邦教会制
Landeskirchentum

神聖ローマ帝国*内の領邦君主が，教会行政全般を統制し，最高の司教としての地位を保った制度。16世紀の宗教改革後，ルター派プロテスタ

ント邦では領邦君主が教会財産を管理する権利をもつようになり、アウクスブルク宗教和議*において聖職者のもつ裁判権は廃止されて領邦君主の手に移された。これによって領邦君主はその臣民の宗派を決定することになり、絶対主義時代には教会に対する国家の介入を助長した。

♦ メランヒトン，領邦国家

領邦国家

Territorialstaat

中世末から近代にかけて神聖ローマ帝国*内に存在した独立的国家を指す。中世の血族支配に対立したもので、12世紀以降ドイツ王が、その一定の土地に対する高権を封建領主に委譲した結果生じた。次第に領邦君主はその権利を国家の主権へと拡大し、ウェストファリア条約*以降その独立性を強めたため、帝国は分権国家的性格を帯び、ドイツの統一が遅れる要因となった。最盛期には大小300有余の領邦国家が存在した。

♦ 領邦教会制

リルバーン

Lilburne, John　1614頃～57

イギリス・ピューリタン革命*における平等派（レヴェラーズ）*の指導者。徒弟時代にピューリタン*となり、1638年非合法のピューリタン文書を流布した罪で40年まで入獄。内戦では議会軍将校として奮闘するが、45年軍幹部と反目して退官した。以後は平等派の理論的指導者として執筆活動を続け、その扇動的な内容ゆえに幾度も投獄された。52年国外追放されてオランダへ亡命、晩年はクェーカー教徒に転向した。

リンカーン

Lincoln, Abraham　1809～65

アメリカ合衆国第16代大統領（在任：1861～65）。イリノイ州議会議員、連邦下院議員を務めた後しばらく政治から遠ざかっていたが、1854年のカンザス＝ネブラスカ法*に反対して政界に復帰した。60年の大統領選挙で共和党*候補の指名を受けて当選したが、その結果南部11州が連邦から分離してアメリカ連合*を設立し、南北戦争*が開始された。リンカーンは黒人奴隷制*拡張には反対だったが、現存する奴隷制度に干渉するつもりはなかった。しかし、戦争が長期化して奴隷解放を求める北部の世論が高まり、国際的にも連邦の大義を表明しなければ勝利も難しくなったため、63年1月1日に奴隷解放宣言*を公布した。

♦ "人民の，人民による，人民のための政治"，ダグラス

ルイ14世

Louis XIV　1638～1715

フランス絶対王政最盛期の国王（在位：1643～1715）。ルイ13世の子で、5歳で即位したため、母后が摂政、マザラン枢機卿が宰相として実

権を掌握した。マザラン時代には，王権の強化に反発するフロンドの乱*（1648～53）が起こり，一時パリから逃れることを余儀なくされた。マザランが死去すると1661年から親政を開始し，"朕は国家なり"*という言葉に象徴されるように，82年に廷臣数千人とともに宮廷をヴェルサイユ宮殿*に移転するなど，集権的体制の整備に務めるとともに，財務長官コルベール*を中心とした重商主義*政策や，兵制改革を推進して，国力の充実を図った。一方，対外的には，自然国境説*を掲げて，フランドル戦争（1667～68），オランダ戦争（1672～78），ファルツ戦争（1689～97），スペイン継承戦争*（1701～13）など積極的な戦争政策を推進したが，成果は乏しく，逆に財政の窮乏化を招く一因となった。85年には，ナントの勅令*を廃止したため，ユグノー*が海外に逃亡し，産業に大きな打撃を受けた。このように，治世末期には絶対主義*の矛盾が表面化していた。

♦バロック式，ユトレヒト条約

ルイ・フィリップ

Louis-Philippe　1773～1850

フランスの国王（在位：1830～48）。オルレアン家のフィリップ平等王の長男。フランス革命に同調して，ジャコバン・クラブに加入し革命戦争にも参加したが，恐怖政治*が始まって亡命。1817年に帰国し，七月革命*が勃発すると，ラフィットらの自由主義的ブルジョワに推されて即位し，「市民王」を称した。自由主義的な立憲君主政を確立し，経済発展と名望家支配の安定化に努めたが，国王はみずから統治しようとしてしばしば政府や議会と対立。40年代になると政治・社会改革を拒否して保守化し，結局，二月革命*が勃発してイギリスへ亡命した。

ルクセンブルク

Luxemburg, Rosa　1870～1919

主にドイツで活動したポーランド生まれの女性革命家，社会主義者。若い頃から社会主義的労働者運動に参加。1898年ベルリンに移住し社会民主党*に入党。1913年『資本蓄積論』を著して修正主義を批判した。第一次世界大戦*中にスパルタクス団*を組織，社会民主党幹部が戦争を支持したことを批判，終戦後の19年1月にベルリン蜂起を指導し鎮圧されたが，共産党を創立。この直後右翼将校に暗殺された。

♦修正主義論争，ドイツ革命

ルシタニア号事件

Lusitania Incident　1915.5.7

第一次世界大戦*中の1915年5月7日，ニューヨークから出航したイギリス商船ルシタニア号が，ドイツ潜水艦に無警告撃沈された事件。同年2月，ドイツはイギリス海域に商船の立入禁止水域を設け，違反する

商船はすべて無警告で撃沈すると宣言していた。ルシタニア号の1198人の犠牲者のなかにアメリカ人乗客128人が含まれていたため，アメリカ国内ではドイツ非難の声が高まり，後にアメリカが参戦する時の口実を与えた。

ル・シャプリエ法
la Loi le Chapelier　1791.6

フランスの団結禁止法。正式名は「同一の身分および職業の労働者および職人の集合に関する法」。提案者ル・シャプリエの名にちなんでこう呼ばれる。憲法制定国民議会は，1791年3月アラルド法で同業組合を廃止し，営業と職業の自由を確立した。その後，職人労働者の活動が活発化したため，ル・シャプリエ法を制定して，労働者や職人の団体結成や争議行為を禁止した。団結禁止は1864年まで続き，労働組合結成の自由が確立するのは84年のことである。

ルソー
Rousseau, Jean-Jacques　1712～78

フランスの啓蒙思想*家。ジュネーヴに生まれてほぼ独学で学問を修め，パリに出て文筆活動に入る。啓蒙思想家と親交を結び，『人間不平等起源論』*（1755），『社会契約論』（1762），『エミール』（1762）など多数の著作を著した。ルソーは，自然状態を理想として文明と社会の発展こそが不自由と不平等をもたらしたとみなし，社会契約説*の立場にたって人民主権論を提唱するなど改革を提唱した。その思想は，独立自由農民や職人などの小ブルジョワジーの立場を代表しており，ジャコバン派*などの急進的民主主義の源流となった。また，「自然に帰れ」と説いて感情の解放を主張するなど，ロマン主義*の源流ともなっている。

ルター
Luther, Martin　1483～1546

宗教改革*の始まりを告げたドイツの神学者。冶金工の家に生まれるが，エルフルト大学で学び，アウグスティヌス修道会に入会。その後ヴィッテンベルク大学の神学部教授となり，1517年「95カ条の提題」*を発表，贖宥状*を販売する世俗化した教会を批判し，信仰の拠り所を聖書に求めた（福音主義）。次第に教皇批判を強めて激しい論争を巻き起こし，21年皇帝によりヴォルムスの国会に召喚されて自説の撤回を求められたがこれを拒否した。その後聖書のドイツ語訳に専心。彼の信仰に影響を受け，既存秩序の変革を求めた農民戦争には否定的な態度をとったが，諸侯たちに宗教改革を説き，政治的変革を促す結果となった。

♦エラスムス，カルヴァン，『キリスト者の自由』，人文主義（ヒューマニズム），聖書のドイツ語訳，ドイツ農民戦争，メランヒトン

ルーデンドルフ

Ludendorff, Erich Friedrich Wilhelm　1865〜1937

ドイツの軍人。1908〜12年，参謀本部将校。第一次世界大戦*勃発後のタンネンベルクの戦い*（1914）で勝利を収めると，東部戦線の事実上の総指揮者となり，さらに参謀次長としてヒンデンブルク*と共に戦争を指揮。無制限潜水艦戦*を敢行した。戦後のヴァイマル共和国*では，カップ一揆*（1920），ミュンヘン一揆*（1923）に加わるなど極右の活動家として政治にかかわった。
♦総力戦

ルドリュ＝ロラン

Ledru-Rollin, Alexandre-Auguste　1807〜74

フランスの政治家。1841年以来下院議員となり，急進共和派の中心として活躍し，43年には新聞『レフォルム』紙を創刊。選挙を通じて民主的社会的共和国を実現することを唱え，普通選挙の実現を訴えた。47年に改革宴会*運動に加わり，二月革命*後の臨時政府の内相となったが，六月蜂起*の鎮圧を支持して労働者の支持を失い，12月の大統領選挙で惨敗した。49年に反政府暴動を試みて失敗，イギリスに亡命した。

ルネサンス

Renaissance

14世紀から16世紀にかけての文化運動。「ルネサンス」という語自体は「再生」を意味する19世紀フランスの造語。これを歴史家ブルクハルト*が一個の時代概念として普及させる。ギリシア・ローマの古典文化の復興に刺激を受けながら，キリスト教の束縛から解放された人間中心の新しい文化を創造しようとする運動。14世紀のイタリアに始まり，15世紀末からヨーロッパ全域に波及する。イタリアでは東方貿易*により繁栄した諸都市で大商人層が政治的実権を握り，市民文化としてのルネサンス誕生に貢献。美術，文学，思想から人間の生き方や生活様式に至るまで刷新される。封建制度が濃厚なアルプス以北の国々では，宗教改革*と結びついた。
♦三時代区分法，人文主義（ヒューマニズム），フィレンツェ，メディチ家

ルール占領（出兵）

Ruhrbesetzung

1923年1月，ドイツの賠償履行の遅滞を理由に，フランスとベルギーの軍隊がヨーロッパ最大の炭鉱地帯であるルールを占領したこと。賠償監視委員会が木材や石炭の現物支払いを認めたことを受けた措置であった。ドイツ側は，鉱夫のストライキとこれを政府が経済的に支援する受動的抵抗で対抗したが，未曾有のインフレーションをもたらした。ドイツは9月に抵抗を中止，翌24年にド

ーズ案*が締結され，フランスが撤兵した。

♦ ヴェルサイユ条約，相対的安定期

レオナルド・ダ・ヴィンチ

Leonardo da Vinci 1452〜1519

イタリアの画家。フィレンツェ*近郊のヴィンチ村出身。ヴェロッキオの弟子。1482年にフィレンツェからミラノに移り，君主ルドヴィコ・スフォルツァに仕え，「岩窟の聖母」（1484頃），「最後の晩餐」*（1495〜97）などを制作。1500年にフィレンツェに戻り，「モナ・リザ」*（1503〜05）を制作。ミケランジェロ*との壁画競作は未完に終わる。ミラノ，ローマを経て，16年にフランス王フランソワ1世*に招かれ，最晩年をアンボワーズで過ごす。音楽から舞台演出まで手がける「万能の天才」で，残された手稿からは解剖学から天文学まで森羅万象に科学的な眼を向けていたことがわかる。

♦ ラファエロ

レオポルド2世

Leopold II (Louis Philippe Marie Victor) 1835〜1909

ベルギー第2代の国王（在位：1865〜1909）。レオポルド1世の長子で，オーストリア公女マリア・ヘンリエッタと結婚。植民地獲得に熱心であり，1876年，コンゴ国際協会を設立，スタンリーのコンゴ遠征を援助した。85年には，ベルリン会議（コンゴ会議）*で，列強から国王個人所有のコンゴ自由国*の領有を認められた。政党政治に介入して，非立憲君主的行動だと批判されることもあった。内政においては経済発展と自由主義政策を進め，軍備の拡充にも努めた。

レジスタンス

Résistance

第二次世界大戦*中ドイツの占領，あるいは対独協力のヴィシー政府*下におけるフランスの対独抵抗運動。1940年，フランスがドイツに降伏すると，ドゴール*はイギリスから抗戦を呼びかけ，「自由フランス」を組織。国内でも抵抗運動が次第に強まり，43年5月「レジスタンス全国委員会」（CNR）が結成された。一方，ドゴールは同じ頃「フランス国民解放委員会」を結成，44年6月連合軍のノルマンディー上陸*とともにレジスタンスは全国に拡大，8月パリもフランス人自身の手で解放された。

レックス運動（ベルギー）

Rex

1930年代のベルギーのファシズム運動。36年の下院選挙で，カトリック党が議席を63議席に減らし，一方，もともとカトリック同盟に属し，ファシズム勢力であったレックス党がレオン・ドグレルに指導されて台頭し，21議席を得た。しかしナチス・

ドイツの勢力がヨーロッパで増大した39年の総選挙では，ファシズム的性格を嫌われ，レックス党の議席数は4にとどまった。ドイツのベルギー占領に協力したため，44年のドイツ撤退後，レックス運動は消滅した。

レーニン
Lenin, Vladimir Ilyich　1870～1924

ソ連の革命家，政治家，マルクス*主義の理論家。1893年からペテルブルグで革命運動を指導，労働者階級解放闘争同盟を結成し，逮捕・流刑。1900年に亡命し，プレハーノフ*らと『イスクラ』紙を創刊。ロシア社会民主労働党*第2回党大会以降ボリシェヴィキ*を指導。第一次革命時に帰国，07年再度亡命。17年4月に帰国して戦争継続反対，社会主義革命を提起，十月革命を指導して人民委員会議議長（首相）に就任。ブレスト＝リトフスク条約*締結，一党体制樹立，戦時共産主義*体制による内戦・干渉戦争の勝利，ネップ移行などを指導。晩年に病床からスターリン*罷免を要求した。
♦ コミンテルン（第三インターナショナル），新経済政策（ネップ），トロツキー，平和に関する布告，ロシア革命

レパントの海戦
Lepanto

レパントはギリシアのコリントス湾内の港市ナフパクトスのイタリア語名。その沖合いで，1571年10月7日，スペイン，ヴェネツィア，教皇庁などのキリスト教連合艦隊が，オスマン艦隊を撃破した戦い。連合艦隊の総司令官はスペイン王フェリペ2世*の異母弟ドン・ファン。スペインの威光は高まり，オスマン帝国*の不敗神話は崩れる。一兵卒として参戦したセルバンテス*は「古今未曾有の大戦闘」と呼ぶ。

連邦派（フェデラリスト）
Federalists

アメリカ合衆国憲法*草案の賛成者たちの自称。連邦派は主として商工業的利益を代表し，反連邦派*は農業的利益を代表して相争い，この二派がアメリカ最初の政党となった。連邦派は米英戦争*で反戦の立場を取ったため，戦後ナショナリズムの高揚のなかで不評を買って事実上消滅に追い込まれた。後に同党の支持層は全国共和党と合流してホイッグ党を結成し，これが現在の共和党*の源流となった。
♦ ワシントン

ロイド・ジョージ
Lloyd George, David　1863～1945

イギリス・自由党*の政治家。首相（在任：1916～22）。アスキス内閣で蔵相を務め，1909年，高額所得者への課税を強化した「人民予算」

を提出, 上院の抵抗を抑えて社会福祉と海軍増強の経費を捻出した。第一次世界大戦*では軍需相として総力戦*体制の構築に辣腕をふるい, 16年首相に就任して, 少数の閣僚からなる戦時内閣を組織, 強力なリーダーシップでイギリスを勝利に導いた。

労働党（イギリス）
Labour Party

イギリスの政党。1900年に独立労働党*, フェビアン協会, 社会民主連盟の3つの社会主義団体と65の労働組合の代表者を結集した労働代表委員会が起源。06年完全な議会政党へと脱皮し, 労働党へ改称した。第一次世界大戦*後は急速に党勢を拡大し, 24年マクドナルド*を首班とする初の労働党政権を実現。第二次世界大戦*直後のアトリー内閣では, 産業の国有化と国家医療制度などの福祉政策を推進, 福祉国家体制を整備した。
▶自由・労働主義, ハーディー

ロカルノ条約
Locarnopakt

1925年, 英・仏・独・伊・ベルギー・ポーランド・チェコが結んだ集団安全保障条約。同年10月スイスのロカルノで仮調印され, 12月ロンドンで正式に調印された。複数の条約からなり, ヴェルサイユ条約*で取り決められた国境線を最終的にドイツが承認した（ラインラント条約）ほか, 各国間の相互援助などが取り決められた。ドイツが国際社会に復帰する契機となり, 大戦後の新秩序に完全な承認を与えることになった。
▶シュトレーゼマン, 相対的安定期

六月蜂起（六月暴動）
Journées de Juin 1848.6.23～26

フランスの二月革命*後のパリで発生した労働者の武装蜂起。6月21日共和政府が国立作業場*を閉鎖し, 働いていた労働者を地方の土木事業に行くか, 軍隊に強制的に編入するという方針を決定すると, 23日労働者は「仕事とパン」を要求して蜂起した。政府はカヴェニャック将軍に全権を委任して, 26日に完全に鎮圧。この帰趨は, 二月革命とヨーロッパ全体の1848年革命*の転機となり, これ以後反革命の勢いが強まった。

ロココ式
Rococo

18世紀フランスに始まり, ヨーロッパ全体に広がった装飾様式。ルイ15世（在位：1715～74）時代に好まれた巻き貝状の渦巻き曲線をもつロカイユ rocaille 装飾に由来する。全体的に, 女性的で, 愛らしさ, 軽やかさ, 心理的自由, 人間の悦楽を追求している。偉大さ, 荘重さを追求したバロック式*からの解放感の一つの表現といえよう。

ロサス

Rosas, Juan Manuel de　1793～1877

アルゼンチンの政治家，独裁者。1820年代に連邦派と中央集権派の対立から国内が内戦状態に陥ると前者の指導者にのし上がった。29年にブエノス・アイレス州知事となり，31年に国内の中央集権派を平定して全国統一を実現。35年に州知事に再任されると，国家統合維持のために司法，立法，行政にわたる全権を委託され反対派を厳しく弾圧した。52年に反対派に敗れてイギリスに亡命。

ローザンヌ条約

Lausanne

1923年，トルコ共和国と旧連合国との間に結ばれた講和条約。第一次世界大戦*にオスマン帝国*と連合国の間で結ばれたセーヴル条約は，トルコ側にきわめて不利な条約で，スルタン政府を打倒した国民政府がこの条約の破棄を宣言，領土の回復を求めてギリシアに宣戦した。イギリスの仲介によりローザンヌ会議が招集され，トルコにスミュルナ，コンスタンティノープルの領有を認め，トルコに有利な条約となった。

ロシア革命

Russian Revolution

ロシアの革命的伝統はデカブリスト*に始まり，ナロードニキ*運動，1905年の第一次革命を経て，17年の二月革命・十月革命に至る。第一次革命は市民的自由と議会（ドゥーマ*）設置を約束する十月詔書を引き出したが，革命は急速に後退し結果は不徹底であった。二月革命はツァーリズムを打倒，ブルジョワ的臨時政府と労働者・兵士のソヴェトの二重権力を生んだ。社会主義革命への転化を主張するボリシェヴィキ*の指導する十月革命は臨時政府打倒・権力奪取に成功，即時休戦・講和，民族自決，地主地没収，企業の労働者統制など行動綱領を示した。誕生したばかりの世界最初の社会主義国家は，内戦と干渉戦争による国土荒廃と飢餓に苦しみ，一党独裁と戦時共産主義*体制をもたらすことになった。

◆社会革命党（エスエル），ソヴェト社会主義共和国連邦，ソヴェト内戦，対ソ干渉戦争，チェルノーフ，トロツキー，ニコライ2世，バルト三国，フィンランドの独立，ブレスト＝リトフスク条約，平和に関する布告，メンシェヴィキ，レーニン，ロシア社会民主労働党，ロシア第一次革命，ロマノフ朝

ロシア社会民主労働党

Russian Social Democratic Labor Party

ロシア革命*を担ったマルクス主義的社会主義政党。レーニン*らのペテルブルグ労働者階級解放闘争同盟やその他のマルクス主義系組織を

糾合して1898年にミンスクで創立大会を行うが，大会後の大量弾圧で有名無実化，事実上の創立は1903年の第2回大会である。第2回大会では党組織論などでボリシェヴィキ*とメンシェヴィキ*に分裂，第一次革命期には統一の試みもあったが，12年に完全に独立した党派に分裂。
♦トロツキー，プレハーノフ

ロシア第一次革命

1905～07年のロシアの革命。経済恐慌，日露戦争敗北，学生・労働者・農民運動の高揚を背景に，血の日曜日事件*への抗議ストとソヴェト結成，水兵反乱，農民騒動，周辺諸民族の運動，自由主義者の立憲制要求などが続き，革命は05年10～12月に頂点に達した。政府は十月詔書で市民的自由とドゥーマ*開設を約束，これを転機に革命は退潮。12月のモスクワ武装蜂起鎮圧により政府の反転攻勢が強まり，ストルイピン*改革で革命は完全に終結。
♦ウィッテ，ニコライ2世，ロシア革命

ローズ

Rhodes, Cecil John 1853～1902

イギリスの企業家，植民地政治家。療養先の南アフリカでダイヤモンド採掘と金鉱開発に従事し，巨万の富を築く。財力と名声を背景にケープ植民地*の政界へ進出，蔵相を経て，1890年首相（在任：1890～92，93～96）に就任した。ケープタウンとカイロを結ぶ大陸縦断鉄道構想を唱えるなど，その領土的野心から「アフリカのナポレオン」と呼ばれる典型的な帝国主義*者で，90年中央アフリカに約44万平方マイルに及ぶ広大な植民地を建設，自分の名前にちなんでローデシア（現在のジンバブエとザンビア）と名付けた。95年トランスヴァール共和国政権の転覆計画（ジェームズソン事件）を引き起こすが失敗，翌年首相を辞任した。

ローズヴェルト（セオドア）

Roosevelt, Theodore 1858 ～ 1919

アメリカ合衆国第26代大統領（在任：1901～09）。米西戦争*で一躍国民的英雄となり，1900年共和党*の副大統領候補として当選，翌年マッキンリー大統領が暗殺されたことから大統領に就任。国内ではトラストの規制，環境保護，食品検査，鉄道賃金規制などに取り組み，外交では帝国主義的対外進出政策をとり「棍棒外交」と呼ばれた。日露戦争の調停に成功しノーベル平和賞を受賞。
♦新しい自由

ローズヴェルト（フランクリン）

Roosevelt, Franklin Delano 1882～1945

アメリカ合衆国第32代大統領（在任：1933～45）。第26代大統領セオ

ドア・ローズヴェルトの遠戚。弁護士を経て、1910年ニューヨーク州上院議員を皮切りに政界に入り、20年の大統領選挙に民主党*副大統領候補として出馬したが敗北、しかも翌年小児麻痺にかかり闘病生活を余儀なくされた。だが28年ニューヨーク州知事に当選し革新的政策を実施して注目を集め、32年の大統領選挙で「ニューディール」*を掲げて当選した。内政面では社会改革や福祉政策を重視し、外交面では善隣外交*を推進した。第二次世界大戦*が勃発すると、参戦を回避しながらも反ファシズム陣営を支援。日本の真珠湾攻撃を機に参戦して、連合国側の戦争遂行に指導的役割を演じた。

◆カイロ会談、スミス（アルフレッド）、大西洋憲章、テヘラン会議、ヤルタ会談

ロダン

Rodin, François Auguste René 1840〜1917

フランスの彫刻家。パリで修業して彫刻の制作をはじめ、1875年イタリアに遊学してミケランジェロ*らの影響を受け、大作「地獄の門」、「考える人」、「カレーの市民」などの作品を発表した。その作品は、生命力にあふれ、精神的・心理的表現の追求や変化に富んだ表面仕上げなど、近代彫刻の発展に大きな影響を与えた。

ロック

Locke, John 1632〜1704

イギリスの哲学者、政治学者。1667年にホイッグ党*の指導者シャフツベリ卿の秘書となり、政府の要職に就くものの、未遂に終わった卿の反カトリック陰謀事件に参画した嫌疑を受け、83年オランダへ亡命。代表作『人間悟性論』と『統治論二編』*はこの前後に執筆されたと考えられている（出版はともに1690年）。前者では経験論*を体系化し、後者ではホッブズ*の社会契約説*を発展させ、主権者の権力濫用に対する革命権を主張、後のアメリカ独立革命*の思想的な基盤となる。名誉革命*後に帰国し、新政府の顧問役を務める一方で、政教分離の原則を示した『寛容についての書簡』（1689〜92）や紳士教育のあり方を説いた『教育論』（1693）などの著作を発表している。

ロックフェラー

Rockefeller, John Davison 1839〜1937

アメリカの実業家、石油王。1881年スタンダード石油トラストを創設して製油業界を独占したが、92年オハイオ州最高裁判所によってトラスト解体を命じられ、99年に解体。持株会社ニュージャージー・スタンダード石油会社として継続したが、それも1911年連邦最高裁判所により解体を命じられた。これを契機に事業

を息子に譲って実業界から退き，慈善事業で余生を送った。

露土戦争
Russo-Turkish Wars

黒海・地中海への南下政策をとるロシア帝国とオスマン帝国*との一連の戦争，18～19世紀に8回を数える。特にこの名で呼ばれるのは，エカチェリーナ2世*治世の2回（1768～74，87～91）と1877～78年で，前者では両国間関係におけるロシアの優位が確定，後者ではバルカンのスラヴ系諸民族を支援するロシアが勝利をおさめ，サン=ステファノ条約*を締結した。
♦アレクサンドル2世，クリミア戦争，ベルリン会議，ボスフォラス・ダーダネルス海峡

ロハス
Rojas, Ricardo　1882～1957

アルゼンチンの文学者。『民族主義の復権』（1909）等において，19世紀後半に実証主義の下で大いに奨励された外国移民の流入が国民のアイデンティティを損なっていることに警鐘を鳴らし，愛国心を涵養すべきことを説いて文化的民族主義の素地を作った。またアルゼンチンの伝統という意識を人々に持たせるために，自国の偉人伝を書いたり，広範な文学史を編纂するなどの大事業に携わった。

『ロビンソン=クルーソー』
Robinson Crusoe

1719年にイギリスのジャーナリストであるD・デフォーが発表した作品。カリブ海に浮かぶ無人島に漂着した冒険商人ロビンソンの28年間に及ぶ島での生活と，救出され帰国した後日談を描く。勤労による合理的生活を営むピューリタン*精神の体現者というロビンソン評価が一般的だが，近年では砂糖プランテーションを経営し奴隷貿易*に手を染めるイギリス重商主義*の担い手としての側面にスポットが当てられている。

露仏同盟
Franco-Russian Alliance

1891～1917年の露仏間の政治・軍事同盟。1891年に更新されたドイツを盟主とする三国同盟*に対抗。91年の政治協定と92年締結の秘密軍事協定（批准は94年）からなり，両国は，フランスがドイツまたはイタリア，ロシアがドイツまたはオーストリア=ハンガリーから攻撃された際に相互援助を行う義務を負った。これに英露協商*，英仏協商*によりイギリスが加わって三国協商*が成立。ロシア革命*により失効した。
♦第一次世界大戦

ロベスピエール
Robespierre, Maximilien-François-Marie-Isidore de　1758～94

フランスの政治家。弁護士だった

が，1789年に三部会*議員に選出された。憲法制定国民議会では最左翼に位置して，権利の平等を主張して制限選挙に反対し，民衆の弾圧に反対するなど政治的民主主義の実現に努めた。立法議会時代にはジャコバン・クラブを拠点として活動し，ジロンド派*の戦争政策に反対し，8月10日事件*（1792）による王政転覆でも主導的役割を果たした。92年国民公会議員となると山岳派の指導者としてジロンド派と激しく争い，民衆蜂起の力を借りてジロンド派の指導者を追放（1793.6），公安委員会*を中心とする独裁体制を確立した。ブルジョワと民衆や農民との同盟による革命遂行という構想を抱き，男子普通選挙制を定めた93年憲法の制定，封建的特権の無償廃止，経済統制などの政策を実施し，反革命派を打倒するために恐怖政治*を行ったが，他方では民衆運動も抑圧した。やがて山岳派内部の分裂が表面化し，94年春，左翼のエベール派と右翼のダントン*派を弾圧して支持基盤を失い，テルミドール反動*（1794.7.27）で失脚，翌日処刑された。
♦モンターニュ派

ローマ共和国
La Repubblica Romana

リソルジメント*の過程で樹立された一時的な都市国家（1849.2～7）。革命を恐れた教皇ピウス9世*がイタリア統一戦争*から脱落してローマを脱出したのち，無政府状態となったローマで1849年2月に革命共和政府が樹立され，マッツィーニ*が三頭執政官の主席に選出される。しかし教皇はフランス軍にローマ攻撃を要請し，ガリバルディ*らの英雄的抗戦にもかかわらず，7月にローマ陥落。以後，教皇の反動化が強まった。

ローマ進軍
Marcia su Roma

1922年10月，ムッソリーニ*が政権獲得のために強行したクーデター。バルボ*らファシスト4人組の指導下に全国のファシスト約2万の武装隊（いわゆる「黒シャツ隊」）が各地から結集し，暴力的デモンストレーションを繰り広げつつローマへ進軍。政府は戒厳令を要請したが，国王ヴィットーリオ・エマヌエーレ3世がこれを拒否し，ムッソリーニに政権をゆだねる。これにより史上最初のファシスト政権誕生となった。
♦ファシズモ

ロマノフ朝
Romanovs

ロシアのツァーリ*（1613～），皇帝（1721～1917）の一族。1598年のリューリク朝断絶後，スムータと呼ばれる混乱期を経て，1613年の全国会議（ゼムスキー・サボール）で名門貴族であるロマノフ家のミハイル・フョードルヴィチがツァーリに

選出されてロマノフ朝が成立。以後、1917年の二月革命でニコライ2世*が退位、皇弟ミハイルの即位拒否で帝制が崩壊するまでの300年間に18人の皇帝が即位。

▶ アレクサンドル2世、エカチェリーナ2世、ピョートル1世（大帝）、ロシア革命

ローマの略奪（サッコ・ディ・ローマ）

Sacco di Roma

1527年、スペイン人を主力とする皇帝軍とドイツ人傭兵が暴徒と化してローマを略奪・破壊した事件。政治的背景には、皇帝カール5世*と仏王フランソワ1世*の戦争（いわゆる「イタリア戦争」）で、教皇クレメンス7世が後者に加担したこと、宗教的背景には、ドイツのルター派がカトリックのローマを憎悪していたことがあげられる。ローマ・ルネサンス*の終焉を象徴する事件。

ロマン主義

romaticism

18世紀末から1830年代に現れた芸術・文芸上の思潮。理性・合理性を重んじる啓蒙主義*、伝統や形式を尊重する古典主義*に対し、個性・主観・直感・感情の優位が主張された。旧体制崩壊後の市民的・近代的自我の覚醒を反映している。ドイツの文芸思潮にいち早く現れ、シュレーゲル兄弟やノヴァーリスがその代表。特にドイツでは民族の起源やその歴史が強調され、グリム兄弟らにより民族説話が収集された。フランスではユーゴー*やスタンダール*、イギリスではワーズワースらが代表的。美術ではフランスのドラクロワ、音楽ではシューベルト、メンデルスゾーン、ショパン、リストらが代表。

ロワゾー

Loyseau, Charles 1566～1627

フランスの法学者。『身分論』(1610)を著し、社会が身分や地位の上下関係に基づいて位階秩序を形成するのは自然の法則にかなっていると説いて三身分論を承認しつつ、個人の社会的評価や国王との距離に基づいて階層秩序化する社会論を展開した。これは、第三身分*のなかで官僚や商人を高く位置づけるなど、多様化・流動化する社会を前にして、集権的王権の論理を基本にしながら、ブルジョワ的原理を取り込んだ社会論として注目される。

ロンドン海軍軍縮会議

Conference of Disarmament

イギリスのマクドナルド*首相らの提案により、1930年ロンドンで開催された海軍軍縮会議。ワシントン海軍軍縮会議*で定めた主力艦建造停止期限の5年間延長（1936年まで）、英米日三国間での補助艦保有量の制限（総トン数比で 10：10：7）

などを決定。日本では，政府による兵力量の決定は天皇にあるべき軍の統帥権の侵害であるという統帥権干犯論争を引き起こし，軍国主義化と政党政治の凋落を印象づけた。

わ

ワイマル共和国➡ヴァイマル共和国

『若きヴェルテルの悩み』
Die Leiden des jungen Werthers 1774

ゲーテ*の初期を代表する書簡体で書かれた中篇小説。物語は，多感で夢想家肌の青年ヴェルテルが官吏の娘ロッテに恋をするが，婚約者がいることからその恋を諦め，結局は苦悩の果てにピストル自殺を遂げる悲恋を描く。ヨーロッパ中に反響を呼んだこの作品は，青年の激しい情熱と市民社会の倫理との葛藤を描いて，「疾風怒濤」*を代表する作品となっている。

『わが闘争』
Mein Kampf

ヒトラー*が自らの思想・世界観を綴った著作。ナチスにとっての聖典とみなされた。ミュンヘン一揆*により投獄された1924年に獄中での口述筆記によりまとめられ，出獄後の25～26年に2巻本として出版された。反ユダヤ主義を掲げて民族の「浄化」を訴え，大ゲルマン主義的・国粋主義的な指導者国家の建設を説いた。また，東方にドイツ民族のための生活圏の確保を主張，膨張主義的な対外姿勢を示した。28年には『第二の書』が出版された。

ワグナー
Wagner, Robert Ferdinand 1877～1953

アメリカの政治家，法律家。ニューヨーク州上院議員（1909～18），同最高裁判所判事（1919～26）を経て，連邦上院議員（1927～49）。1935年に成立した全国労働関係法*（通称ワグナー法）の提案者として知られている。ワグナー法は組合の交渉力を法的に強化する目的で制定されたもので，37年に合憲判決を受けたため，経営者は組合と団体交渉によって労働協約を結ぶようになった。

ワシントン
Washington, George 1732～99

アメリカ合衆国初代大統領（在任：1789～97）。1774年大陸会議*のヴァージニア*代表となり，翌年イギリス本国との武力衝突が起こると，13植民地*全体の大陸軍の総司令官に推された。78年フランスとの

同盟成功後、81年イギリス軍を降伏させて事実上独立戦争に終止符を打った。87年の憲法制定会議では議長に推され、より強力な中央政府の樹立に貢献した。89年には満場一致で合衆国初代大統領に選ばれ、92年再選された。内政面では連邦派*と反連邦派*の均衡を図り、商工業発展の基礎を築いた。外交面ではフランス革命*が勃発すると中立を宣言し、イギリスおよびスペインと条約を結んで国交の調整に貢献した。

♦アメリカ独立革命、ヨークタウンの戦い

ワシントン海軍軍縮会議

Washington Naval Conference
1921.11.12〜1922.2.6

アメリカ大統領ハーディングの提唱で、アメリカ、イギリス、フランス、イタリア、ポルトガル、オランダ、ベルギー、日本、中国の代表が集まって開催され、海軍軍縮と太平洋・中国問題を協議した国際会議。中国の主権と門戸開放などを決めた九カ国条約、太平洋の現状維持と日英同盟の廃棄を定めた四カ国条約、海軍主力艦の保有比率を決めた海軍軍縮条約などが結ばれた。

♦ロンドン海軍軍縮会議

ワット

Watt, James　1736〜1819

イギリスの機械技術者、発明家。1757年よりグラスゴー大学の精密機械製造員を務める。ニューコメンの蒸気機関模型の修理を依頼されたのを契機に、シリンダーと復水器を分離して効率を上げる新型の蒸気機関*の開発に取り組み、69年に特許を取得した。75年にボルトン・ワット商会を設立し、機械の販路開拓に努める一方で、81年にはピストンの往復運動を回転運動に変えることに成功、技術史に一大転機をもたらした。

ワーテルローの戦い

Battle of Waterloo [英]　Bataille de Waterloo [仏]

1815年6月現ベルギーのワーテルロー南方におけるナポレオン軍と対仏同盟軍との戦い。15年3月エルバ島を脱出して帝位を回復したナポレオンがベルギーに進出し、ウェリントンが率いるイギリス軍とブリュッヒャーがひきいるプロイセン軍を主力とする連合軍と対戦して敗れた。この後、ナポレオンは退位し、セントヘレナ*島に流された。

♦ナポレオン1世、百日天下

ワルシャワ条約機構

Warsaw Treaty Organization

ソ連の体制を守るための政治・軍事同盟。1955年5月14日ワルシャワで成立。アルバニア（1968年脱退）、ブルガリア、チェコスロヴァキア、東ドイツ、ポーランド、ハンガリー、ソ連間の友好、協力、相互援助協定。

中国はオブザーバー。NATO に対抗して結成。最高政治意志決定は，政治諮問委員会。軍事的にはモスクワに本部のある，統一軍司令部。司令長官はソ連国防第一次官。すべてにおいてソ連の意志が優先。91年7月1日解散。

▶北大西洋条約機構（NATO）

ワルデック＝ルソー
Waldeck-Rousseau, Pierre-Marie-René　1846〜1904

フランスの政治家。弁護士であったが，1879年に共和派の下院議員となり，内相（1881〜85）時代には，労働組合を公認した職業組合法（1884）を制定させた。94年に上院議員となり，ドレフュス事件＊による政治危機を前にして共和政防衛内閣（1899〜1901）を組織し，ドレフュスの再審を決定したほか，1901年には結社法を制定して，政教分離法＊（1906）制定への地ならしをした。

ワレサ
Walesa, Lech　1943〜

ポーランドの労働組合"連帯"の創設者。大工の家に生まれ，義務教育と専門学校を終えた後，1967年よりグダンスクのレーニン造船所に電気工として勤務。グダンスクは，70年，80年の反政府運動の中心地。ワレサは80年8月労働者の権利の承認を求めてストライキを呼びかける。ストライキは同造船所はじめ，海岸地帯の他の諸都市，さらにポーランド全土に波及。ワレサはこれをまとめて，自主管理独立労働組合"連帯"を創設。81年政府はこれを承認。しかし翌81年12月戒厳令布告。ワレサその他の中心的人物逮捕。しかし連帯の活動はさらに激化。1年後に釈放。こうした動きによって，ポーランドの共産主義政府は89年6月に崩壊。さらにソ連による東欧の共産主義支配体制も崩壊していくことになった。

▶ポーランド自主管理労組"連帯"

著者紹介

與田　純（よだ・じゅん）**イギリス史**
　1970年　岡山県生まれ。
　1998年　同志社大学大学院文学研究科博士後期課程中退。
　現　在　高松工業高等専門学校一般教育科専任講師。

吉門　昌宏（よしかど・まさひろ）**ドイツ史**
　1963年　大阪府生まれ。
　1998年　同志社大学大学院文学研究科博士後期課程単位取得退学。
　現　在　同志社大学文学部非常勤講師。

加藤　克夫（かとう・かつお）**フランス史**
　1945年　秋田県生まれ。
　1983年　立命館大学大学院文学研究科博士後期課程単位取得退学。
　現　在　島根大学法文学部助教授。

橋本　伸也（はしもと・のぶや）**ロシア史**
　1959年　京都府生まれ。
　1988年　京都大学大学院教育学研究科博士後期課程学修認定退学。
　現　在　広島大学大学院教育学研究科助教授。

小野　直子（おの・なおこ）**アメリカ史**
　1968年　大阪府生まれ。
　1998年　同志社大学大学院文学研究科博士後期課程単位取得退学。
　現　在　富山大学人文学部助教授。

松川　克彦（まつかわ・かつひこ）**東欧史**
　1944年　香川県生まれ。
　1979年　同志社大学大学院文学研究科博士課程単位取得退学。
　現　在　京都産業大学一般教育研究センター教授。

松本　典昭（まつもと・のりあき）**南欧史**
　1955年　鳥取県生まれ。
　1991年　同志社大学大学院文学研究科博士後期課程単位取得退学。
　現　在　阪南大学国際コミュニケーション学部助教授。

玉木　俊明（たまき・としあき）**北欧史**
　1964年　大阪府生まれ。
　1993年　同志社大学大学院文学研究科博士後期課程単位取得退学。
　現　在　京都産業大学経済学部助教授。

《編者紹介》

望田　幸男（もちだ・ゆきお）

1931年　甲府市に生まれる。
1963年　京都大学大学院文学研究科博士課程修了。
現　在　同志社大学名誉教授，文学博士。
著　書　『西洋の歴史〔近現代編〕』（増補版・共編）ミネルヴァ書房，1998年。
　　　　『ドイツ・エリート養成の社会史』ミネルヴァ書房，1998年。
　　　　『ドイツの歴史と文化の旅』ミネルヴァ書房，2001年。
　　　　『近代ドイツ＝資格社会の展開』（編）名古屋大学出版会，2003年。
　　　　『近代日本とドイツ――比較と関係の歴史学』（編）ミネルヴァ書房，2003年予定。
　　　　その他

西洋の歴史　基本用語集〔近現代編〕

| 2003年4月30日　初版第1刷発行 | 検印廃止 |

定価はカバーに
表示しています

編　者	望　田　幸　男
発行者	杉　田　啓　三
印刷者	江　戸　宏　介

発行所　株式会社　ミネルヴァ書房
607-8494　京都市山科区日ノ岡堤谷町1
電話代表　(075)581-5191番
振替口座　01020-0-8076番

ⓒ望田幸男，2003　　　　共同印刷工業・新生製本

ISBN4-623-03577-8
Printed in Japan

山本　茂・藤縄謙三・早川良弥・野口洋二・鈴木利章 編著
西洋の歴史〔古代・中世編〕　　　A5・368頁　本体2,200円

大下尚一・西川正雄・服部春彦・望田幸男 編著
西洋の歴史〔近現代編〕増補版　　A5・368頁　本体2,400円

富沢霊岸 著
イギリス中世史　　　　　　　　A5・276頁　本体2,400円

村岡健次・川北　稔 編著
イギリス近代史　　　　　　　　A5・304頁　本体2,400円

木谷　勤・望田幸男 編著
ドイツ近代史　　　　　　　　　A5・308頁　本体2,600円

服部春彦・谷川　稔 編著
フランス近代史　　　　　　　　A5・328頁　本体2,800円

藤本和貴夫・松原広志 編著
ロシア近現代史　　　　　　　　A5・352頁　本体2,800円

野村達朗 編著
アメリカ合衆国の歴史　　　　　A5・368頁　本体2,800円

――――――― ミネルヴァ書房 ―――――――
http://www.minervashobo.co.jp/